Electronic Commerce on Medical Devices and Medicine Trade in China

卫生管理丛书·医院管理系列

中国医药流通电子商务

主　编　汪星明

副主编　杨　军

编　者　(按姓氏笔画排序)

王俊杰　刘元名　刘国华　杨　军

汪星明　易法敏　姚贤涛　颜逸舟

北京大学医学出版社

北京大学出版社

ZHONGGUO YIYAO LIUTONG DIANZI SHANGWU

图书在版编目（CIP）数据

中国医药流通电子商务/汪星明主编．—北京：北京大学医学出版社，2005.7

ISBN 7-81071-802-9

Ⅰ．中…　Ⅱ．汪…　Ⅲ．药品—商品流通—电子商务—研究—中国　Ⅳ．F724.73

中国版本图书馆 CIP 数据核字（2005）第 026452 号

中国医药流通电子商务

主　　编：汪星明
出版发行：北京大学医学出版社（电话：010－82802230）
地　　址：（100083）北京市海淀区学院路 38 号 北京大学医学部院内
网　　址：http://www.pumpress.com.cn
E－mail：booksale@bjmu.edu.cn
印　　刷：莱芜市圣龙印务书刊有限责任公司
经　　销：新华书店
责任编辑：罗德刚　　责任校对：齐欣　　责任印制：郭桂兰
开　　本：787mm×1092mm　1/16　印张：22　字数：358 千字
版　　次：2005 年 8 月第 1 版　2005 年 8 月第 1 次印刷
书　　号：ISBN 7－81071－802－9/R·802
定　　价：47.00 元

前　言

医药在全世界范围来说，是一个前景无限的朝阳产业，它是产业经济中永不寂寞的热点。我国作为全球几个屈指可数的大市场之一，早已映入世界跨国公司的眼帘，特别是我国加入 WTO 以后，中国的医药市场更将成为国外公司争夺的主要对象。

20 世纪末，由于我国医药生产的供过于求，致使医药生产经营企业为求生存而采取让利、回扣、低价倾销等手段，造成了严重的不良后果；医疗机构长期形成的“以药养医”的补偿机制和分散采购的管理模式，为医药市场的无序竞争提供了生存的土壤；流通领域秩序混乱，使得医药质量难以保证，假劣药品屡禁不止。医药购销中的回扣、促销愈演愈烈，最终导致药品价格虚高，人民群众的健康利益受到严重危害，医药生产、经营企业的利税大量流失，医药质量、临床用药安全和医疗机构合理用药受到很大影响。这种状况不仅影响了市场功能的发挥，也使得国家通过市场实施的宏观调控政策难以奏效，最终阻碍了医药生产、流通的社会化和医疗保障制度改革的发展。由此可见，改变传统的市场观念，构建公平、公正、公开的医药电子交易势在必行。电子交易的公开性、公平性及交易过程的可监督性已广为人知，开展医药电子商务是解决医药流通领域的问题，提高我国医药行业的国际竞争力的有效途径。

我国政府十分重视医药电子商务的发展，国务院 2000 年 2 月颁发，由国务院体改办、国家计委、国家经贸委、财政部、劳动和社会保障部、卫生部、药品监管局和中医药局等8家部委局联合起草的《关于城镇医药卫生体制改革的指导意见》文件中已经明确规定，“在药品购销活动中，要积极利用现代电子信息网络技术，提高效率，降低药品流通费用”。2001年国务院17号文件《关于整顿和规范药品市场的意见》进一步强调“完善药品集中招标采购制度，推进医药商品交易电子化”。2003年7月1日国家药品监督管理局颁布了互联网医药交易办法（暂行），对提供医药生产企业、经营企业和医疗机构之间，以及提供企业与个人消费者之间互联网医药交易服务的企业的资质要求、资格确认作了明确规定。自2000年始，国家经贸委先后批准了6家单位进行医药电子商务的试点，随后，国家药品监督管理局也选定并公布了8家单位进行医药电子商务的试点。国家信息产业部已选择中国医药电子商务网作为行业类电子商务示范工程，它的运营和发展对我国电子商务进行了有益的探索。目前，医药电子商务的试点工作已取得初步成效，2004年我国通过集中招标网上采购的医药估计接近医药销售总量的20%。

本书是在对我国医药流通改革和电子商务的发展进行深入理论研究和大量实际调查的基础上写作而成。书中从理论上论证开展医药电子商务是大势所趋、势在必行；介绍了国际医药电子商务的发展趋势、各国经验；特别对我国医药电子商务的发展历程、现状、目标模式、详细功能、流程、技术体系和赢利模式进行了深入探讨。全书分为六章，各章主要内容如下：

第1章“电子商务的理论与应用概述”，介绍了电子商务的基本理论；国内外电子商务，特别是医药行业电子商务的发展历程和发展趋势；着重分析了B2B电子商务发展的高级形式——独立第三方电子交易市场产生的经济学必然性，以及它在美国和我国医药流通领域的应用情况。

第2章“我国推行医药电子商务的必要性”，从分析国外医药流通的发展趋势、我国传统医药流通体制存在的问题、医药集中招标采购中电子商务应用的实际效果和存在的问题入手，探讨电子商务对克服集中招标采购中的问题，促进我国医药产业发展，推动我国医药流通体制改革的重要作用，说明在我国发展医药电子商务的必要性。

第3章“我国实现医药电子商务的可行性”，通过分析我国发展医药电子商务的环境，表明在我国开展医药流通电子商务的条件日趋成熟，继而从理论上用博弈论模型论证独立第三方电子商务系统在降低电子交易双方信息不对称性、保证交易双方信用、抑制不正之风、降低交易风险中的作用；从实际应用方面介绍了独立第三方电子交易场的雏形——海虹电子交易系统成功应用的实例；并在此基础上，论证医药流通电子商务在我国的可行性。

第 4 章“独立第三方医药电子交易场”，总结了我国医药流通电子商务成功的经验，特别是海虹（控股）股份有限公司医药电子商务系统的经验，对独立第三方医药电子交易场的目标模式进行了全面、系统的探讨。内容包括：医药电子交易场建立宗旨、功能和服务内容；参与者和角色定位；交易场的标准化体系、业务流程与运营；物流配送体系；电子支付和融资支持体系；安全保障与政府监管；交易场的赢利模式等。并结合我国具体情况，提出模式选择建议和实施难点。

第 5 章“医药电子交易场的技术体系”，介绍了我国医药电子商务技术体系的发展历程，各发展阶段的特点；以海虹医药电子商务系统为原型，完整地描述了一个独立第三方医药电子交易场的系统结构，各子系统功能，主要数据结构、处理流程以及系统配置等。

第 6 章“医药流通电子商务平台的应用价值分析”，从宏观和微观两个层面对医药电子商务应用的价值进行深入的分析。在宏观方面，主要分析电子商务平台招标采购对医药流通体制改革、政府监管、宏观价格调控、医药流通物流发展等的促进作用；在微观层面上，分析电子商务平台应用对医药交易参与各方，包括医院、医药生产经营企业、医药使用者带来的价值，并以天津市三次网上集中招标采购作为实证分析对象，定量分析了天津市集中招标电子商务系统的应用价值。

本书是国内第一部专门论述医药流通电子商务系统的专著，也是第一部介绍我国实际应用电子商务系统的专著。它全面总结海虹企业（控股）有限公司医药电子商务事业部的经验；提供具有中国特色和国际先进水平的、垂直覆盖医药行业的、独立第三方电子商务系统应用的成功范例；指出 B2B 电子商务系统的应用价值与赢利模式。内容新颖，结构严谨、图文并茂，密切联系我国实际，对推进我国电子商务的应用具有重要理论和实践意义。

本书适合于医药流通有关部门（包括医药生产企业、经营企业、医院、药品监管部门）的领导和管理人员、电子商务从业和研究人员阅读，也可供大、专院校管理专业与电子商务专业师生参考。

参加本课题研究的有中国人民大学教授和研究生：汪星明、杨军、易法敏、姚贤涛、王俊杰、刘元名、刘国华、颜逸舟等同志。本书由汪星明教授、杨军副教授主编、审校和统稿。具体负责撰写任务的是：第 1 章刘国华，第 2 章姚贤涛，第 3 章易法敏，第 4 章刘元名，第 5 章王俊杰，第 6 章杨军、颜逸舟。

在本课题研究过程中，得到海虹企业（控股）股份有限公司的大力支持，以及中国人民大学医药物流研究中心李宪法主任、郭爽主任助理的热情指导和帮助，在此表示最诚挚的谢意。

由于编写人员水平所限，书中难免有疏漏和不妥之处，敬请广大读者批评指正。

作者

2004 年 12 月

目　录

第 1 章

电子商务的理论与应用概述

电子商务的概念与发展历程

国内外医药行业的电子商务现状

我国医药行业电子商务发展历程

随着计算机技术的飞速发展、Internet的兴起和应用普及以及一系列相关技术的创新，数据的处理和信息的传递突破了时间和地域的限制，信息化时代的到来成为不可抗拒的潮流，人类文明正在进入一个崭新的时代。信息时代的到来，如同蒸汽机引起了工业革命一样，极大地改变了人类的行为方式、思维方式、交流方式和贸易方式，人类的生活因此而急剧变化。作为信息时代的产物和宠儿，全球电子商务因此而获得了迅速的发展，成为信息时代初级阶段最具活力的代表，并对世界经济的发展形成了强大的推动力。电子商务代表着未来贸易方式的发展方向，其应用和推广将给社会和经济带来极大的效益，具有强大生命力的现代电子交易手段已越来越被人们所认识，将成为全球经济的最大增长点之一。发达国家已纷纷制定政策，发展中国家正在加紧制定总体发展战略，大力促进电子商务在国民经济各个领域的应用，力争在新一轮国际分工中占领制高点，赢得新的竞争优势。

正如其他行业一样，医药行业作为每个国家事关国民生计的支柱性行业，也同样受到网络经济的极大影响。全球最大的20家制药企业已开展电子商务。在美国，作为全球最大的医药市场，Jupiter Communication公司估计，与医药相关的电子商务，广告以及支付一体化市场，2000年为9900万美元，2003年快速增长到21亿美元，实际的医药在线市场期望增长到9.33亿美元。

由此可见，电子商务有着巨大的市场与无限的商业机遇，孕育着现实的和潜在的丰厚商业利润。正因为电子商务潜在的巨大的经济利益，世界各国，特别是发达国家，对电子商务高度重视并着力推动。在拥有世界3/4以上的互联网资源的美国，电子商务的应用领域与规模远远超过其他国家。美国政府认为，电子商务的发展是未来经济发展的一个重要推动力，甚至可以与200年前工业革命对经济发展的促进相比。因此，自1999年开始，美国每年2000亿美元的政府采购计划也通过电子商务方式进行，这一举措被认为是“将美国电子商务推上了高速列车”。

目前，我国正面临加入WTO后与国际知名企业竞争的压力，特别是在我国医药行业中，企业数量众多，不成规模，行业组织杂乱，缺乏竞争力，在这种情况下，发展医药电子商务无疑是改变医药行业企业“多、小、杂、乱”的现状，扭转成本高、效益差的局面，迎接加入WTO后面临的严重挑战，更好地配合城镇职工基本医疗保险制度改革的有效途径。当然，像任何一个新技术出现之初一样，电子商务还不可能在短时间内就发挥巨大的潜力，也不可能解决商务活动中信息、物质、资金交换的全部问题。然而从长远看，其重要性不可低估。最终电子商务会改变企业的经营模式，甚至取代非电子化的营销渠道和产品/服务交付等活动。因此，政府、企业、科研单位必须实现跟踪电子商务的技术和实际应用的进展，在投资、策略和管理等方面需要做长远的规划。

本章将首先介绍电子商务的一般理论及电子商务应用的发展，为后面各章提供理论的铺垫；继而讨论作为一般电子商务的分支——医药电子商务的概念，以及医药电子商务在国外的发展历程，B2B 电子交易市场在国外医药行业中的应用，国外医药行业电子商务的新发展；针对我国医药行业的特殊性，将我国的医药行业与发达国家医药行业作一个简单的比较，并且罗列出关于中国医药行业电子商务发展的几种不同观点；最后，介绍目前在国内进行的比较成功的医药行业电子商务模式——海虹模式。

电子商务的概念与发展历程

电子商务基本概念

电子商务热潮正席卷全球，成为 IT 行业最为热门的话题和竞争的焦点，1998 年被业界称为电子商务年。那么，什么是电子商务呢？下面来分析电子商务的定义。

一、早期的理论研究

电子商务虽然正在以难以置信的速度渗透到人们的日常生活，但是至今也没有一个统一的定义。世人众说纷纭，各国政府、学者、企业界人士都根据自己所处的地位和对电子商务的参与程度，给出了许多不同的表述，下面是几个比较有代表和权威的定义：

（一）美国 NITT 负责人 John Longenecker 从营销角度把电子商务定义为“电子化的购物市场”，即电子化的商品购买和服务市场。

（二）美国学者瑞维·卡拉克塔和安德鲁·B·惠斯顿在《电子商务的前

沿》一书中提出："广义地讲，电子商务是一种现代商业方法。这种方法通过改善产品和服务质量、提高服务传递速度，满足政府组织、厂商和消费者的降低成本的需求。这一概念也用于通过计算机网络寻找信息以支持决策。一般地讲，今天的电子商务通过计算机网络将买方和卖方的信息、产品和服务联系起来，而未来的电子商务则通过构成信息高速公路的无数计算机网络中的一条线将买方和卖方联系起来。"

（三）欧洲议会关于"电子商务欧洲动议"中给出的定义是："电子商务是通过电子方式进行的商务活动。它通过电子方式处理和传递数据，包括文本、声音和图像。它涉及许多方面的活动，包括货物电子贸易和服务、在线数据传递、电子资金划拨、电子证券交易、电子货运单证、商业拍卖、合作设计和工程、在线资料、公共产品获得。它包括了产品（如消费品、专门设备）和服务（如信息服务、金融和法律服务）、传统活动（如健身、教育）和信息活动（如虚拟购物、虚拟训练）。"

（四）HP 公司认为，电子商务简单地说就是指在从售前服务到售后支持的各个环节实现电子化、自动化。

（五）IBM 公司认为，电子商务是指采用数字化电子方式进行商务数据交换和开展商务业务的活动，是在 Internet 的广阔联系与传统信息技术系统的丰富资源相互结合的背景下应运而生的一种相互关联的动态商务活动。

（六）美国学者 David Kosiur 在其著作 *Electronic Commerce* 中认为，"电子商务是这样的系统，它不仅包括进行买卖而直接带来利润的事务，而且包括对产品和服务需求的产生、提供销售支持和用户服务、促进业务伙伴之间通信等支持利润产生的事务。"

（七）加拿大专家 Jenkins 和 Lancashire 在《电子商务手册》中从应用角度定义电子商务为"数据资料电子装配线的横向集成"。

（八）中国专家李琪博士从广义和狭义两个方面对电子商务进行了定义，他认为："从广义上讲，电子商务可定义为电子工具在商务活动中的应用。电子工具包括从初级的电报、电话到国家信息基础设施（Network Information Infrastructure，NII）、图形用户界面（Graphical User Interface，GUI）和 Internet 等现代系统，商务活动是从泛商品（实物与非实物，商品与商品化的生产要素等等）的需求活动，到泛商品的合理、合法的消费，除去典型的生产过程后的所有活动。从狭义上讲，电子商务可定义为在技术、经济高度发达的现代社会里，掌握信息技术和商务规则的人，系统化运用电子工具，高效率、低成本地从事以商品交换为中心的各种活动的总称。”

（九）中国企业家王新华认为：“从本质上讲，电子商务就是一组电子工具在商务过程中的应用，这些工具主要包括电子数据交换（Electronic Data Interchange，EDI）、电子邮件（E-mail）、电子公告系统（BBS）、条形码（Barcode）、图像处理、智能卡等。而应用的前提和基础是完善的现代通讯网络和人们的思想意识的提高以及管理体制的转变。”

（十）美国学者沈鸿在其著作《电子商务一基础篇》中认为：“电子商务是在现有的计算机硬件设备、软件和网络基础设施，通过一定的协议连接起来的电子网络环境中进行的各种各样商务活动的形式。”

以上定义从不同的角度界定电子商务，这些定义有相同点，也有不同之处。相同点主要表现在：第一，都采用或源于同一个英语术语——Electronic Commerce；第二，都强调电子工具，强调在现代信息社会，利用多种多样的电子信息工具，如：收款机（POS）、电子订货（EOS）、电子数据交换（EDI）、电子邮件、电子货币（EFT）、电子公告系统、条形码等；第三，工具作用对象都是商业活动。不同点表现为各种社会团体、个人所站的角度不同，所以对电子商务的描述都具有一定的片面性。

二、权威定义

由以上各位学者对电子商务所下的定义可以看出电子商务的基本内容是利用电子手段进行商务活动，但由于各自所研究的领域、重点、位置不同，所下的定义也有很大的差别，从而不能为大多数人所接受。针对这种情况，欧洲经济委员会于 1997 年 10 月在全球信息标准大会上对电子商务进行了研究，并将其定义为：“电子商务是各参与方之间以电子方式而不是以物理交换或直接物理接触方式完成的任何形式的商品交易”。这里的电子方式包括电子数据交换、电子支付手段、电子订货系统、电子邮件、传真、网络、电子公告系统、条形码、图像处理、智能卡等。这一定义被认为是对电子商务最全面、最具有权威性的定义，因而被广泛接受和使用。

诺贝尔经济学奖获得者道格拉斯·诺斯将生产总成本划分为制造成本和交易成本两部分。理论经济学认为，降低制造成本的基本途径在于深化分工，然而，随着分工的深化，企业之间相互依赖关系加深，交易关系愈益频繁，降低交易成本就成为具有决定意义的任务。我国著名经济学家吴敬琏指出："目前中国经济运行面临的一个重大问题是：虽然产品的制造成本很低，但是总成本的另一个组成部分——交易成本却很高。制造成本（转形成本）很低，进一步降低的空间十分有限。但是，由于市场制度还没有完全建立，经济活动缺乏规范，经济行为人缺乏诚信等原因，交易成本却很高，存在较大的降低空间。这样，如何通过与交易有关的各行业的现代化，降低交易成本，以提升本土企业的竞争力，便成为中国加入 WTO 以后亟待解决的问题。"

电子商务产生的根源在于人类从事商业活动的一个基本原则，即降低交易费用和提高交易效率。我们知道，专业化可以提高生产率，减少稀缺性，但同时也会增加交易费用，分工的好处和交易费用之间存在着两难冲突。生产率和社会生产力都依赖于分工水平，二者及分工水平本身都由专业化分工的好处及其引起的交易费用在边际上的均衡所决定的。由于交易费用和交易效率之间存在着反向变动关系，因此，任何能够降低交易费用的方法都可以通过提高交易效率来提高分工水平，扩大市场规模，提高生产率，增加经济主体的效用和社会福利。人类在商务领域的制度创新，无不是围绕着这个主题在进行，电子商务也是如此。

当互联网诞生在人类面前的时候，人们突然意识到，这个神奇的工具有可能被用来实现人类许久以来关于提高交易效率的梦想。人们想像，一个人可以足不出户，只需用鼠标轻轻一点，商品就会马上送到房间里来；人们想像，商品的流转从此不需要太多的环节，从生产到销售，将会形成一条简洁流畅的链条；人们想像，消费者从此成为真正的上帝，他们可以根据自己的需要，要求厂商提供真正个性化的商品，等等。一句话，成本更低廉，人类更自由，电子商务的时代来临了。

因为电子商务的产生直接来自于降低成本的要求，所以在电子商务的发源地美国，当电子商务的概念还没有出现的时候，一些著名的大公司，如 IBM、惠普已经开始运用互联网，在企业内部降低成本了。比如，通过企业内部网络，可以有效地降低库存，甚至实现零库存的目标；通过企业内部网络进行管理，可以减少雇员数量，用更少的人完成以前相同甚至数倍的工作量，等等。这就是后来人们耳熟能详的企业内部电子商务解决方案。

从企业内部电子商务解决方案发展到企业间电子商务解决方案，即 B2 B 模式，原因很简单。很多大型企业集团本身就是由众多的子公司组成的，既然子公司之间能够通过网络节约成本，这一模式当然可以顺理成章地推广到有业务往来的企业之间。

沿着相同的逻辑继续推演，在生产的各个环节可以通过网络实现降低成本的目的之后，这个模式理所当然地被推广到销售领域，即企业与消费者之间的电子商务 B2C 模式。这个模式的继续延伸出现了 B2B（即企业与企业之间）、C2C（即消费者与消费者之间）、G2C（即政府和消费者之间）、G2B（即政府与企业之间）等。至此，几乎人类社会经济生活的方方面面，都可以通过互联网来达到降低成本的目的，电子商务正式浮出水面。

从企业内部电子商务解决方案到 B2C 直至 G2C，我们可以看到一条清晰的轨迹，各个经济主体为提高经济效益、降低交易费用的努力决定了这条轨迹的走向。在这条轨迹上，一定是先有生产者通过企业内部电子商务解决方案降低了企业内部成本，再有向消费者提供价格相对低廉的产品和方便快捷的服务。其中的低价格，是低生产成本和电子商务对交易费用节约的结果，这个顺序不能颠倒。

电子商务发展历程

电子商务并不是一个新概念，可以说，在几十年前主机系统出现时就诞生了。但是，近年来，Internet 的出现给了电子商务以新的活力，基于 Internet 的电子商务已经引起了全世界的注意。电子商务始于网络计算。网络计算是电子商务的基础。没有网络计算，就没有电子商务。其发展形式多种多样，从最初的电话、电报到电子邮件以及其后的 EDI，都可以说是电子商务的某种发展形式。

电子商务的发展有其必然性和可能性。传统的商业是以手工处理信息为主，并且通过纸上的文字交换信息，但是随着处理和交换信息量的剧增，该过程变得越来越复杂，这不仅增加了重复劳动量和额外开支，而且也增加了出错机会，在这种情况下需要一种更加便利和先进的方式来快速交流和处理商业往来业务；另一方面，计算机技术的发展及其广泛应用和先进通信技术的不断完善及使用导致了 EDI 和 Internet 的出现和发展，全球社会迈入了信息自动化处理的新时代，这又使得电子商务的发展成为可能。

在必然性和可能性的推动下，电子商务得到了较快发展，特别是近两年来其发展速度令世人震惊。虽然如此，电子商务的战略作用却是逐渐被全球各国所认识的，而且其今后的发展道路也是漫长的。一般而言电子商务发展经历了以下几个阶段：

一、电子信息交换阶段

电子信息交换阶段是指以 EDI 为手段进行商务活动的阶段。所谓 EDI 是两个或多个企业、行业（包括海关、报关行、银行、运输行、贸易行等）之间，利用标准化的数据格式、通信协议、商业协议，通过通信线路在计算机之间自动处理、识别、传输、交换各种商业数据和文件（例如合同、订货单、发票、申报数据、往来文书、报表等），从而在最短的时间内完成各种商务手续的电子化手段。

20 世纪 70 年代，美国银行家协会（American Bankers Association）提出的无纸金融信息传递的行业标准，以及美国运输数据协调委员会（Transportation Data Coordinating Committee，TDCC）发表的第一个 EDI 标准，开始了美国信息的电子交换。随着美国政府的参与和各行业的加入，美国全国性的 EDI 委员会 X12 委员会于 80 年代初出版了第一套全国性的 EDI 标准，接着，80 年代末期联合国公布了 EDI 运作标准 UN/EDIFACT（United Nations Rules for Electronic Data Interchange for Finance Administration，Commerce and Transport），并于 1990 年由国际标准化组织正式接受为国际标准 ISO9735。随着这一系列的 EDI 标准的推出，人们开始通过网络进行诸如产品交换、订购等活动，EDI 也得到广泛地使用和认可。EDI 最大的特点，在于其数据交换使用标准化的技术和方法。因此，使用 EDI 进行商务活动是，使用一台终端，以标准格式、标准协议，即可授受多个交易对象的相关信息，实现无纸贸易。这种数据交换是计算机之间完全直接的数据传输。

使用 EDI 的电子信息交换具有如下优势：①大大提高了商务文件的传递速度。据统计，传统贸易中每做成一笔生意，平均需要 50 份不同的纸面单据，而这些单据往返传递花费很多时间。电子贸易则可以大大提高文件传递速度。②避免数据重复输入，减少错漏。传统纸面贸易方式中，同一数据多次输入，难免产生各种错漏。而电子贸易无须多次输入数据，从而可以减少差错；即使发生差错，修改也非常方便。③降低贸易费用。由于贸易信息及时传递，各种现代生产和管理方法如质量控制、存货管理等可以充分使用；

同时避免了传统贸易信息传递中频繁的差错。因而电子贸易可以大大降低贸易费用。据统计，使用电子贸易可以降低文件成本的 44%，减少由于错漏造成的损失 40%，提高竞争力 34%。

但是，电子信息交换仍然存在以下缺点：①电子信息交换只存在于特定的企业和行业之间。并且，即使在使用了 EDI 的不同专业领域之间，由于使用的网络不同，它们之间也难以交换贸易信息。要解决这一问题，需要建立跨越不同行业、不同网络的贸易手段。②由于电子信息交换使用的是非常标准的格式，因此仅仅可以传递有限的信息，无法满足贸易双方对贸易信息的要求。支付信息、物流信息和商务信息是同等重要的。显然单靠 EDI 的电子信息交换难以胜任。

在互联网出现后，电子贸易使用的 EDI 技术也有改进，有关贸易信息的标准数据也可以使用电子邮件传递。同时，跨行业 EDI 的出现，也推动了电子信息交换向网上贸易的发展。

二、网上贸易阶段

电子信息交换使用 EDI 技术，虽然提高了贸易信息的传递速度，降低了贸易文件的制作和传递成本，减少了差错，但这些优点的实现是以牺牲信息的多样性和丰富性为代价的。同时，EDI 根据其服务的领域不同，使用不同的专用网络，难以达到资源共享的目的。网上贸易正是为了解决电子信息交换的不足而出现的，它是借助互联网技术传递贸易信息达成贸易的方式。

网上贸易除集成了电子信息交换的优点外，具有如下优势：①便于使用不同网络系统交换信息，使得贸易在更大范围内得以实现，从而降低了进行跨国、跨行业交易的成本，扩大了交易的范围。②由于互联网上实现 24/7 的工作模式，网上贸易可以跨时区进行，大大提高了交易的效率。③互联网将多个与贸易相关的组织各自的网络系统联结起来，使得整个贸易流程可以在网上一气呵成，EDI 专用性造成的信息分割以及由此带来的效率损失，在互联网上不复存在。

当然，网上贸易的出现，仅仅是互联网在商务领域的一个初步应用，与当前方兴未艾的电子商务相比，毕竟过于简单，不可同日而语。具体说来，有如下表现：①网上贸易只是传统贸易过程在互联网时代的新形式，对于企业的业务流程、管理思想等的变迁，并没有带来太大的冲击，也就是说，网上贸易只不过是传统贸易中的询价、报价、款项划付等流程的网上简单复制。②网上贸易带给企业的，与其说是思想上的变化，不如说是手段上的变化。使用网上贸易，企业在战略上用的还是卖方市场条件下的守株待兔的方法，并没有充分利用互联网的开放、互动的优势。因而网上贸易仅仅是企业完成市场营销后的配套措施而已。③网上贸易的客体，局限于有形的商品，贸易的范围并未扩大到无形商品如软件、音乐，更不用说服务业了，其主要的原因仍是未能充分利用互联网上的协作、共享、互动等优势。

三、网络营销阶段

随着市场竞争的激烈和互联网的日趋成熟，网上贸易开始由被动转为主动，向网络营销发展。网络营销是企业以现代营销理论为基础，利用 Internet 技术和功能，最大限度地满足客户需求，以达到开拓市场、增加盈利为目标的经营过程。它是直接市场营销的最新形式，是由 Internet 替代了报刊、邮件、电话、电视等中介媒体，其实质是利用 Internet 对产品的售前、售中、售后各个环节进行跟踪服务，它自始至终贯穿在企业经营的全过程，包括市场调查、客户分析、产品开发、销售策略、反馈信息等环节。

网络营销只是电子商务的一部分。电子商务是利用 Internet 进行的各种商务活动的总和，必须解决与之相关的法律、安全、技术、认证、支付和配送等问题，而这些问题中有些正是 Internet 在中国发展的瓶颈问题。网络营销部设计网上销售，不涉及支付和送货，因此成为电子商务发展瓶颈的法律、安全、技术、认证、支付和配送等问题，并不会成为网络营销的障碍。

国际上实施网络营销有许多成功的范例。一些知名的企业都建有自己的网站，这些网站以自己各具特色的站点结构和功能设置、鲜明的主体立意和网页创意开展网络营销活动，给这些公司带来了巨大的财富。如耐克公司将企业定位于全球体育事业，以鲜明的形象、精良的产品和巨额资金将自己熔铸在体坛明星上，再利用乔丹等明星们的光环效应为其品牌升值，产品获得无尽的市场扩张能力，品牌价值一再飙升，其营业额增幅超过微软等高科技新贵。

四、网上商务阶段

网络营销并不是网上商务的全部，而仅仅是其中的一部分。网上商务，指的是通过互联网实现企业商务流程的全过程，包括网上采购、网上定制、网络营销、网上支付，以及通过互联网进行物流配送的跟踪等。网上商务也仅仅是广义电子商务的一部分。

五、电子商务阶段

正如前面所提到的，电子商务是指一个很广泛的概念，包括企业商务的各个方面。电子商务的本质在于降低交易费用，其中包括销售成本和采购成本等许多方面，对传统经济产生巨大冲击，改变和缩短了传统产业链，重塑了交易规则和程序。根据 Intel 公司的观点，电子商务至今已发展到了第三代。各代具体划分如下：第一代电子商务中，企业只是简单的建立公司的互联网站；第二代电子商务中，企业进一步将其互联网服务器与后端联系起来，使客户能够在网上发送并跟踪订单；而在第三代电子商务中，企业在全球的竞争优势将以供应商能否为客户量身定制产品的信息来衡量。

国际数据公司 IDC 的系统研究分析指出，电子商务的应用可以分为这样几个层次和类型：第一个层次是面向市场的以市场交易为中心的活动，它包括促成交易实现的各种商务活动，如网上展示、网上公关、网上洽谈等活动，其中网络营销是其中最重要的网上商务活动。还包括实现交易的电子贸易活动，它主要利用 EDI、Internet 实现交易前的信息沟通、交易中的网上支付和交易后的售后服务等；两者的交融部分就是网上商贸，它将网上商务活动和电子商贸活动融合在一起，因此有时将网上商务活动和电子贸易统称为电子商贸活动。电子商务活动的两个层次是指如何利用 Internet 来重组企业内部经营管理活动，与企业开展的电子商贸活动保持协调一致。最典型的是供应链管理，它从市场需求出发，利用网络将企业的销、产、供、研等活动串在一起，实现企业网络化、数字化管理，最大限度适应网络时代市场需求的变化，也就是企业内部电子商务的实现。第三个层次是指整个社会经济活动都以 Internet 为基础，如电子政务是指政府活动的电子化，它包括政府通过 Internet 处理政府事务，利用 Internet 进行招投标实现政府采购，利用 Internet 收缴税费。第三个层次的电子商务是第一个层次和第二个层次电子商务的支撑环境。

只有三个层次电子商务共同协调推进，才可能推动电子商务朝着良性循环方向发展。

电子商务的分类

电子商务涵盖的范围十分广泛，包括消费者、制造商、零售商、中间商、银行、税务、政府部门等人们从事商业活动的每一个领域。因此，对电子商务进行全面的分类是十分困难的，但进行分类又有助于帮助人们更好地理解运用电子商务。下面我们从不同的角度来对电子商务进行分类：

一、按是否进行在线支付分类

（一）完全电子商务：即可以完全通过电子商务方式实现和完成整个交易过程的交易。

（二）不完全电子商务：即指无法完全依靠电子商务方式实现和完成完整交易过程的交易，它需要依靠一些外部要素，如运输系统等来完成交易。

二、按服务的地理范围分类

（一）本地电子商务：通常是指利用本城市内或本地区内的信息网络实现的电子商务活动，电子交易的地域范围较小。本地电子商务系统是利用 Internet、Intranet 或专用网将下列系统联结在一起的网络系统：①参加交易各方的电子商务信息系统，包括买方、卖方及其他各方的电子商务信息系统；②银行金融机构电子信息系统；③保险公司信息系统；④商品检验信息系统；⑤税务管理信息系统；⑥货物运输信息系统；⑦本地区 EDI 中心系统（实际上，本地区 EDI 中心系统联结各个信息系统的中心），本地电子商务系统是开展由远程国内电子商务至全球电子商务的基础系统。

（二）远程国内电子商务是指在本国范围内进行的网上电子交易活动，其交易的地域范围较大，对软硬件和技术要求较高，要求在全国范围内实现商业电子化、自动化，实现金融电子化，交易各方具备一定的电子商务知识、经济能力和技术能力，并具有一定的管理水平和能力等。

（三）全球电子商务是指在全世界范围内进行的电子交易活动，参加电子交易各方通过网络进行贸易。涉及有关交易各方的相关系统，如买方国家进出口公司系统、海关系统、银行金融系统、税务系统、运输系统、保险系统等。全球电子商务业务内容繁杂，数据来往频繁，要求电子商务系统严格、准确、安全、可靠，应制定出世界统一的电子商务标准和电子商务（贸易）协议，使全球电子商务得到顺利发展。

三、按服务的对象范围分类

（一）企业对客户（B2C）的电子商务

商业机构对消费者的电子商务基本等同于电子零售商业。目前，Internet 上已遍布各种类型的商业中心，提供各种商品和服务，主要有鲜花、书籍、计算机、汽车等商品和服务。

（二）企业对企业（B2B）的电子商务

商业机构对商业机构的电子商务是指商业机构（或企业、公司）使用 Internet 或各种商务网络向供应商（企业或公司）订货和付款。商业机构对商业机构的电子商务发展最快，已经有了多年的历史，特别是通过增值网络（Value Added Network，VAN）上运行的电子数据交换（EDI），使企业对企业的电子商务得到了迅速扩大和推广。公司之间可能使用网络进行订货和接受订货、签订合同等单证和付款。

（三）企业对政府机构的电子商务（B2G）

在企业—政府机构方面的电子商务可以覆盖公司与政府组织间的许多事务。目前我国有些地方政府已经推行网上采购。

（四）消费者对政府机构的电子商务（C2G）

政府将会把电子商务扩展到福利费发放和自我估税及个人税收的征收方面。

（五）客户对客户的电子商务（C2C）

B2B 电子商务与独立第三方电子交易场

早期的电子商务主要侧重于 B2C，目前已转向 B2B。B2B 电子商务主要是在上下游企业之间的网络商务活动。由于企业与企业之间存在庞大的交易，企业可以通过 B2B 电子商务加快交易速度，迅速提高交易效率。在我们的生活中，大多数网民都知道像新浪这样的新闻网站和 8848 这样的 B2C 电子商务网站。但是，电子商务的发展机会主要还是存在于 B2B 电子商务。以下将从几个方面来介绍 B2B 电子商务。

一、B2B 电子商务简介

B2B 电子商务就是主要利用供应链管理（Supply Chain Management，SCM）技术，以中心制造厂商为核心，通过 Internet 将产业上游的原材料和零配件供应商、产业下游的经销商、物流运输商、产品服务商以及银行结合在一起，构成一个面向最终客户的完整的电子商务供应链（iSCM）。在制造业的基础上，B2B 向其他行业发展，如服务、商贸、医药等。

（一）B2B 电子商务的优点

当今世界经济的特点是数字化和一体化，利用 Internet 可以改变传统生产和经营方式，提高生产效率，提供新的商业机会。现代发达国家已经进入信息时代，所以迅速、准确的信息交换已经成为提高企业竞争力的关键。B2B 电子商务对企业有如下好处：

1. 改善供应链管理，供应链是企业赖以生存的商业循环系统，它可能耗费企业 25%的运营成本。B2B 通过 Internet 动态维系采购、供货、制造、分销、运输等环节建立高效的供应链系统。

2. 增加商业机会，B2B 提供低成本的信息发布渠道，增加商业机会。

3. 改善过程质量，与 ERP/MRP，MIS 等自动化管理和决策系统相结合，可以提高生产质量。

4. 缩短订货周期，降低库存，增加客户满意度。

5. 降低交易成本，减少通信、邮递、文档等办公成本，减少传统的广告投入。与传统方式比较B2B电子商务使企业平均降低12%～15%的成本。

（二）B2B电子商务的发展过程

1. 公司营销方案阶段　公司通过E-mail、电话、传真和各地办事处完成采购和销售，这一阶段的B2B电子商务并没有真正的网上交易，只是将网络作为一种辅助手段，来完成公司的营销、采购、生产制造的信息传递，并不存在真正的支付系统和物流系统的集成。

2. 卖方解决方案阶段　由企业自行组建的电子销售交易场，利用互联网的广泛覆盖能力，卖方可以跨越时间、空间的限制，获得更多商业机会。一般采取企业独家自行投资方式。它可以降低供应商销售成本、扩展顾客群、提高服务质量，但还是"点"对"点"的活动。

3. 买方解决方案阶段　由行业主导企业牵头组建的电子采购交易场，利用主导企业的产业积聚能力，为更多供货商提供更多的供货机会，买方可以获取更为满意的成交价格。一般采用开放式共同投资方式。虽然买方可以降低采购成本，但是供应商的流程必须要和采购商的采购流程匹配。这种以买方为中心的B2B模式，属于单一买主对多供应商，属于"一"对"多"的活动。

4. 独立第三方解决方案阶段　独立第三方电子交易场（E-Marketplace），或称为独立B2B电子交易场，包括综合性国际贸易交易场、网上商品交易场、行业交易场、功能性交易场等。这是目前最为流行的交换站点解决方案，它为买方和卖方提供了一个快速寻找的机会，快速匹配业务和快速交易的电子商务社区。买卖双方通过电子市场互动交易，属于由多个买方与多个卖方参与的"多"对"多"商业活动。这是B2B电子商务发展的最高阶段。

（三）B2B电子商务的构成

1. B2B电子商务的组成　B2B由电子市场（E-market）、企业应用系统集成和电子基础设施（E-infrastructure）构成。B2B的企业应用系统集成和基础设施包括物流配送、ASP（应用服务提供商）、外包解决方案、拍卖解决方案、内容管理、应用集成、财务、网络商业、企业 ERP 等等。电子市场将企业名录、产品目录放在网上，让买卖双方进行交易。

2. B2B 电子商务的层次

B2B 电子商务有三个层次：

- 电子市场（商家之间的 Internet 通道）
- 企业应用系统集成（业务营业支持系统）
- 基础设施（网络安全、在线支付、电子邮件）

（1）电子市场层功能：包括卖方的产品目录及搜索，在线订单和查询；买方的企业采购目录信息、自动采购、采购流程匹配、在线支付系统等。

（2）企业营业支持系统层功能

- 企业工作流系统：如采购审批流程包括填单、核算、审批、下采购订单等基本步骤，库存和采购需求的变化需要工作流系统在企业的各个应用系统之间进行功能切换和协调。
- 企业应用系统集成：ERP 系统、财务系统、CAD/CAM 系统、供应链管理系统、人力资源系统、后勤系统和办公自动化系统的集成和协调工作。
- 统一交换信息：在企业应用系统之间和企业内部应用系统之间需要进行数据切换。

（3）基础设施层功能：实现网络安全和在线支付（防火墙、SET 协议的安全技术）。由于在线支付的 B2B 交易金额巨大，风险大，加之企业有自己付款的贸易规则，在短时间内网上支付并不流行。

（四）B2B 电子商务的体系结构

1. B2B 体系结构

（1）典型的 B2B 体系结构：典型的 B2B 体系结构如图 1-1 所示。虚线内的部分是企业 B2B 电子商务平台和前台系统。前台包括采购管理、客户服务、客户关系、分销、物流、网站运营、网上支付、认证等功能。后台包括 ERP（企业资源计划）、MRP（物资需求计划）、财务、库存等。

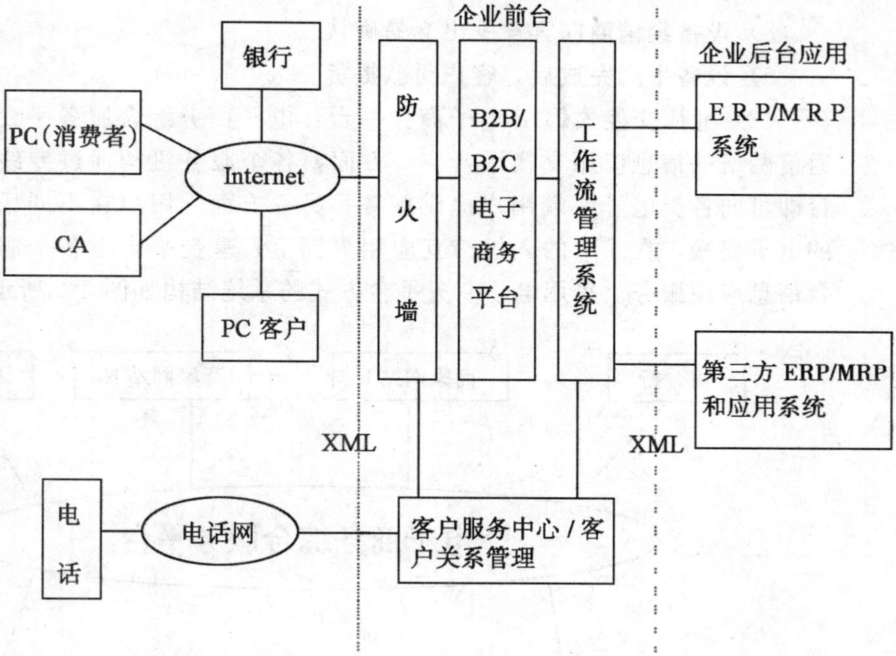

图 1-1　B2B 电子商务框图

如采用会员制，标准的 CA 认证中心就可以不使用。图 1-1 中的客户如果只是买方，就是以卖方为中心的电子商务。通常，其他企业客户的结构与图中右侧相同，有自己的上下游企业，既是买方又是卖方。

以客户购买某设备为例说明 B2B 电子商务的简单过程：

1）客户向交易商网站提交一份设备订单；

2）网站接到订单，自动触发一个向设备供应商（可能连带引发向设备上游配件生产商）的查询；

3）设备生产商收到查询后，通过其 ERP 系统自动向配件库存数据库生成一个查询。如果缺少某个配件，库存系统与配件供货商联系订购。

4）配件供货商系统通知设备生产商供货日期，完成订购合同和相应支付。

5）设备生产商把这个日期作为输入，根据生产能力计算出完成设备制造的日期，然后向物流运输商的计算机系统递交一个查询。

6）运输商的系统核对运输能力，然后确定运输时间表，同时和设备生产商完成相应支付。

7）设备生产商向经销商系统发出订单确认。

8）设备经销商向客户发出交易确认。

9）设备生产完成后，客户付款提货。

（2）通用交换式B2B电子商务平台：电子商务综合服务平台是连接各种通信网络的信息应用交换平台。一方面，各个服务机构通过专线简单接入平台即可向各类电子终端用户提供服务；另一方面，用户在不同场合使用不同的电子终端，在简单的人机交互应用界面上，享受平台上各个服务机构的综合信息应用服务。采用电子商务平台方式的系统结构如图1-2所示。

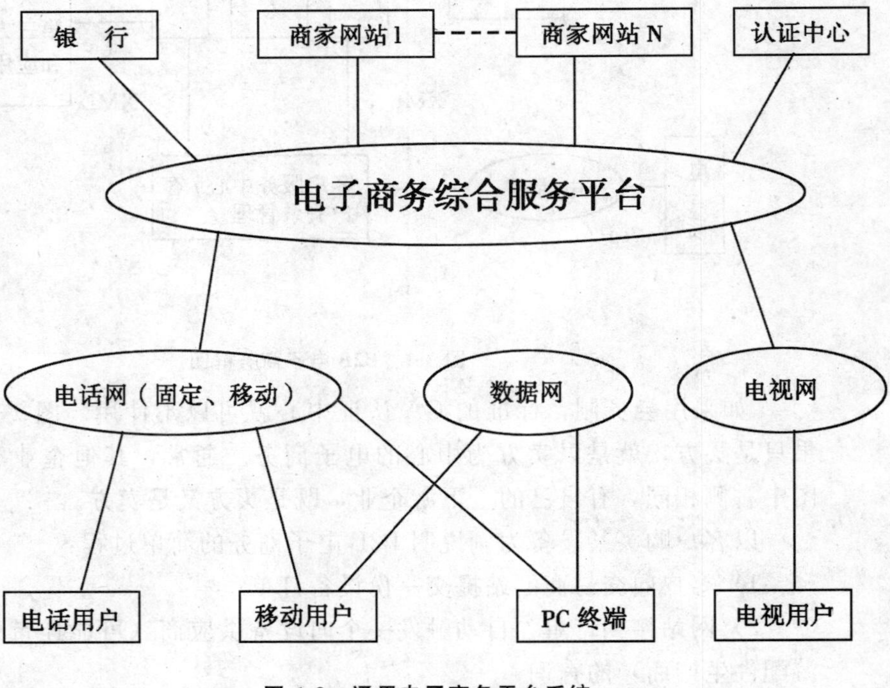

图1-2 通用电子商务平台系统

（3）B2B的信息技术

1）电子市场：商家向商家销售，需要B2B网站提供采购商家的采购目录和供应商的产品目录，以便双方进行交易。交易网站（电子市场）有许多功能，例如储存会员（供应商）信息，实现商家会员网上认证（CA）（保证商家的业务信息不被伪造和盗用）；管理和处理订单；按照约定商务逻辑规则与供应商完成交易；支持直销功能，电子货币与网上银行。B2B的安全技术包括网上身份认证（CA）；商务信息传输使用安全套接层（Secure Socket Layer，SSL）协议；资金流（认证、支付）采用安全电子传输（Security Electronic Transfer，SET）协议；网络安全等。比较新的电子市场是通用的交换电子商务平台。

2）宏支付系统：B2B必须采用宏支付系统，以便适合大额支付。它使用SET协议作为系统的安全保密协议。宏支付要求在终端与商家服务器之间、商家服务器与支付网关之间、终端和商家服务器以及支付网关与认证中心之间都使用SET协议。各个电子商务部分在进行身份认证时，都要与认证中心通信证实证书的有效性；另外，在交易的每个步骤都使用不同的密钥。

3）企业的信息系统：改造企业要适应B2B电子商务时代，必须进行信息系统的建设或改造，特别是中小企业。图1-3和图1-4分别显示了制造企业和商贸企业的信息系统框图。与电子商务紧密融合的企业信息系统（ERP/MRP）至少具备以下功能：准确传输电子商务信息（销售订单、采购订单等）；有条件的应该做到电子商务订单信息与企业内部作业（生产、采购、库存管理、财务管理等）信息对接；网上支付系统与企业内部财务管理自动对接；物流信息（内部与外部）与企业内部信息及电子商务信息对接。条件差的地方至少可以采用客户服务中心提高效率。

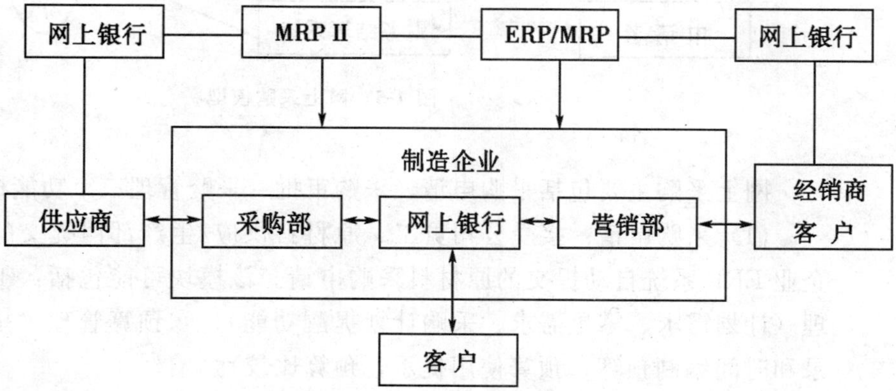

图1-3 制造业信息系统框图

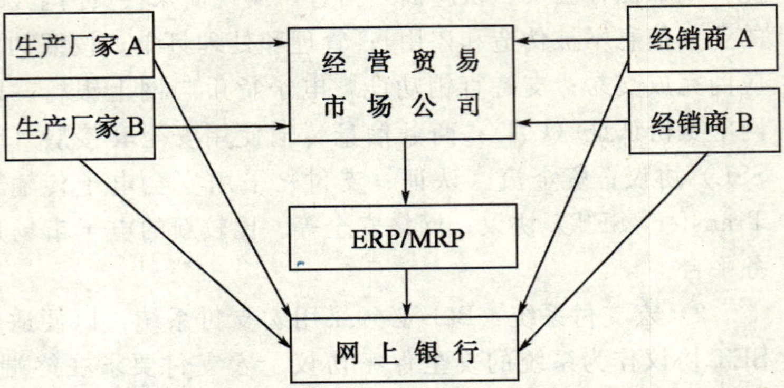

图 1-4 贸易企业信息系统

2. 网上采购系统 网上采购模型如图 1-5 所示。

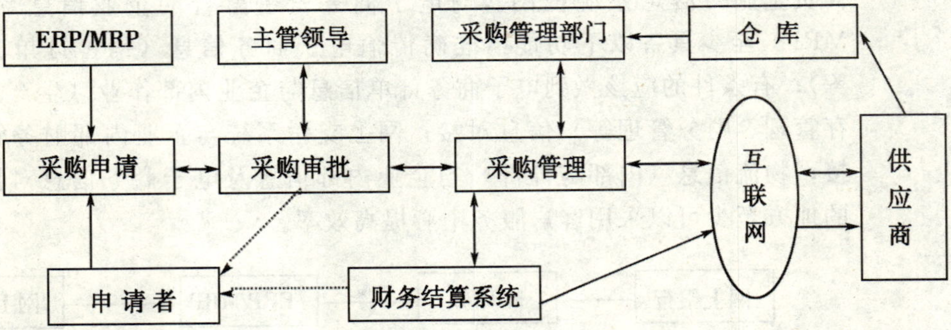

图 1-5 网上采购模型

网上采购主要包括采购申请、采购审批、采购管理三个功能模块。

(1) 采购申请：接受公司员工、原材料供应/生产部门提交的采购申请和企业 ERP 系统自动提交的原材料采购申请。该模块可能包括：①采购需求管理（计划需求、零星需求、采购计划提醒功能）；②预算管理（按照部门、目录和时间编制预算，预算使用提示，预算比较）。

(2) 采购审批：根据预设的审批规则自动审核并批准所接收到的任何申请；接收到申请后直接向仓库管理系统检查库存，通知申请者领用或提交采购管理模块；未获通过的申请可说明原因；无法确定的申请则交主管领导审批。

（3）采购管理：接受各种采购计划，制订供应商评估等业务规则。有效订单依据预设途径向供应商发出。系统自动接受或者手工录入供应商或承运商提交的产品运输信息和到货信息。订购产品入库或服务完成后，系统自动生成凭证并向财务系统提交，并提交有关单据。订购产品入库或服务完成后，系统自动邮件通知或管理部门电话通知申请者。依据设定规则，系统在发出订单时或者产品验收入库后，自动触发财务系统对供应商进行网上付款或者人工通知财务部门对供应商付款。网上退货过程的业务原理基本相同（核算则相反）。

3. 网上供应系统　供应系统就是产品和服务的供应和销售系统，包含了产品目录维护、在线订单系统、客户关系管理、订单管理等供应和销售中的全部基本功能。

（1）产品目录管理：生成产品目录，支持价格策略和产品支持与服务项目。

（2）客户关系管理：向卖方提供有需求项目的客户的有关信息。

（3）在线订单系统。

（4）销售订单管理：供方可以确认和拒绝订单；供需双方可根据需求更改不同的订单状态，向对方发出不同的提示，支持订单的各种查询和统计。

（5）销售合同管理：生成合同样本，支持数字签名，合同查询。

（6）财务管理、库存管理。

4. 网上支付　由于标准的网上支付风险比较大，所以有采用会员制的网上支付，其原理如图1-6所示。会员制支付需要银行和开办电子交易市场的提供者（网站）合作。网站在合作银行开立一个保证金帐号。该帐号专门为该站会员网上交易服务，网站绝对不动用该帐号中的资金。当会员在电子交易市场上达成交易并选择这种结算方式时，则在合同规定的时间，买方将货款汇入上述帐号：当网站接到银行收款通知后，即通知卖方按合同规定发货：在网站收到合格的发货凭证或买方的收货通知后，即通知合作银行将货款汇入卖方帐号，结算完成。

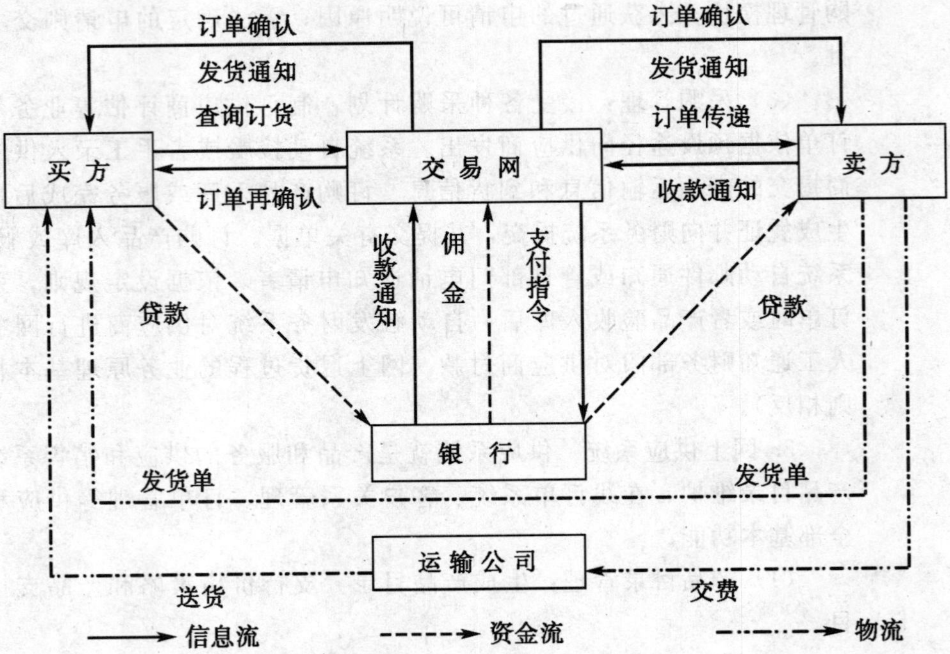

图 1-6　B2B 会员制网上交易模式

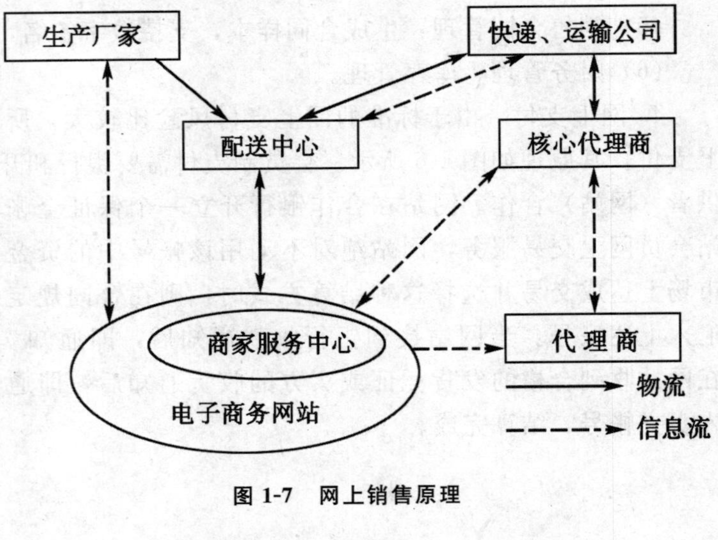

图 1-7　网上销售原理

5. 网上销售系统　网上分销可以降低销售、运营成本。网上销售原理如图1-7所示。网上分销管理库存最好能连接企业内部的管理信息系统，即 MIS/ERP 系统。

B2B 作为一种新兴的技术和商业模式，它的需求和动力始终存在，不过，需要结合中国的实际来考虑：例如标准的在线支付需要慎重，而会员制则相对安全，可以考虑通过电话和移动终端来开展电子商务。只有实现企业的信息化，才能提高中国企业的水平。发展 B2B 并不意味着一窝蜂去建网站，B2B 的基础在于企业的信息化。发展采购主导型或销售主导型 B2B 模式可能效果比较好，像电子、医药、建材、汽车、粮食、棉花、食糖、有色金属等可利用现有的批发市场，易于建立专业网络系统率先起步。那些业务相对简单、容易改造、交易量大、用户多、政府支持的行业（例如医药采购）就容易成功。

二、独立第三方电子交易场

当中国媒体和企业界还在讨论中国的电子商务环境多么恶劣、时机是否成熟的时候，大洋彼岸的美国的 B2B 电子商务已经进入了第三次浪潮，商业模式也已经进化到了第三代。从 1999 年 B2B 兴起到今天，短短的几年时间，我们的企业再一次被远远地甩在了后面。我们的企业今天不是要讨论是否要电子商务，而是不进行电子商务就会被新的竞争方式和全球化的趋势所淘汰。生存还是死亡，是我们面临的最重大的问题。

正如前面所说的那样，独立第三方电子交易场是目前 B2B 电子商务发展的高级阶段，即 B2B 的第三次浪潮。B2B 并不是一夜之间冒出的新概念。B2B 交易通过 EDI 方式已经有十多年的历史了，只不过由于建立这些网络需要的资金十分巨大，一般的中小企业根本无力负担。而一些大企业却通过 EDI 的方式，通过与他们的供应商连接，节省了巨大的成本。根据美国商务部的统计，2000 年 EDI 支持 25 万家美国企业进行超过 30 000 亿美元的经济活动。这些系统使采购过程自动化，支持库存自动补充，把买家和他们的供应商更紧密地连接在一起。因为 EDI 是基于私有网络之上的，它需要巨大的资金投入，那些无法负担开支的小企业就被拒之门外，无法参与由 EDI 系统构建起来的采购商和供应商系统。然而，Internet 的兴起使得这一切游戏规则都改变了。由独立于产品供应商和生产商的第三方电子交易场应运而生。

（一）电子交易市场的定义

要对独立第三方电子交易场有一个全面的了解，首先应对B2B电子交易场作一个介绍。对于电子市场的概念，不同角度有不同的定义：

“电子市场是企业之间沟通、协作、交易的基于网络的环境，并且在多对多的环境中发掘新的商务机会；电子市场超越了市场本身，包含参与者交易过程、系统和组织的完全整合。”（Price Water House Coopers）

“电子市场是为了交易将买卖双方集中在一起的市场中介，它提供内容、价值增值服务等”（Gartner Group）；“电子市场是购买者和销售者群体中的网络经纪人”（DC Group）；“电子市场是一个将多个卖者和买者集中在一起的中心，为参与者提供产品或服务的统一视角，还有一些便利交易的各种机制来创造价值”（Forrest Group）。

本节所提的电子市场是一个虚拟的市场，在这里，购买者和供应商可以交换关于产品和服务的相关信息并且从事商务交易。它是区别于电子产品市场的一个新的概念，也区别于传统市场，传统的市场是以“分子”交易（实物交易）为基础的市场交易方式，而电子市场是以“比特”交易（数字化的网上交易，也称为电子交易）为基础的适应数字化网络时代的发展需要的市场，它是在实践中不断发展和壮大的。它既存在于B2B环境，也存在于B2C环境。

在B2B环境中，电子市场在20世纪80年代就已经存在，当时是一个或者多个厂商和他们的客户或者供应商通过专用的网络连接起来，使用例如EDI或者EDIFACT等标准协议，通过交换购买、销售、运输、库存、财务等方面的电子文档，来共享这些信息。在这些情况下，人们常常把他们叫做EDI系统，他们往往需要在系统和基础设施方面进行一些必要的投资，因此也要求一定的交易量来收回这些投资，并且EDI系统很少提供终端用户的交互支持。因为他们是私有的、复杂的、昂贵的，因此只有相对少数的大的组织机构才会使用，有时候也作为交易的先决条件，要求他们的贸易伙伴加入到这个系统中。

电子市场作为电子商务应用的一个重要领域，是电子商务的高级阶段和发展方向。如麦肯锡公司预测：电子市场占电子商务的比例将从2000年的

13%增长至2004年的53%，交易金额将从2000年的850亿美元增长至5700亿美元。Gartner Group预测，2004年全球电子商务交易额将高达7.3万亿美元，其中37%是在电子市场上产生的，代表约2.7万亿美元的交易额；OECD预计电子市场将要以90%的速度增长，并且预计到2005年超过500 000家的企业将作为卖方或者买方参与到电子市场交易中。

正如前面所讲，B2B电子商务包括三个层次的功能，第一层是电子交易市场功能，第二层是企业应用系统集成功能，第三层是基础设施功能。这三者缺一不可。其中的电子交易市场是B2B电子商务能够顺利进行的基础。它是由信息技术推动的取代传统交易市场而形成的电子虚拟交易市场。任何市场交易都包括信息流、资金流、实体流。信息技术的发展使得以比特交换为基础的交易过程发生了本质的变化，特别是信息流和货币流的数字化，以及全球性的物流系统和健全的信用体系，保障了传统交易可以在网上直接进行，这种基于比特交换的电子虚拟市场交易将大大降低市场交易费用。

1. B2B电子虚拟交易市场　B2B电子虚拟交易市场的发展是企业间电子商务的发展所推动的。电子商务是指企业在网络环境中进行的商务活动，网络环境是指企业内部网（Intranet）、企业外联网（Extranet）和互联网（Internet）构成的电子虚拟市场，商务活动是指企业在电子虚拟市场环境中进行的经营管理活动（包括采购、生产、营销、贸易等活动）。

所谓的B2B电子虚拟交易市场是指，通过企业的网络环境向企业提供了一个虚拟交易的场所，在这个虚拟的场所，产品供应商的任何符合条件的产品都可以在虚拟市场上进行展示和销售，生产商和经销商可以在站点中根据所需进行任意购买和选择。虚拟交易市场是相对于传统的实体市场而提出的。

从上面的定义可以看出，B2B电子虚拟交易市场只是企业间电子商务中的一个交易过程。它解决了企业间电子商务的信息流的传递，为企业进行网上交易提供了有力的保证。根据电子商务的发展历程，相应的B2B电子虚拟市场可以分为以下几种：

（1）网上直销型：网上直销型企业电子虚拟市场是指企业直接通过网站提供产品和服务，它改变了企业的传统营销渠道，将Internet作为新兴的销售渠道实现企业间的交易。对于企业来说，一方面作为产品和服务提供者，它通过建立网上直销电子商务站点为其顾客提供网上直销渠道；另一方面作为产品服务的使用者，他从供应商建立的网上直销电子商务站点进行直接购买。

这两种方式是从不同角度来分析问题的，其实企业要积极面对的是如何通过网上直销渠道实现与客户之间的网上交易。网上直销型企业间电子商务的主要特点是利用Internet代替传统的中间商，如零售商和批发商。它一方面降低了营销渠道费用，以更低廉的价格为客户提供更满意的服务。同时，企业一旦建立网上直销渠道模式，可以大大提高企业间电子商务交易方式，突破传统，客户可以跨越时空限制，从而扩大企业的市场份额。

实现网上直销型企业间电子商务，要求企业的势力比较雄厚，而且企业必须能进行柔性化生产，企业的业务流程必须是顾客导向的。企业实现网上直销型的企业间电子商务，主要目的是降低成本，并扩大服务市场范围。

(2) 专业服务型：由于服务已经成为国际贸易和商务活动中的重要部分，因此服务成本上升非常之快，加之许多企业对服务及时要求越来越高，专业服务型电子商务网站就是满足这种需要建设的。这种网站的建设费用比较高，而且技术支持和运转费用也比较高，但仍比传统的依赖人工方式进行服务的成本要低得多，因此为一些企业所采用。如Federal Express公司为方便顾客查询包裹托运情况，它建设网站提供网上实时查询服务，对于一些大型客户还专门提供终端，方便客户在办公室进行邮寄。

(3) 混合型：许多企业在提供产品的同时还要涉及到服务，因此上面两种类型的商务网站经常是融合在一起的，即在提供产品的网上销售的同时，还提供技术支持和售后服务。如Dell公司的网站就可以为客户提供软件下载，技术支持和订单查询等服务。

(4) 独立第三方电子交易场：独立第三方电子交易场，即网上中介型企业间电子商务，是指企业利用第三方提供的电子商务服务平台实现企业与客户或者供应商之间的交易。它与直销型企业间电子商务的根本区别在于，直销型的电子商务服务平台是由参与交易的一方提供，一般是产品或服务的销售方；而中介型的则是交易双方都参与由第三方提供的服务平台进行交易，交易时交纳一定佣金或者中介费即可。网上中介型方式一般适合于中小型企业。大企业只有在建设自已电子商务站点不合算的情况下，或者因为行业的特点不适宜自己建设电子商务站点时，独立第三方电子交易场经常是它的首选。由于独立第三方电子交易场服务的对象无论是买方还是卖方都没有限制，因此，这种方式形成的交易平台也称为电子虚拟市场。

2. 独立第三方电子交易场的发展阶段和基本模式　独立第三方电子交易

场的主要特点就是提供网络平台的既不是买方又不是卖方，而是以独立的第三方角色来提供网络服务。独立第三方系统的价值主要体现在它可以为买卖双方提供一个公平、公正、公开的购买平台，这样有利于交易的进行。值得一提的是独立第三方系统可以给那些没有足够资源开展自己的电子商务的中小企业提供了一个低价的平台，保证他们参加正常的网络活动。

根据服务商提供的服务的层次不同，可以将独立第三方电子交易场分为简单信息服务提供型和全方位服务提供型。前者一般主要是提供买卖双方的信息，通过中介服务买卖双方可以在全球范围内选择成交对象，选定交易对象后并不直接在网上交易，而是另外接触和签订合同。采用这种方式中介机构无法全面深入参与交易，提供的只是简单的信息服务，如阿里巴巴网站（http：//www. alibaba. com）。后者是指在网上不但提供信息服务，而且还提供全面配合交易的服务，如网上结算和配送服务等，这类站点要求中介机构对贸易特别熟悉，特别是对国际贸易业务更要非常熟悉，如专门针对中国商品出口的网站——相约中国（http：//www. meetchina. com）就属于此类型。独立第三方电子交易场的商业模式主要是通过收取中介费用和会员费来获取收入，随着服务的深入，可以通过提供的增值服务来获得收入。

（1）独立第三方电子交易场的三次浪潮：独立第三方电子交易场从一开始就表现出强劲的竞争势头，它以崭新的网络商业模式赢得了抢占市场的先机，使得许多 B2C 商业模式，C2C 商业模式相形见绌。独立第三方电子交易场大致经历了以下几个阶段：创立者独立的电子交易商；联合者的电子交易场；寡头联合电子交易场。当然，由于行业特点的不同，独立第三方电子交易场所表现的形态也会有所不同。

1）独立第三方电子交易场的第一次浪潮：创立者独立的电子交易商

EDI 模式证明了用网络将采购商和供应商连接起来，进行自动交易，会节省大量的成本。Internet 作为公众网，是一种低成本的接入手段，它意味着中小企业不用花费大的成本，就可以实现与大企业的互联。自 1998 年第三季度以来，美国基于 Internet 的电子市场以每天一个的速度增长。至 2003 年，已经有超过 650 个网上 B2B 市场。

虽然基本上在每个主要的行业，都出现了 B2B 电子市场，但是只有那些经常交易的、标准的产品市场成为可操作的电子市场。这些行业包括：化工产品、能源、钢铁、电信带宽和电子配件等。这些由标准产品组成的电子市场使得采购商很容易地比较来自各个供应商的产品价格，第一代的电子市场极大地降低了买方的采购成本，也使得供应商将他们的产品卖到以前他们无法接触到的客户手中。然而传统的采购系统和流程还大部分都没有改变，因此，采购过程的成本降低是很有限的。

最早的第一代B2B电子市场是由一些独立的初创企业成立的。这些企业有着丰富的创造力和无穷的精力，他们不断地创新，在Internet上创造了一个又一个的奇迹，并且取得了资本市场的青睐。这些电子市场包括：水平B2B市场VerticalNet、FreeMarkets，纵向B2B市场：钢铁行业的E-Steel、生命科学行业的SciQuest、化工行业的Chemdex、塑料行业的PlasticsNet等。许多纵向的B2B电子市场都是由行业内的资深专家领导的，但是一些大的行业内的公司却没有对电子市场给予足够的重视。

2）独立第三方电子交易场的第二次浪潮：联合者的电子交易场

B2B电子市场的第二阶段的标志是：一些独立的电子市场开始吸收一些大的买家和卖家作为他们的战略投资人，目的是为了提高市场的交易量和协调双方共同的利益。许多第一代独立电子市场的创始人都非常注意市场的中立性，不让自己的市场有行业内大公司的股份。因为如果一个大的买家拥有电子市场的股份，卖家和其他的买家就会对加入市场交易产生疑虑，他们担心那家大公司会不公正地影响交易的规则，或者享有查看交易数据的特权。

然而，电子市场的价值就在于它的流动性。流动性是一个电子市场能否成功的最关键因素，也是各电子市场追求的目标。为了达到这个目标，在反复权衡了要中立还是要流动性之后，一些电子市场开始寻找行业内大的买家或卖家，期望他们能够以股权的形式加入合作，这样一方面可以调动他们加入电子市场交易的积极性，另一方面也把网站的成功与他们的利益捆绑在一起。例如，生命科学行业的B2B站点SciQuest，在1999年10月以前一直保持市场的独立性，1999年第四季度开始，SciQuest承诺向每年交易500万美元以上的主要的采购商和供应商提供认股权证，此后它又进一步改进了投资条款，宣称可以根据实际的交易量的大小来决定发行认股权证的多少。同样，另一家公司E-Steel，原来是由风险投资商和管理层投资的，现在也引入了策略投资者如通用电气、杜邦、三菱等公司，以增加它的交易量。

3）独立第三方电子交易场第三次浪潮：寡头联合电子交易场

在B2B发展的第三个阶段，一些大的行业巨头开始联合，建立他们自己的电子市场。虽然至今为止还没有一家正式开始运行，这些由行业领导者发起的电子市场很有可能在未来击败那些独立的电子市场，因为他们拥有电子市场最关键的因素：流动性。

通用汽车在1998年开始尝试B2B交易，它将部分采购业务放在独立市场FreeMarkets上。对FreeMarkets来讲，通用汽车的加入使得市场交易量大增。1998年全年收入的19%和1999年收入的15%来自通用汽车。FreeMarkets的另一个大客户是联合技术公司，它每年的交易额也占到很大的比重。正是这些行业巨头的加入，使得这个独立市场的市值在2000年1月3日达到了最高点100亿美元。

当通用汽车宣布它要放弃FreeMarkets，采用自己的采购平台时，FreeMarkets的市值在两周内跌去了55%。通用汽车每年的采购额达到了800亿美元，它意识到它给FreeMarets带来的价值比FreeMarkets给它带来的价值大得多。

通用和福特汽车在1999年11月2日同时宣布要建立各自的在线采购市场，标志着电子市场的第三次浪潮的来临。在这次浪潮中，几乎所有主要行业的领导者都宣布他们要建立自己的电子市场，与过去不同的是，他们都与过去的竞争对手合作。通用和福特汽车的联合在这次浪潮中尤为重要，这是因为三个原因：第一，汽车行业是世界上最大的行业，通用和福特汽车每年的采购额加起来有1670亿美元之巨；第二，这个行业的供应链复杂程度也是最高的，尤其是它把零部件订单下给它的供应商的时候；最后，通用和福特的宣告联合是业界最先公布的，其后，有一大堆行业巨头公布了他们的联合方案。

通用和福特很快将他们各自的市场合并为一个全行业的市场，2000年2月25日，他们宣布与其建立各自的电子市场，不如联合戴姆勒-克莱斯勒，建立一个统一的市场，后来尼桑公司也加入了联合。虽然这种行业联盟在过去鲜有成功的案例，但是在一些寡头垄断的行业，例如在买方驱动的市场，成功地发起采购联盟是非常可能的。因为这些少数的买家有能力迫使供应商按照他们制定的游戏规则来玩。

由过去的竞争对手到今天的合作伙伴，这些行业巨头开始在采购环节合作，造就更具竞争力的供应商。然而，这种模式也有它的缺陷，由于供应商在一个更透明的价格环境中竞争，他们的利润空间会被压缩得很低，供应商之间你死我活的拼斗不可避免，这对买家来说并不一定是好事，因为供应商是提供他们生命的血液，血液不健康时，他们也一定会受到影响。

(2) 独立第三方电子交易场模式：独立第三方电子交易场最基本的功能是为企业间的网上交易提供买卖双方所需的信息服务。买方或者卖方只要注册，并且通过验证后，就可以在网上发布自己的采购信息，或者发布企业的产品出售的信息，并根据发布的信息来选取企业自己潜在的供应商或者客户。网上发布的信息一般都是图文或者文字信息，随着带宽的增加，发布的信息将越来越丰富。

其次，独立第三方交易市场的功能是提供附加信息服务，即为企业提供企业需要的相关经营信息，如行业信息、市场动态、行业组织状态等。为买卖双方提供网上交易沟通渠道，如网上谈判室、商务电子邮件等。还可以根据客户的需要，定期为客户提供买卖信息。

第三，独立第三方交易市场的另一功能是提供于交易配套的服务。最基本的服务是提供网上签订合同服务、网上支付服务等实现网上交易的服务。例如，可以根据客户交易的需要，为客户提供申请报关和联系认证等贸易服务。

第四，独立第三方交易市场提供客户管理的功能，即为企业提供网上交易管理，包括企业的合同、交易记录、企业的客户资料等信息的托管服务。当然这属于商业机密，但是那些中小型企业需要一个专门托管服务机构。

独立第三方电子交易场服务对象主要是中小企业，也就是那些急需拓宽市场，但又缺乏资金实力和技术力量的企业。对于大型企业，他们可以凭借自己的资金实力和技术力量建立自己主导的，服务更优质的企业电子商务网站。但这并不表示，建立自己的电子商务网站一定是经济的，或者说比独立第三方电子交易场更好。与网上零售不一样的是网上中介的产品不受限制，它可以是工业品、消费品，也可以是科学技术成果等无形产品。只要企业需要的，能够提供的产品和服务都可以通过独立第三方电子交易场进行交易。

独立第三方系统的优点

一般认为，电子市场可以能够带来五种增值价值优势：

一、创造新市场

在许多行业中，都存在将剩余产品进行销毁，或者有剩余生产能力，机器设备没有得到充分利用等情况。这些都是因为寻找购买者的成本比这些产品的价值还要高，或者对于一些易腐坏的产品，寻找顾客时间太长会造成产品失效。利用电子交易场可以为这些产品创造新市场，具有重要的增值价值。

二、提高市场透明度

如果存在大量不相同的市场，并且其交易经常是双边或者通过商务代理进行的，那么市场的透明度可能就比较低，使得同样的产品，在不同的交易中的价格差别会很大。电子市场改善了价格发现的过程。价格发现对一些参与者来说，可以导致直接成本节约和利润增加。对于双边贸易或者经纪人贸易占主导地位的市场，例如原材料、能源或电信来说，这些增值价值具有重大意义。

三、提高达成交易的比例

和传统方法相比较，以极低的成本开拓新市场是电子市场的一个优势。和卖方、买方等方案相比较，电子市场提供的增值价值在于更精确地匹配供应商和购买者。虽然这个增值价值不仅仅是电子市场能够提供，B2B 门户和交易目录也可以提供，但是电子市场的优势在于：可以很容易将双方的接触转化为现实的交易。

四、节约成本

通常，对于购买方而言成本节约主要由三种情况造成：

（一）增加的市场透明度，对于那些以前支付价格超过市场价格的购买者来说，降低了产品价格；

（二）在基于电子目录的电子市场中，聚集的购买者（消费者联盟）比单个购买者具有更大的市场力量，因此可以对供应商在价格上施加一定压力；

（三）谈判的自动化也可以节约交易成本。

五、便利交易

通过将众多的产品目录综合成为一个或者将为数众多的参与者连接到一

个市场，交易代价比以前更小。而且，辅助信息和进一步交易（购买管理，各种网络的相互连接，信用评价检查等）可以无缝的和电子市场相整合。在很多种情况，这种便利性的增加就是时间的节约，最终还导致成本的降低。

国内外医药行业的电子商务现状

医药电子商务概述

一、医药电子商务的概念

医药电子商务是以医疗机构、医药公司、银行、药品生产单位、医药信息服务提供商以及保险公司为网络成员，通过 Internet 网络应用平台为用户提供安全、可靠、开放并易于维护的医药贸易电子商务平台。电子商务增强了药品采购的透明度，减少了购销环节，从而降低了药品销售成本。

医药电子商务主要有两种：一是企业对企业的交易，即所谓的 B2B 模式。它们是医药电子商务的主流，约占整个医药电子商务交易额的 85%；二是网上药店对消费者的交易，即 B2C 的模式。这种方式业务较少，只占整个医药电子商务的 15%左右。

二、医药行业推行电子商务的优势及存在的问题

医药行业推行电子商务是世界各国医药行业的发展趋势，由于医药行业关系到每个国家的国计民生，所以，维护医药行业的有序、稳定是至关重要的，而电子商务是达到这种有序、稳定行业状况的最有效的方式。其主要原因如下：

（一）医药产品网上销售有优势

医药企业的电子商务与一般企业的电子商务有所不同，它以医疗机构、医药公司、银行、药品生产单位、医药信息服务提供商以及保险公司为网络

成员，通过 Internet 为用户提供安全、可靠、开放并易于维护的医药贸易电子商务平台。

药品有体积小、重量轻，有明确的规范标准，便于网上浏览的介绍说明等特点，药品网上销售的价格优势显著。

（二）整治我国医药行业混乱现状的必然要求

基于 Internet 技术的电子商务，势必改变传统医药经济的业务模式，迫使各个环节的医药企业重新定位和思考它的组织架构、业务流程的经营渠道。

在传统医药经济中，药品从生产到最终顾客，必然经过制药、批发企业、零售企业（包括药店和医院药房）、患者（最终顾客）这几个环节，药费居高不下，原因来自于多流通环节。流通秩序混乱的直接危害是交易费用增高、最终售价上升。

而电子商务的最大优点，在于能够减少交易费用。在销售环节上，运用网络技术，减少对销售人员个体行为的依赖。借助于网络信息、配送系统，减少了交易环节，交易成本自然就降下来了；对改善医药流通秩序的混乱，具有重要的意义。

（三）国内外各种尝试早已开始

从世界上医药企业电子商务的发展来看，国外的医药电子商务也大多分为 B2B 和 B2C 两种，同大多数行业的电子商务一样，在医药行业中 B2B 方式也占有绝对的优势，其交易额占整个医药电子商务交易额的 85%以上。在美国，目前网上药店有 1000 多家，而预计网上药品零售、批发规模将在未来两年内超越传统的医药市场。

我国医药工作者也在尝试着电子商务这一新兴的手段。国家经贸委早在 1999 年 9 月就下发了《关于开展医药电子商务试点的意见》，并选定了规模大、计算机管理基础较好的上海医药股份有限公司和中国金药信息网络公司武汉分公司为医药电子商务试点企业。在政策的鼓励下，国内的医药电子商务市场也日渐红火，各医药厂商、经销商纷纷设立自己的网站，在宣传介绍自己产品的同时传播各种医药知识，做了不少有益的尝试。

到目前为止，北京地区拥有独立域名的健康、医药网站共有120余家，而在全国此类网站则有600多家。上海则在建立国内最大的药业立体电子商务平台，目标直指传统的中医药领域，希望通过与全国所有中药材交易市场联手运作，建立一个辐射全国乃至亚洲的中医药网络。

三、医药行业电子商务特点

医药行业作为电子商务范畴的一个重要领域，有着一般电子商务的普遍特性，同时，医药行业作为一个特殊行业，其电子商务也具有一定的特点，具体从以下四个方面讨论。

（一）行业特点

医药行业是国家的特殊行业之一，直接关系到人们的身体健康和生命安全；医药产业也是我国四大重点（计算机、汽车、医药、微电子）技术创新产业之一，是一个技术密集程度高、投入多、效益好、周期长、风险大的国际性产业。但是，由于我国现存生产、流通领域等环节种种不合理因素，极大的导致药品生产经营秩序混乱，药品购销中行贿、索贿、回扣等不正之风盛行。医疗卫生单位也出现类似的问题，使患者背上沉重的药费负担。为了杜绝上述现象，国家曾三令五申建立行业有序竞争，规范行业管理，强化流通环节监督。可是，单单从法令法规方面规范市场行为是不够的，必须通过先进的手段，也就是现代化的电子商务手段，增强医药市场透明度和管理监控的力度，大力加强行业的信息化建设，将政府、市场、消费者联系在一起，最终实现医药流通市场的健康发展，使消费者利益得到保护。通过电子商务技术，建立一个覆盖整个医药购销过程的虚拟市场，使得药品流通中的买方和卖方平等地面对一个公平透明的市场渠道，而在这个渠道中进行的所有的药品购销行为都会通过现代化的信息采集手段记录下来，并经过相应的信息处理后成为各级相关政府部门执法监督的依据。这样一种市场渠道以及相应交易模式的形成，不仅可以提高药品流通的效率，降低药品流通的成本，同时对于规范化我国药品生产、流通、销售中的不正当竞争行为一样有着重要的意义。

（二）医药虚拟市场的管理特点

首先，医药虚拟市场必须是一个合法的市场，在这个市场中进行交易的双方也必须具备合法的资格，因此医药虚拟市场的管理应该在传统医药市场管理的框架下来进行，并利用现代化的管理手段进行创新和发展。其次，作为一种市场经济的产物，医药虚拟市场必须是独立于任何政府部门，相关政府机构对医药虚拟市场的管理主要体现在事前的资格认定和事后的监管，政府部门不应该直接参与虚拟市场的运营。同时，基于公平交易的原则，虚拟市场平台的运营者不应该与药品交易的收益直接挂钩。所以虚拟市场平台的运营者不应该是药品交易的双方，而应该由独立的第三方来来承担，并通过提供与交易相关的服务获取利润。医药虚拟市场的管理主要是利用现代化的信息技术手段，在传统医药市场管理的框架下，通过对交易双方，以及运营虚拟市场平台的第三方信息中介机构合法资格的认定，并对交易过程的实时监控，和交易结果的事后审查，达到有效管理医药流通市场，加速我国医药流通市场规范化的目的。

（三）医药虚拟市场应从医院采购进行突破

既然医药虚拟市场的完善是一个过程化的产物，那么就需要从买卖双方的某一点展开突破，表现在系统平台上，就是先从在线销售还是先从在线采购入手。我国目前的医药市场一个显著的特征就是买方市场，而医院的采购行为占到了整个药品采购行为的 85％以上，医院的采购方式极大的影响着医药市场的运转。因此，医药虚拟市场的推广从医院的采购入手，才能真正影响药品交易的模式，使医药虚拟市场的应用一步步走向深入。

（四）医药虚拟市场效益特点

1. 社会效益

（1）净化市场，保证药品质量和临床用药安全有效；

（2）规范购销行为，遏制药品购销活动中的不正之风；

(3) 推动医药分开核算，分别管理，切断医疗机构与药品营销之间的经济利益关系，为实行职工基本医疗保险制度创造条件；

(4) 有利于提高市场集中度，加快医药流通体制改革。

2. 经济效益

(1) 医院：销售收益明显增加；库存减少，资金周转加快，信息化水平提高；市场竞争力增强 。

(2) 企业：大公司的迅速崛起；交易成本下降，赢利空间扩大；经营环境改善，生意比过去更好做。

从上面可以看出，医药行业电子商务不同于一般的电子商务，它具有多重角色的特点，不仅要满足医院、企业、最终消费者的利益要求，更为重要的是要提供一个供政府监管的平台，这是有别于一般电子商务的。

国外医药电子商务发展

全球最大的20家制药企业已开展电子商务。从发达国家的情况看，网上医药交易十分普遍，美国作为全球最大的医药市场，其医药已进入网上交易时代。现以美国为例说明医药电子商务的发展现状。

一、美国联合采购系统

（一）联合采购（Group Purchasing Operation）

近来美国医药保健产业的采购，都是通过联合采购组织（Group Purchasing Organization，GPO）替其所属会员寻求最适当的供货商，并和供货商协商合约、价格，以企求降低采购成本，同时经由各会员间更进一步的协调合作，增强与供货商的关系。此种采购方式在美国可追溯到1910年就有第一个GPO的成立。参与联采组织的成员规模各异，有诊所，各级医院，疗养院，教学医院等机构。联合采购组织根据其会员采购的需求，在网站上发出招标规格（Request for Proposal），让供货商来竞标。其所属的会员当然可向中标者采购或者自行找供货商来供货。联合采购的项目有药品，药材，手术室器械，放射科器材、医疗实验设备与消耗品，办公用品，膳食、间接性原料的采购（Maintenance，Repair，Operations）等。目前美国著名的 GPO 有 AmeriNet，Consortia Catholic Resource，Resources Partners，Premier，Novation，Shared Services，Healthcare 等。根据 Premier 的报告指出，平均每家医院参加 2～4 个联合采购组织，通过 GPO 的采购方式，不但可替医药保健服务业者节省 10%～15%非劳力成本，同时还能通过 GPOs 的帮助取得高品质、低价格的商品，为病人提供更优质的服务。

（二）联合采购遵循的原则

联合采购要能发挥功效，必须符合以下几个原则：

1. 公开透明：符合条件的生产者与消费者皆可以参与联合采购。

2. 会员许可制：只有参加联合采购组织的会员才可以进行买卖，以保障双方的权益。

3. 统一标准规格：联合采购本质上是同业间一种协同合作的方式，为求有效地提高各成员的采购效率，产业间标准的建立是不可或缺的，例如供应厂商的独特代号、产品的编号、药品编号或剂量等规格统一相同，避免误解，方便推动联合采购。

（三）联合采购的成员

联合采购的主要成员有：

- 医药保健联合采购服务提供者
- 各级医院、教学医院
- 诊所
- 卫生所
- 药物流通经销商
- 供货商（制造商，药品进口商）

（四）联合采购的系统构成

一个成功的联合采购，必须由采购者（buyer）、供应者（supplier）及联合采购组织三者密切合作所组成，缺一不可。缺少买卖的任何一方皆无法完成交易，而缺少一个有信誉的组织也无法吸引众多的采购者或供应者来参与，而少数的买方与卖方也是无法发挥联合采购的效力。

采购者针对需求而发动联合采购行动。联合采购组织通过设计、规划完备的电子商务软件，利用互联网无所不在、随时提供互动服务的特性，搜集需求数量后再公开征求提供厂商；然后与适合的供应厂商反复进行议价协商，取得理想价格后再与采购者重新确认，获得采购者的订购单转交给供应者；供应者出货后再向银行请款，银行则向采购者收款，完成交易。

在联合采购的模式下，联合采购组织要去寻找合格的供货商，需先审核供货商的资格，以便确保供货商的品质。一旦供货商成为合格的厂商，则需和联合采购组织保持密切联络。供货商事先获得采购者需求的预估量，再来准备药品，避免因为无法掌握市场需求而导致积压库存或缺货的风险，以需定产降低了运营成本和售价，因而使供货商更具有竞争力。采购者经由集体采购的力量，直接从生产者处取得药品，品质既有保障，又可以争取到更理想的售价，所以说是一个买卖双赢的美好结局。

联合采购系统的构想在于将电子商务的概念与联合采购机制合并，目的在于让联合采购供应链的成员以协同合作的机制，提供方便的使用者接口，汇集商流、资金流、物流与信息流为一体。基于以上描述的构想，规划出联合采购系统，并应该拥有付款机制（资金流）、物流机制、投标机制、议价机制、采购机制，方能满足银行资金流、物流配送、采购者、生产者不同的需求，因此系统必须具备下列的功能：

- 需求调查
- 信息分享
- 订单收集及查询
- 合约管理

- 会员管理
- 订单管理
- 询议价管理
- 采购管理
- 供货商管理
- 投标管理
- 采购商管理
- 订单确认
- 追踪、查询
- e-服务

（五）联合采购的效益

1. 快速实时　自从美国解除互联网商业应用的限制之后，企业从此开始步入了互联网与电子商务的时代。随着互联网的兴起，因其具有无所不在、随时提供服务、互动性、以多媒体方式呈现、低成本、整合容易等网络特性，使得电子商务的兴起引起使用者很大的共鸣。营业据点的多寡，已无法抗衡互联网无所不在的快速与便利性；新兴的电子商务商机，已开始颠覆许多传统产业的竞争排名。

2. 公开透明　不同于传统的私人企业网络，从地球上的哪一个角落进入互联网无法事先预测，经由合法渠道取得的信息是无法造假的。联合采购的运作公开透明，只要符合资格的采购者皆可以依照需求而参与购买，而有意愿的合格供货商也可以参与贩卖。信息公开，交易是在买卖双方欣然同意下完成，减少中间剥削与人为舞弊的弊病。

3. 价格合理　经由集体采购与公开市场的运作，以采购量制约价格与厂商竞价的结果，采购者可以获得物美价廉的药品。生产药厂由于经济规模而降低营运成本，虽然售价较低却依然保有合理的利润。

4. 降低成本　由于大量生产而降低成本，加上联合采购的单一窗口，减少生产者的营销成本，这都可以降低生产者的营运成本。而对采购者而言，取得较低廉的售价固然是有形的降低成本（对医院、诊所、药局等），而简化采购流程的人力支出，也是一种无形的降低成本。

5. 安全保障　由于买卖双方皆必须先加入联合采购的组织，因此各方应遵守诚信承诺，可以降低不法单位欺诈行为的发生。

6. 互联网技术的改善与进步，更可以加强互联网交易的安全性　一个具有信誉的联合采购组织，不仅可以吸引采购者和生产者的加入，更可以保证联合采购交易的完成。

7. 精致服务　由互联网提供对采购者和供应者更好的服务，例如更实时的信息、买卖双方更良好的沟通互动管道、更方便而有效的稽核追踪等。

（六）联合采购成功的关键因素

1. 信誉的建立　一个公正独立而具有公信力的联合采购组织，既不偏向买方，也不图利卖方，而是一个公正的第三者，必须为买卖双方所信任。

2. 大量会员积极的参与　联合采购成效的发挥，必须借助大量会员的积极参与，只有集合大批采购者的需求才能形成庞大的采购数量，而唯有订购量大才能与供货商议价而取得较便宜的价钱；相反地，供货商必须达到经济生产的规模方能降低成本，也才有降价而保有利润的空间。唯有大量的采购者及供应者加入GPO，采购者有更多的选择权与议价的本钱，供应者有更大的商机与市场，如此的GPO方能越做越大，而买卖双商才能互牟其利，自然才能运作长久。

3. 互信的基础　买卖双方在互联网上进行采购买卖，彼此必须遵守承诺与规范，建立彼此间的互信，生意关系才能持续而长久，双方也才能互利。

4. 使用行为的养成　由于企业电子化的过程中涉及许多企业基本运作模式的改变，任何方式的改变都可能会影响许多其他流程与功能，因此有必要针对相关议题作整合性的研究与分析，进而作适度的调整与合理化。这可能涉及操作行为的改变与工作的重分配，因此如何适应新行为的养成，也是联合采购成败的重大关键。

5. 信息基础硬件的建设要完备　由于联合采购是在互联网上进行，因此网络信息基础建设（Network Information Infrastructure，NII））必须建设完成，才能达成买卖双方快速及时与信息分享的目标。

6. 基于互联网的信息应用软件的建置　所谓工欲善其事，必先利其器，要让买卖双方在互联网上进行交易，必须提供一个稳定而安全的平台，因此除了 NII 基础网络架设完成之外，还必须提供一个基于互联网的应用软件环境，方便使用者的操作。

7. 物流系统的建置　联合采购涉及实体的商品买卖，除了在互联网进行交易之外，最终还是需要实体的物流配送来完成交易，系统必须能与物流系统作一个整合，使整个交易的进行一气呵成。

8. 资金流系统的建置　联合采购涉及实体的商品买卖，除了在互联网进行交易之外，最终还是需要实体的金钱支付来完成交易，所以系统必须能与银行资金流系统作一个整合，使整个交易能与真实的商业行为结合。

二、美国 GHX 系统

（一）概述

1. GHX 系统　全球医药交易中心（Global Healthcare Exchange，GHX））成立于 2000 年 3 月，主要为医疗流通领域（供应链）提供公开的中介电子贸易交易服务，以及辅助产品和服务，以提高效率和降低成本。行业分析人士预计每年仅在美国将能节约成本（即对时间和金钱的节省）110 亿美元。有些行业专家把医药流通领域看成是降低医药费用最后一个大的领域。

GHX 最初是由一些医疗领域最大的制造商建立的，其目标是为所有供应链参与方（包括买方和卖方）创造协作机会，用电子商务的形式改善业务处理方法来降低成本。它是 2000 年，美国一批在医药行业处于领导地位的医药企业共同投资约 5 亿美元开发、建设的。以独立、开放、中立，提高整体医药供应链效率为宗旨，从医疗器材起步，推动医药产品全面上网交易。目前已完成医疗器材分类与编码，产品条目已达到 100 万条。截止 2002 年 7 月，已有 2000 多家医疗机构上网同 GHX 的会员企业进行在线交易。GHX 实行会员制管理，会员费根据会员企业的销售规模收取。最高标准为每年 400 万美元。强生公司是 GHX 的股东会员，对 GHX 投资 2000 万美元，GHX 的董事长由强生公司派出。股东会员和非股东会员享有相同的权利和义务。目前，GHX 的会员数量迅速增加，会员企业的市场份额已达到市场总额的 70%。GHX 运作模式如图 1-8 所示。

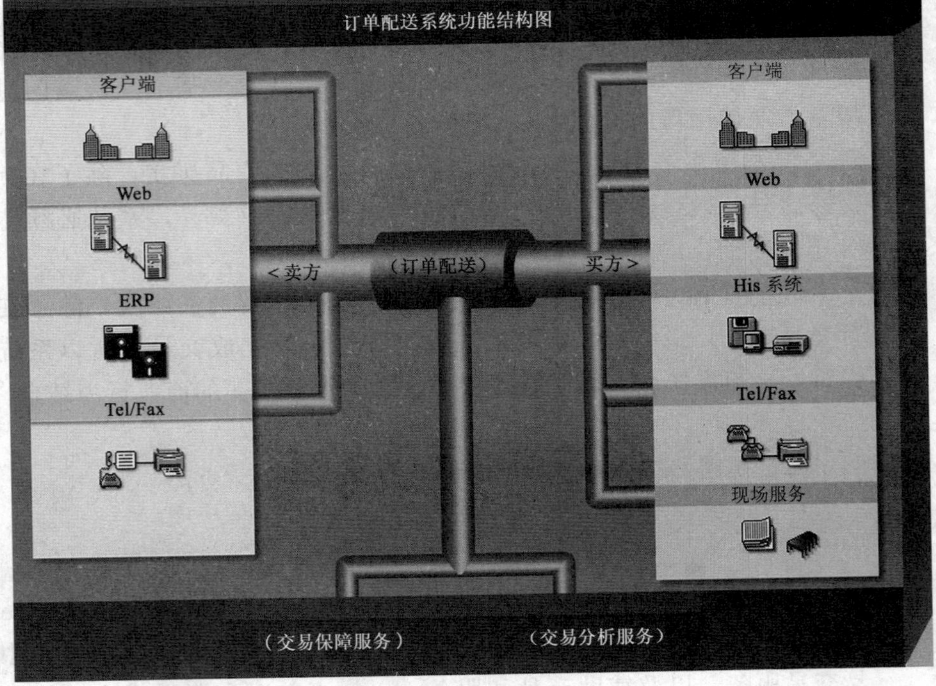

图 1-8 GHX 运作模式

作为一家私有公司，GHX 是医药流通领域（供应链）买方和卖方代表所拥有并管理的唯一电子贸易交易中心。GHX 通过由经销商设立的供应链服务公司 Healthnexis 把经销商包括进来从而扩大了它的行业性质。GHX 和 Medibuy Inc. 于 2002 年 12 月合并，医疗机构和集团采购组织也成为了 GHX 的权益所有人。现在它的业主包括制造商、经销商、供应商、集团采购组织（GPO）和医疗机构。这个由不同所有人集团联合形成的简单的交易中心，把目标集中于降低医药和医疗器材供应链的成本。GHX 还设有一个由独立专家代表组成的产品理事会，其任务是提供并引导目前和未来产品开发方向。

GHX 向供应链所有会员开放，以中立的态度对待所有参与者。买方代表和卖方代表在 GHX 产品理事会上是平等的。目前，GHX 向大约 1300 多家医疗服务提供组织和 100 多家供应商提供由 GHX 和 Medibuy 开发的产品和服务。GHX 代表了发达国家独立第三方医药电子交易场的新发展。

2. 协作式的运营模式　通过和 Medibuy 的合并，GHX 将两个交易中心的运作合并，减少了开发和运作费用，从而立刻降低医疗供应链中的成本。另外，GHX 通过合并还成功参与了大量的行业研究，具备了在医疗供应链领域通过电子商务提高效率的能力。目前，参与 GHX 的供应商向美国医院提供约 70%到 80%常规采购医药、医用设备和器材。

越来越多的参与者采用 GHX 简单的综合性电子采购产品目录（ALL-Source™目录），也将加速医疗领域采用标准的能力。采用统一的目录不仅提高电子交易的传送速度和准确性，也有助于买方能够辨明适合于其设施的正确的产品和合理的价格。由于 GHX 客户增多，使其能以最低的费用向客户提供产品和服务。

GHX 的原创立者及其新的股权所有人认为，他们将通过在自己的公司内部提高效率，节省费用，得到其投资回报。他们还明白，如果公司在提高效率方面取得成功，整个供应链从买方到卖方整个业务处理过程将会得到改善。同时，通过创设单独的公司专门处理供应链业务，使 GHX 的股权所有人能够把更多的资源投入到他们的核心业务上，无论是开发新的医疗产品还是提供高质量医疗服务，最终都使最重要的终端用户，即病人获益。

（二）GHX 提供的几种功能

1. GHX 的连接服务　GHX 连接服务功能如图 1-9 所示。

图 1-9　GHX 连接服务功能

GHX连接服务提供四种独特的解决方案（GHX Advantage™，GHX Connect™/GHX ConnectPlus™，GHX Axion™和GHX Integration），将把企业的信息系统和GHX的贸易伙伴连接起来。采用GHX连接解决方案，企业的采购过程包括下订单、监管和订单跟踪可以完全电子化，完全取代用电话和传真等手段进行交易活动。

订单将根据行业标准由AllSource™目录自动检查订购的药品，使订单具有准确的基础。

（1）GHX Advantage™频道合作伙伴解决方案：GHX以独立的软件开发商作为频道合作伙伴，为用户提供深入整合的连接服务。通过共同合作，GHX和频道合作伙伴医院系统连接到GHX AllSource目录和供药商名录。医院用户经过培训可以一边使用前端系统，一边保持和他们的软件开发商以及客服支持网络的连接。采用GHX的频道合作伙伴解决方案，医院可以做到：

- 给医院现有的管理信息系统（MMIS/ERP）投资施加影响，延长投资时效，增加投资价值。给他们的系统增值，降低电子集中采购系统的成本。
- 通过和GHX和软件开发商的连接以及他们提供的支持，认识端到端供应链解决方案的好处。
- 完成产品搜索，从AllSource名录上接收经过验证的标准化信息。
- 接收汇总报告。

（2）GHX Connect™适配器解决方案：GHX正在创设特定版本的适配器，用这种适配器连接到医院的ERP/MMIS系统，使医院系统与GHX的AllSource™目录和大型供药商会员系统相连接。这样的话，医院就可以做到：

- 简化采购程序，摒弃电话和传真交易，只要简单地连接到AllSource目录就可以把这些复杂的事务取而代之。
- 接收汇总的报告，甚至通过单独的MMIS系统接收汇总报告。

（3）GHX的Axiom™浏览器解决方案：GHX的网页工具能够把用户和AllSource目录连接起来，提供强力搜索引擎，制作并提交电子交易询价单和订单，查询订单状态和使用附加功能。医院可以使用 GHX Axiom 浏览器解决方案，做到：

- 创设一个中央连接点；
- 摒弃电话和传真交易，采用 EDI 系统，利用一个中央连接点进行电子采购；
- 利用 GHX 汇总的数据报告。

2. 交易服务　GHX 交易服务功能如图 1-10 所示。

图 1-10　GHX 交易服务功能

GHX 的会员资源™交易平台建立在开放的标准平台之上，它采用最佳成型产品创造出了具有极高弹性的运行环境。

GHX 旨在支持世界级医疗机构的交易活动，并且能够满足财务系统的要求。GHX 的具有以下几种突出的特性：

- 可靠性：GHX设计的应用软件能够在多种网络和硬件上运行。每种运行方式都有自动的无缝恢复机制，能够跨越不同的硬件平台进行衔接。
- 安全性：GHX系统具有数据所有权、保密性和隐私权。这是GHX和客户之间签订协议的基础。
- 可扩展性：GHX在基础设施和功能上都具有可扩展性。通过附加的网络和硬件设施，GHX系统可适应会员数量的增加。
- 性能优越：GHX采用了一个伺服检测系统，能够对交易各方的交易历史进行评估并做出报告，包括交易的反馈时间、可靠性、产量、准确性和其他关键因素等。
- 提供最佳案例：GHX主动地从一些主要公司那里寻求最佳的案例，以求为会员提供世界级的交易服务。为了连续不断地改进系统解决方案和服务，主动取得国内外的客户的反馈信息。

3. 内容中心　GHX内容中心的功能如图1-11所示。

图1-11　GHX内容中心的功能

医疗领域买卖双方都知道，供应商、经销商和医院之间产品数据的不一致，会导致交易中的错误，从而增加交易的成本。而GHX的AllSource™目录中提供的是最准确的数据。该目录是医疗领域唯一电子产品目录，其包含的数据是由制造商维护和验证的。在AllSource目录的准确性基础之上，GHX内容中心能向医院提供“智能的”的技术，帮助医院使他们的产品数据和供应商的产品数据保持同步状态，同时保证供应商能从他们的客户那里接收到“经过整理的”，产品数据准确的采购订单。

4. 采购服务　GHX 采购服务的功能如图 1-12 所示。

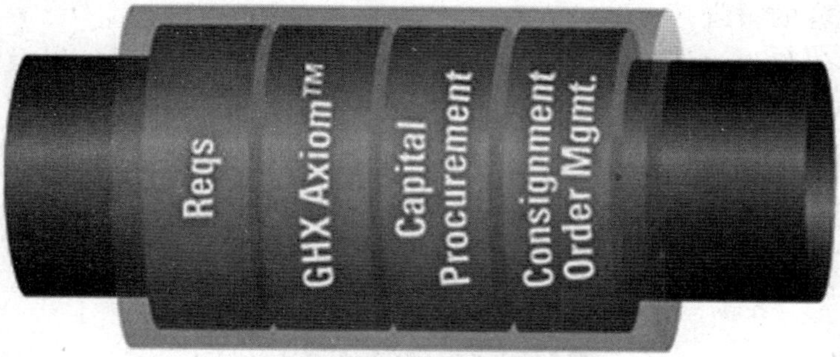

图 1-12　GHX 采购服务功能

GHX 提供四种采购工具，以方便客户用电子的方式采购到医疗领域所使用的各类产品。GHX 能够把采购方链接到广大供应商会员，使其完成对各类产品的采购。这些服务有助于订单处理的自动化，也成为向异构系统提供报告的卓越资源。

5. 报告服务　GHX 报告服务功能如图 1-13 所示。

图 1-13　GHX 报告服务功能

GHX 提供一系列报告和报告工具，通过向用户提供他们自己准确的、及时的采购数据，使用户能够做出更加有效的业务决策。

基础报告包括关于订单回复状态、买方行动、各类产品采购量、资金额度等内容的报告。

高级报告包括项目活动、项目详细信息和例外情况，以及定价合理性和例外情况。

用户可以通过 GHX 的报告系统汇总他们的采购数据，以及和 GHX 贸易伙伴所有交易的总结。这些报告易于下载、分类和查找。

6. 合同服务　GHX 合同服务功能如图 1-14 所示。

图 1-14　GHX 合同服务功能

订单的准确性可以通过 GHX 的合同服务来维护。当医院通过 GHX 提交了一份订单，该医院就能够查看他们目前的合同和相关这些合同的所有数据。有了这些数据，决策程序就变得更加容易，而且总能按合同进行采购。这样，则有助于维护采购预算。GHX 还提供了存取和交流合同信息的方便办法，合同各方可以在线更新他们的合同。

（三）GHX 和各方的利益关系

1. GHX 与医疗服务提供者　医院现在可以同医药制造商和经销商进行多方电子交易。他们通常采用互联网，而不用像过去那样花费时间和金钱来维护与每个供应商连接的异构型 EDI 线路。医院可以向多家供应商提出订货需求，自动收到价格、有无存货、装货状态等信息的反馈。这样极大地减少了通过电话或传真下订单和确认交易相关系的纸张工作，并减少了时间和失误。

由于 GHX 的 AllSource 目录是不断更新的，拥有最新的产品信息，这就可以避免失误和重复工作。IDNs 具有能够查看交易数据汇总的多项工具，可对采购过程更加全面的观察，按合同管理和进行交易协商。这是过去使用的异构型 EDI 所没有的。有了这些工具，医院相关人员可以从繁杂的办公室工作比如通过电话和传真下订单和确认订单，交易协商等工作中解脱出来，担当更具有战略意义的任务，如分析总结采购数据，监测合同执行情况和为将来做出更精明的采购决策。

GHX 的产品，如报告资源和 GHX 内容智能中心，能够使医院很快在采购过程中发现定价和产品数据的差异，并在短时间内以更经济的方式采取弥补措施。AllSource 目录加上 GHX 内容智能型采购订单整理功能，使医院更加方便和有效地维护他们主文件的准确性。

2. GHX 与制造商　供应商能够提供最新的产品信息，可以更加有效地处理大批客户通过互联网的采购订单。由于在买卖双方之间能够共享更加准确的信息，他们之间的交易可以得到自动确认和跟踪，销售人员和客户服务人员可以把更多的时间花费到客户关系管理、产品履约和资源计划等能够产生更大价值的活动中。

另外，GHX 的内容智能中心能够自动辨认和更正采购订单中不准确的产品数据，包括项目号和计量单位等，然后把整理后的采购订单发给卖方。这样就减少了供应商大量的人力干预。在更正过程中，通过创设一份更正记录，使更正信息不但可以作为今后参考之用，而且将更正信息立即通知买方，使买方也在他们自己系统中做相应的变更。由于 GHX 内容智能中心有助于防止不准确的信息的出现。订单很少存在错误，因而发票系统（invoice reconciliation）也很少有错误。加速了回款周期，供应商可以缩短变现天数（days sales outstanding），更早地收到产品货款。

3. GHX 与经销商　通过使用 GHX 的 AllSource 目录，经销商可以降低他们的目录维护费用，提高产品信息的准确性。另外，经销商通过简单的互联网连接，就可以同买卖双方以及多方贸易伙伴（包括制造商、医疗服务提供商和集团采购组织）进行电子商务。

经销商所获得的利益将随着GHX开发更多的合同管理功能而连续增长，因为这些合同功能可以缩短销售周期，有利于经销商获得赖以生存的发票货款和折扣。而且，有了更新的采购信息，经销商可以更好地帮助医院客户管理库存。

经销商还将从加速采用包括客户和产品标识等行业标准中获益，这些行业标准是帮助买卖双方为某个特定的产品确定正确价格的关键。

4. GHX与GPO　GPO和GHX共同合作开发综合合同管理和其他电子商务服务，使他们的医院会员能够利用这些服务更加容易更加有效地以双方同意的价格采购合同产品。而且，通过使用GHX的交易市场，GPO可以把电子商务的好处提供给他们的附属医院，使医院无须再花费用开发他们自己所有的服务。

5. GHX交易中心和其他医疗电子交易市场　作为一家私有的交易中心，GHX独特定位于通过降低供应链中成本，而不是增加收入，为股东们创造价值。GHX的中性化业务模式和低运作成本（比同业但公开交易的公司大约低35%～50%）使得GHX以最低的费用向客户提供产品和服务变为可能。另外，作为公开的中性交易中心，GHX可以更好地培育买卖双方之间的协作关系，以提高工作效率和降低成本。

（四）GHX的运营管理

1. 准确的数据是提高效率的关键　医疗供应链（流通）领域缺乏数据的准确性和同步性，是该领域成本高和时间浪费的根源，GHX建立了该行业唯一的电子目录，包括了由制造商维护并验证的规格化和行业标准化数据。以“从根源上解决问题”的办法，保证了GHX的AllSource目录的准确性。这是GHX的数据具备整理、同步和报告性能的基础。

为了使买卖双方完成其自动化的采购程序，把人工干预降低到最小程度，数据的准确性十分关键。如果没有准确的数据，电子商务实际上就会更快地传递不准确的数据，增加错误数量，而事后必须要由人工更正，进而恶化供应链中存在的诸多问题。这种情况通常会增大劳动负荷，错过为医院早日结帐而得到的折扣，增加了药品变现天数，延误对供应商的付款，导致发票系统成本提高，医院流通成本增加。

除了根据 AllSource 目录确认产品数据之外，GHX 还帮助买卖双方通过 GHX 的内容智能系统（Content Intelligence™）使他们的产品数据同步化。内容智能系统是一项由 GHX 开发的“聪明的”技术应用。该系统能够把采购单中存在的不准确数据整理出来，并采取措施防止同类错误再次出现，从而加强了医药采购质量。

准确数据越多，反过来会提高 GHX 报告功能（即所谓的“报告源”）的质量和分析价值。GHX 的报告功能不仅可以提供近期交易过程的实时数据，而且是对整个采购过程的一个总结，对医院作出正确的采购决策有重要影响。

2. GHX 中的数据拥有权　买方和卖方对每笔相关交易在 GHX 产生的数据拥有所有权。没有买方或卖方等交易方的同意，GHX 将不向任何人公开交易数据。GHX 已经建立了多道防火墙以保证所有经过 GHX 的交易和通讯数据得到最大限度的保护。GHX 的业务伙伴，包括集团采购组织和他们连接到 GHX 的协作贸易交易中心，已经同意这种数据所有权模式。

3. 如何管理 GHX　GHX 是作为一个独立的公司而成立的。它是由自己的高级管理团队管理。该公司由一个由股东成员选举的董事会领导。股东成员包括制造商、经销商、医院和集团采购组织的代表以及一些独立的专家。由来自著名的供应商组织、医院和 IDN 的行业领导组成的产品委员会提供专家建议，指导能够满足买卖双方需求的产品开发，使新产品开发与市场需求紧密结合。

美国的联合采购系统和 GHX 系统，在系统建设方面有自己的独到之处，值得我们学习和借鉴。

国外医药电子商务新发展

国外医药行业电子商务发展，经历了由大商业模式到独立第三方系统的转变。目前，国外医药行业，无论是制药商、经销商还是医院，电子商务都已经达到非常发达的阶段。除了上面所讲的 GHX 系统外，E 远程教育、E 医嘱和 E 护理（如：http：//www.marketrx.com）是近年来国外医院在开发 HIS 系统后所取得的更长足的发展。

一、E 远程教育

在美国的许多制药企业，通过 E 远程教育取代传统的派销售代表去医院的方式来进行新药的推广。这种做法是通过铺设专网或者利用 Internet 来进行。同时，制药厂商通过经常性的 E 拜访来了解每个医院的每个医生对于新药的反馈状况。这样可以省去大量的销售代表的佣金，并能及时收到各种药品的临床效果以及药品用量等详细信息，从而对现有的药品进行不断的改进。

二、E 医嘱和 E 护理

这种方式是通过各种传感设备对病人的身体状况进行 24 小时的监控，通过网络将病人的身体情况及时报告给医生或者护士，这样可以为医院省去大量的床位以及护理的费用。美国的辉瑞制药公司就是通过这种方式来进行它的新药推广的。首先，它研制出各种传感器，然后分发给医院，医院针对病人的情况，将这些传感器用于那些慢性病例如糖尿病患者，这样，病人也不用每天呆在医院，可以回家养病，而医院可以通过传感器对病人的身体状况进行 24 小时的监控，当被监控指标超过标准时，传感器可以发出警报，这样护士就可以收到，医生便可以对症下药；同时，辉瑞公司也通过传感器获得每位病人的资料及医生的处方，根据各种数据，便可以有针对性的进行研制或者监控各种药的用量等。

以上这些都是发达国家医药电子商务的最近发展情况，这些利用完善的信息手段进行的 E 医嘱或者 E 护理，在很大程度上加强了制药商和医院的关系，对制药企业的研制新药和生产起到一定的推动作用。但是这些手段都要以完备的信息化技术为基础。无论如何，这种方式节省了医药销售代表的佣金，同时提供了更为准确、及时、完整的处方信息，达到医院、制药商、患者的三赢，值得我们借鉴。

我国医药行业电子商务发展历程

国内医药电子商务现状

中国曾有 100 多家号称可“网上购药”的网站。到 2000 年初，因医药商品是特殊商品，而网上售药极易被不法分子利用进行无证经营和贩卖假药，国家药品监督管理局明令暂停网上售药。国务院 2000 年 2 月颁发的《关于城镇医药卫生体制改革的指导意见》文件中明确规定，“在药品购销活动中，要积极利用现代电子信息网络技术，提高效率，降低药品流通费用”。随后，国家经贸委选定了上海和武汉两家企业作为试点，国家药品监督管理局市场司也同意将广东、福建、北京等更多地区的数十家企业纳入医药电子商务试点范围，从而拉开了我国发展医药电子商务的序幕。

一、我国医药电子商务的现状

我国互联网络现已进入快速发展时期，国内大约每 2 个小时就诞生 1 家网站，面向消费者的垂直型网站和专业化网站前景看好，面向特定行业的专业电子商务平台发展潜力大，医药、健康网站也以平均每月开通 2 个综合站点的速度发展。截止到 2002 年 3 月底，全国已有近 260 家医药和健康网站，这些网站多为综合性信息服务网站。目前，全国绝大部分省、市都已建立了医药电子商务网络系统。国家信息产业部选择了中国医药卫生电子商务网作为全国行业类电子商务示范工程，它的运营和发展对我国医药电子商务进行了有益的探索。中国医药卫生电子商务网已于 1998 年正式投入运营。国家经贸委经济运行局也已批准在部分城市开展医药电子商务及医药电子交易的试点工作，电子商务在医药行业有了良好的开端。

目前，国内已开展 B2B 电子商务的主要有：海虹医药电子商务有限公司（在全国各地海虹和卫虹的电子商务公司共 30 家），中国金药网（中国金药网是一个包括中国医药卫生电子商务网、全国医药统计网、中国中药材网、全国医药技术市场网 4 大专网，以及中国医药经贸网、中国医药信息学术研究网和中国百姓寻医问药网 3 个特色站点的综合网）、上海医贸网、中国医药信息西南经贸网和中国医药市场网等。开展 B2C 电子商务的网站有“网药”等；上海医贸网和北京医药集团计划将 B2C 和社区服务作为将来的一个发展方向。B2B 电子商务建设资金主要来源于国内医药及 IT 业的行政部门和相关企业。

B2B 医药电子商务网服务对象主要为医药保健品生产企业、供应商、医院及药房等，所具有的功能一般包括电子交易、信息增值和网络电子商务等。以海虹药通为例，其总投资约 6 亿元人民币，其中每个地区服务网站建设投资约为 300 万元人民币。中国金药网目前拥有 2 万多网员，大多数都是制药企业、批发商和医院。

我国医药行业电子商务模式的几种观点

在中国医药行业推行电子商务已经逐渐取得行业的认同，但是，在中国推行什么样的电子商务模式，有好几种看法：

一、信息化道路的观点

这种观点认为：仿照欧美式的道路，先走企业信息化道路，即建立完善的企业内部信息化后再开展中国医药流通领域的电子交易市场。

中国医药行业走西方式的信息化道路，该观点认为由于受各种客观条件的影响，我国的医药电子商务仍未达到真正大发展的时期，究其原因有以下几点：第一，目前我国多数医药企业的信息处理基本上还停留在手工方式，医药企业员工的大量时间都消耗在事务性工作上，信息化程度亟待提高；第二，医药企业的生产管理、费用管理和成本具有难以控制的特点；第三，国家对药品的生产经营、定价和进出口采取统一管理，存在着不同程度的经济控制和行政干预；第四，新型药品的开发研制、各种先进医药技术的掌握，都需要花费较长的时间，许多宝贵的数据资料的检索十分费事甚至难以实现；第五，对资料的深入统计分析不能充分为医药企业的生产管理所利用；第六，在经济管理上还存在漏、跑、错等现象；第七，仓库存货调用频繁，灵活性要求高，物资管理难度大。不难看出，在影响我国医药电子商务发展的诸多因素中，管理仍是其中最大的障碍。

该观点认为电子商务是一项大工程，要在短期内实现是不可能的，必须分阶段逐步实施，因此，就需要有明确的阶段性目标。同样地，医药企业的电子商务也必须一步一步地进行。建设电子商务的具体目标应由企业主要领导人主持制订，再由企业综合部门的管理人员负责研究，并提出解决方案。另外，电子商务是一个渐进的过程，它有独特的发展周期和特点，其应用的不断扩展和创新为厂商带来了许多额外的好处，因此，在实施的过程中要特别注意细节并随时调整。中国医药企业实施电子商务应经历三个阶段：

1. 第一阶段：医药企业信息化的准备阶段

在这个阶段，要做好企业信息化各方面的准备工作，建立初步的信息服务网络。具体来讲有以下两点：

（1）做好医药企业自身资源的数字化，建立基于网络的信息处理系统。重点是对各医药企业的财务和业务进行信息化管理，利用电子信息技术对传统产业进行改造，强化对企业的全面管理和对生产过程的优化控制，建立最基本的资源数据库，初步形成以数据库为中心的信息服务网络系统；与其他系统的计算机信息网络联通，通过网络为企业提供产品、技术、政策等方面的信息服务。

（2）对医药企业的信息化建设人员进行各类不同档次的专业培训，包括对企业领导层、管理层、执行层等各个层次在内的相关人员进行最基本的微机应用培训、网络知识培训、企业信息化和电子商务知识的培训，使他们具备必需的相关知识、实践操作能力和现代化管理技能。

2. 第二阶段：建立医药企业内部一体化的现代化集成管理系统和内部网络

在医药企业资源数字化和建立了基本的信息服务系统的基础上，强化医药企业内部各个环节的管理，包括对产、供、销、人、财、物等各层各环节的规范化管理，应用现代科技和信息技术改造传统的企业运作方式，降低企业运作成本、提高企业的运作效率、建立规范化的现代管理系统；建立以数据库为中心的企业内部网络，并与互联网连接，实现企业自身的信息化。

3. 第三阶段：建立医药企业的电子商务应用系统，完全实现医药企业的信息化和电子商务

即建立基于 Internet 的电子商务应用系统。在建立了完善的企业内部网和实现了与互联网之间的安全联接后，企业已经为建立一个好的电子商务系统打下了良好基础，在这个基础上，再增加电子商务应用系统，就可以进行电子商务了。

医药企业电子商务同一般企业的电子商务应用系统一样，应分为两部分，一部分是完成医药企业内部的业务处理和向企业外部用户提供服务，比如用户可以通过互联网查看产品目录、产品资料等；另一部分则是在可靠的安全保障下的电子支付系统，使得用户可以通过互联网在网上购药并进行支付。电子商务应用系统主要以应用软件的形式实现，它运行在已经建立的医药企业内部网络之上。

二、走 B2C 的道路

该观点认为：“成熟的电子商务，应该是医药生产企业与最终客户之间也

许只租用一个网络系统，就可以完成全部的交易过程。”

对于中国的药品生产企业而言，推行电子商务可以获得更多新的用户，加深与用户之间的联系，扩展市场，所以，医药生产企业对医药电子商务是欢迎的。尤其是以国际医药贸易为主的生产企业，利用医药电子商务将会得到更多的实惠。但在多年积存的“多、小、散”的情况下，中国制药企业规模普遍较小，对电子商务的理念难以完全接受，同时由于中国医药行业信息化建设时间较短，企业内部难以实现计算机的统一管理。尽管中国一些大型医药企业实现了企业资源管理（ERP），但多数企业的计算机化水平太低。在此基础上，出于良好的愿望，企业全面引进电子商务，对企业造成的影响恐怕不如设想的那么美好。

对于传统的中国医药批发企业，电子商务的推行，则是一个巨大的挑战。成熟的电子商务，应该是医药生产企业与最终客户之间借助网络系统，就可以完成全部的交易过程。医药批发业务将被取代。中国的医药零售企业（包括药店和医院的药房），在中国的大中城市，连锁零售药店已具备一定的规模，连锁超过100家的药店也有很多，而医院的药房如实现大规模集中招标采购，其连锁规模更为庞大。零售企业对电子商务持欢迎态度。同时由于连锁化程度的不断加深，其内部的计算机管理水平也比医药生产企业高，引入电子商务具有一定的基础。现实问题在于其上游生产企业和批发企业的信息化水平有限，零售业全面引入电子商务需要一个过程。

三、跨越式第三方电子交易场

该观点认为，中国医药行业电子商务可以走跨越式的发展，即中国医药行业企业不需要模仿西方医药行业，在逐步完善企业、医院、中间商信息化的道路上的电子商务模式，而可以通过完备的第三方电子服务商进行跨越式的发展。医药企业、医药经销商、医院、政府部门可以在第三方提供的电子交易平台上进行完整的交易和行业监管。

这种观点是在研究美国、日本、英国等西方国家医药行业电子商务发展历程和我国现状的基础上形成的。美国等西方国家的电子商务走了一条完整的卖方主导的大商业模式，这种模式要求每个参与交易的主体都必须具备完整的信息设施。例如制药企业，要具备完备的ERP/MRP系统，经销商需要发达的库存和物流管理系统，医院要有完善的HIS系统，最后在此基础上，将每个参与交易主体的系统通过 Internet 进行对接，完成交易。这种大商业的电子商务模式从理论上是可行的，也完全符合电子商务发展的逻辑，即信息化深入到每个交易的细节之中，企业的员工，政府的监管，医院的采购都能够通过这种方式达到对电子商务的充分理解，易于实施，也便于发展。但是，这种方式的实际结果是，由于各个企业所采取的企业内部网或者内部 ERP 系统的千差万别，并且牵扯到知识产权的问题，通过 Internet 进行对接比较困难。因此，在大多数情况下是低效率的。另外，正是这种难于对接的问题导致医药行业无法达成整合效用，西方医药行业近年来，也开始尝试由第三方系统提供的电子商务交易平台，比如，以美国的强生制药带头联合其他制药企业建立的 GHX 就是这种独立的第三方系统。所以，纵观西方的电子商务发展历程，该观点认为在独立第三方系统越来越成为电子商务发展的未来模式时，西方的医药行业走了一个弯路，而这些弯路，我们是可以避免的，具有充分的后发优势。

正如前文所讲，我国的医药行业企业的信息化普遍比较低，无论是制药企业、经销商、政府，还是医院以及最终的消费者，都缺乏信息化的观念。但是，这并不代表我国也应该走西方的道路，从企业信息化做起，一步一步的发展我们的医药行业电子商务。这就要看我们如何看待企业信息化，企业信息化绝不是建立一个网站，盲目的引进一个 ERP/MRP 系统，铺一条内部网，企业的信息化的实质是实现更为高效、快捷、便利、可行的交易。如果走西方的道路，我们在将来也将面临整合信息系统的问题，这些将对我国有限的资源形成一个巨大的浪费，而且这个过程也是漫长的。我们应该从一开始发挥后发优势，建立独立第三方电子交易平台，实现在网上全行业的交易。另外，对我国医药行业的具体情况进行分析，我们也可以发现建立独立第三方电子商务系统是必须的。我国的医药企业、医药经销商大多数是规模比较小的中小企业，不成规模，根本无法承担巨额的信息化建设的费用，而独立第三方系统所需要的资金非常之低廉。企业、经销商只需要一根电话线，一台电脑就可以进行网上交易，他们所需要的运行系统是由电子服务商进行提供，他们只需要交纳一定的会员费，服务商就可以提供网上交易服务。从另一方面来说，由独立第三方所提供的运行系统，可以实现行业交易的标准化，规范化，实现行业的整合效用。这一点对于我国目前所面临的医药行业杂乱的现状具有一定的积极意义。

总之，这种观点作为一种革新式的看法，具有一定的道理，但是要实现独立第三方系统，必须对各种交易主体进行培训，使各个交易主体具备一定的信息化理论知识，只有这样，才能发挥跨越式第三方电子交易场的积极作用。

四、几种观点的比较

企业实现完善的电子商务系统有两种途径。一种是由内到外，是在企业内部信息系统的基础上，通过 Internet 向电子虚拟市场拓展，实现网上交易。这种途径对于信息化程度较高的企业来说是水到渠成的事情，企业只需要利用 Internet 技术改造网络，建立与业务伙伴关系的数据共享即可，如前面所讲的前两种观点；另外一种是由外到内，即前面所讲的跨越式的第三方电子交易平台，这种观点认为我国医药行业在不具备充分的信息化的情况之下，仍然可以通过建立独立的第三方电子交易平台实现医药行业电子商务。

我国医药行业信息化水平比较低，医药企业普遍缺乏竞争力，如果建成完备的信息化设施，对这些企业来说，将要负担一笔他们根本无法负担的费用。根据发达国家的统计，国际性的大公司每年在信息化的投资是当年销售额的15%左右，这些费用，我国企业在短期之内是无法承受的，我国企业现在正处于改革的过程中，许多诸如产权、治理结构等问题还没有解决，信息化问题往往不是企业考虑的重点，许多企业都是在网上建立一个网站，就认为进行电子商务了，这种理解是完全错误的，根本没有领会电子商务的实质。电子商务的实质是使交易更加高效、快捷、便利、可行，它是对商业模式的一种阐述，而不是技术或者形式的一种解释。在我国现有的情况之下，我们完全没有必要再走西方的老路，走一条先从 EDI 再到 Internet 的道路，我们要充分发挥我们的后发优势，结合我国实际，走一条最易于解决我国医药行业现有问题的道路。从这个意义上来讲，我们可以考虑从外到内的道路，即通过独立第三方电子交易场进行交易，不断的加快我国医药行业电子商务的发展。

总之，国内外的经验告诉我们，如下问题或结论性经验对我国医药卫生电子商务的发展至关重要：

1. 在亚太国家，个人消费者的信用卡持有率比较低，支付问题使得实施 B2C 的电子商务的难度变得很大。与 B2C 的电子商务不同，B2B 的电子商务相对灵活，更宜在亚太国家首先推广。

2. 结算和配送始终是电子商务的关键问题。虽然理想的电子商务是将结算配送全部网络化，但无论从国外的实践、我们自己的实践还是当前的实际情况都可以看出，发展电子商务，结算和配送两部分应该根据具体情况具体分析，逐步实现网络化，一步到位不一定是最好的解决方案。

3. 实施电子商务并不要求用户必须放弃其原有的网络系统和数据资源。使用适当的技术将能够帮助用户合理利用原有网络和数据资源。

4. 电子商务不单单是一个简单的技术问题，要想建立成功的电子商务，适当、有力的管理、运营模式是必不可少的。虽然网络可以为互不相识的供需双方提供认识的机会，使他们有可能建立新的商业关系，但在原有商业关系基础上实施电子商务，可获益最快。

5. 电子商务需要政府推动力、用户推动力，最重要的是用户的利益得到根本保障，比如降低用户、政府（看成是超级用户）的采购成本，给企业用户带来更多的商机等，都能成为推动电子商务的动力。

6. 技术上，中国海虹控股公司、中国金药网选用的技术和世界先进技术是同步的，所不同的是，我们目前着重于合同洽谈方面，而它不是发达国家的重点。发达国家的电子商务关注的重点是改良现有的业务应用环境，降低成本，在对外的业务过程中，遵守国家或国际标准等方面。

7. 在结算环节和关联的银行业务中，国外的经验是并没有一上来就用网上结算，而是采用传统的结算业务，重在不同业务环节间的信息流动和共享（按各自权限）。

8. 正如飞机起飞需要瞬间耗费大量的航空油料一样，电子商务在行业的应用也应做到大力起飞，全面突破，行业的各个部门单位大力协同，在中国做到这一点很不容易，关键是如何为参与电子商务行动的用户带来实际和可见的利益，在多个关联的单位和部门间做到统一和协调运作，行业一盘棋。

9. 电子商务的法律在国外也没有完全建立，但事情可以先做，有了法律可以做得更好；不能理解成有了法律才做事。

10. 标准很重要，国外的企业、参与电子商务的各个业务主体都重视和遵守业务标准，“企业制定标准，政府认可标准”，成为行业的标准的模式是国外的成功经验。

11. 行业管理部门对业务的监管应先放后收、边放边收、放放收收，就像放风筝一样，否则业务蓬勃发展不起来，监管就成为很死的东西，电子商务的新业务需要一个高速成长期，有了问题可以软着陆，进行宏观调控。

12. 中国与国外的最大差距不是技术，是政府、企业、用户对电子商务的认知程度和接受程度，国外的工业革命较彻底，信息革命有基础，我国的工业革命不彻底，上来就搞信息革命显得有点空和虚，我国的信用卡和个人信用体系、制度尚未有效建立，国外使用个人信用卡较普遍，比较接受和乐于尝试电子商务，且个人素质、企业素质较佳，不乐于去钻新兴系统的空子，客观上为系统的建立者提供的试运行做了一定的"支持"。

不管怎样，值得我们欣慰的是，目前，我国已经有许多企业对这种独立第三方系统进行尝试和探索，典型的有海虹控股有限公司，他们提供的V2.0、V3.0系统就是在这个思路上形成的。

海虹模式：独立第三方系统

面对新的时代、新的挑战，企业只有迎头而上，赶上新经济的潮流，不然就要灭亡！在多变的市场和科技高度发展的环境中，良好的自身管理将是主要的竞争能力，不以实现价值最大化为目标的任何管理活动，都不利于企业的长远发展。用信息技术建立一个医药企业的管理平台，把握住通向电子商务时代的捷径，保持企业持久的竞争力，是中国众多医药企业都必须面对的挑战。海虹控股集团多年来致力于中国医药行业电子商务模式的研究，并且取得了一定的成果，其最有代表性的V3.0系统，是该企业对于国内现状和国外道路的长期探索的结果，对于我国医药行业电子商务模式具有一定的参考价值，在本书第4、5章中将阐述海虹集团的电子商务模式，在此先对此系统作一简单的介绍。

一、背景介绍

海虹控股于1986年注册，主营化纤、数字娱乐和医药电子商务。公司于1992年在深交所挂牌上市，2000年入选"道琼斯中国88家成分股"，2001年被评为"中国新财富100强上市企业"，2002年跻身"国内上市高科技企业50强"，2003年创"中国股市增发申购率最高纪录"。公司注册资金3.4亿元人民币。构建药品电子交易场。

海虹控股是首家涉足中国医药电子商务领域的上市公司。从 1999 年开始，医药电子商务成为海虹控股的主要投资方向。项目总投资为 15 亿元人民币。经过近四年的努力，海虹控股在 28 个省（自治区、直辖市）注册了电子商务运营公司，初步构建起具有全行业覆盖能力的海虹药品电子交易场。2000 年以来，海虹药品电子交易场在药品集中招标采购活动中广泛应用，利用现代信息网络技术，提高了药品集中招标采购的工作效率，减轻了企业负担。2002 年，海虹控股在 28 个省、自治区、直辖市承办药品集中招标采购项目 152 个，成交金额 122 亿元，市场占有率达到 36%。2004 年上半年实现医药网上交易金额 59.6 亿元，成为国内首屈一指的互联网医药交易服务商，在医药卫生行业享有良好的声誉。

以北京为例，由海虹企业（控股）股份有限公司和中公网信息技术有限公司投资成立的北京海虹药通电子商务有限公司（以下简称北京药通），专门从事药品网上交易、药品招标采购中介代理和提供医药流通领域电子商务解决方案等业务。2000 年 9 月成立至 2003 年上半年，通过网上医药电子交易市场（www.bj.emedchina.net），已经先后承担了北京市 13 家市属医院、北京市 471 家医保定点医院、驻京部队医院等 6 个批次药品集中采购活动的中介代理服务，范围包括抗微生物类、心血管、抗肿瘤类、消耗性医用材料、部分中成药等，品种超过 500 种，规格近 1000 个，合同采购量近 30 亿元，已实现网上交易额逾亿元，在北京地区初步确立了医药电子交易市场的领先地位。

二、应用描述

北京海虹以国家大力推动的医疗机构药品集中招标采购为契机，首先面向医疗机构开发了药品集中招标采购电子商务平台，实现了在网上招标、投标、评标和交易的全过程。通过医疗机构药品集中招标采购的中介代理服务，如北京海虹汇集了全国 73 家医药生产企业和北京地区 200 多家医药经营企业的资质证明文件以及所有招标药品品种的基本信息和证明文件，建立了拥有 8000 多条有效数据的中央数据库，3 万条商品信息的交易数据库。

在此基础上，北京海虹一方面通过会员制服务，吸引企业用户，在本系统自动维护更新属于自己权限范围内各种药品和商品销售信息，并能够发布自己生产或代理销售的最新产品信息，通过海虹医药电子交易平台与医疗机构进行交易撮合，最终实现网上销售，还能在该系统上接受处理采购订单，并提供退货和其他伴随服务。

另一方面，医疗机构在海虹医药电子商务系统上能够根据自己的实际情况和特殊要求，制定自己的个性化采购方案，在北京市委托北京海虹做中介代理采购药品的360多家医保定点医院当中，根据各自用药习惯和用药层次的不同，分成了北京大学医学院组、市属组、厂矿组和远郊组四个采购集团，同时在北京海虹医药电子商务平台开展招标采购，按期圆满完成任务，顺利转入采购阶段。

行政主管部门的监管通过北京海虹的电子商务系统做到了及时有效，落到实处。在北京药通建立的大型中央数据库基础上，北京市药品集中招标采购中心建立了数据共享的北京市药品集中采购数据平台BJMEC，供所有医疗机构以及其委托的中介代理机构使用，方便了企业和医疗机构，同时树立权威性，对假冒行为及时处罚，净化了药品流通领域的市场环境，保证了中标企业的合法利益和医疗机构的安全用药。海虹医药电子商务系统为我国医药流通电子商务的发展提供示范作用和宝贵的经验。

第 2 章

我国推行医药电子商务的必要性

国外医药电子商务的发展模式分析
我国医药市场改革历程的回顾及总结
医药流通领域信息不对称分析
我国推行医药电子商务的必要性分析

医药在全世界范围来说，可以算作是一个前景无限的朝阳产业，它是产业经济中永不寂寞的热点。中国作为全球几个屈指可数的大市场之一，早已映入世界跨国公司的眼帘，特别是中国进入WTO以后，中国的医药市场更成为国外公司争夺的主要对象。在这种背景下，我国的各医药企业应该如何应战？一个就是走联合发展的道路，扩大自身的竞争能力；另外一个就是运用先进的科技手段，完善和更新固有的商业模式，走集约化发展的道路。

当前，网络化和全球化已成为不可抗拒的世界潮流。伴随着网络技术的迅速发展，信息的处理和传递突破了时间和地域的局限，信息作为一项产业也随之得到迅速发展，它对药品生产、销售领域产生的影响也是显而易见的。美国最具权威的《财富》杂志评论，医药电子商务是一种看涨产业。制药产业与信息产业的结合，其前途光明，并能显示出其优势地位。全球性的医药电子商务市场的急速发展，激发了国内同业的创业热情。

多年来，我国由于药品生产的供过于求，致使药品生产经营企业为求生存而采取让利、回扣、低价倾销等手段，造成了严重的不良后果；医疗机构长期形成的“以药养医”的补偿机制和分散采购的管理模式，为药品市场的无序竞争提供了生存的土壤；流通领域秩序混乱，使得药品质量难以保证，假劣药品屡禁不止；非法药品市场的存在，更使供求失衡的药品流通秩序雪上加霜。上述种种原因造成药品流通费用居高不下，药品购销中的回扣、促销愈演愈烈，最终导致药品价格虚高，人民群众的健康利益受到严重危害，药品生产、经营企业的利税大量流失，药品质量、临床用药安全和医疗机构合理用药受到很大影响。这种状况不仅影响了市场功能的发挥，也使得国家通过市场实施的宏观调控政策难以奏效，最终阻碍了药品生产、流通的社会化和医疗保障制度改革的发展。由此可见，改变传统的市场观念，构建药品电子交易场，开展医药电子商务势在必行。

医药电子商务的开展是药品交易发展的必然趋势，药品电子交易场的建设势在必行。随着各项配套措施的不断改进和完善，药品交易的网络化、无纸化必将成为21世纪的主要交易方式。药品电子交易场能否成功建立，政府主管部门的决心与市场模式的解决方案是关键，可以说，非技术性因素将起主导作用。随着国家对信息产业政策倾斜力度的不断加大，我国的市场流通体制必将发生巨大的变化，药品电子交易场取代传统药品市场成为药品流通领域的主流模式是历史必然的选择。

本章将从国外医药流通的发展趋势，我国传统药品流通体制存在的问题，药品集中招标采购中电子商务应用的实际效果，以及电子商务对克服集中招标采购中的问题，促进我国医药产业发展，推动我国药品流通体制改革的重要作用等方面进行分析，说明在我国发展医药电子商务是完全必要的。

国外医药电子商务的发展模式分析

国外医药流通电子商务应用分析

美国是医药电子商务开展较早的国家，政府积极支持电子商务的发展。美国著名咨询机构福里斯特市场调查公司近日发布研究报告称，在美国，因为互联网就使这个年销售额达 830 亿美元的医药市场节约 110 亿美元之多的开支。在支持发展的同时，政府不断加强监管。从 1994 年起，FDA 开始采取强制措施处罚非法网上售药者。1999 年底，克林顿政府宣布对迅速膨胀的网上药店采取整顿措施，提出对没有有效处方的药品销售交易处 50 万美元的罚款，以打击非法销售处方药的行为。美国政府还通过新闻媒体，指导公众如何判断网上药店的合法性和举报非法售药者。

欧洲主要国家的药品生产企业普遍认为电子商务为医药市场的发展提供了广阔的发展空间。但在各国，由于市场环境不同，医药电子商务的发展程度也不尽相同：

- 德国处于初始阶段，政府规定药店才能经营药品，对 B2B 的政策较 B2C 宽松，药师明确反对在网上销售处方药，消费者对药品电子商务持怀疑态度，到 2000 年 2 月有超过 150 家药店拥有自己的网站，但只提供目录，无产品信息；
- 法国监管框架和德国相似，互联网普及较低，目前还处于争论阶段，有 28 家药店上网，大部分为保健和美容产品，有少数药店在网上销售 OTC 药品；

- 意大利监管部门明令禁止在网上进行 B2C 交易，但药品经营者间的 B2B 交易却很普遍，药师愿意通过电子邮件为病人提供帮助和咨询，消费者对互联网的使用积极，其中意大利国家药师协会的网站做得十分出色，提供了关于全国药店的信息和大量关于症状与产品的信息，在网站上注册的药师可以进入电子交易区做药品生意；
- 荷兰监管的环境也很宽松，药店和消费者普遍认为电子商务不仅有好处，且是不可避免的，药品的电子交易已进入实质性操作阶段；
- 丹麦与荷兰相似，药品电子商务进入了初步发展阶段；
- 瑞典有7%的家庭在网上购物，对药品电子商务的看法也非常乐观，对其发展抱有很高的期望，所有的药房均属于国营机构 Apoteket，Apoteket 是瑞典开展医药电子商务的理想组织；
- 瑞士有16%的药品通过网上或邮购售出，由于欧盟对药品跨境网上销售的限制规定不明确、不严格，瑞士的网上售药也覆盖了其他欧洲国家，成为欧洲药品电子商务的领头人；
- 英国皇家学会颁布网上药房的行业标准，政府发布了旨在支持电子商务的白皮书，积极支持电子商务的发展，目前处于欧洲药品电子商务的领先地位，已有两家大的网上药店开始营业，一些传统的零售连锁店也有意在近期开展电子商务。

很显然，欧洲各国会在电子商务方面两极分化：一些国家可能成为电子商务发达国家，如荷兰、丹麦、瑞典、瑞士和英国，另外一些国家可能成为电子商务欠发达国家。

到2001年底，包括日本和韩国在内的8个亚洲国家的医药公司将开展网上业务；到2002年，上述公司通过其门户网站进行的交易额将超过10亿美元。

从发达国家的情况看，网上医药交易十分普遍，美国医药界已进入网上交易时代。据统计，drugstore. com、healtheon. com、planetRx. com 等先声夺人，传统大药房连锁店也紧锣密鼓地筹划着上网卖药，据调查显示，全美上网人口中50%表示曾在网上查询医疗保健相关资讯或购买过医药保健品。

基本模式分析（以美国、日本为例）

一、国外医药流通的主要特点

（一）较高的市场集中度

市场集中度高是日、美两国药品市场的共同特征。

美国的医疗服务机构从 20 世纪 80 年代初开始实行集团采购，利用买方市场中买方的优势去获取更低的价格，导致了激烈的医药企业的合并。到 2002 年，在美国排名前 10 位的制药企业实现销售收入 1050 亿美元，占市场总额的 59.7%。销售量最大的 10 个品种实现销售收入 317 亿美元，占市场总额的 18.1%。例如，强生公司通过合并成为美国最大的医药企业之一，2001 年，公司的药品、营养保健品和医疗器械共实现销售收入 330 亿美元，利润 56.68 亿美元，雇佣员工 10.18 万人。在美国本土市场上，强生公司销售药品 109.22 亿美元，比上年同期增长 29%，市场占有率为 6.2%，在全美医药企业中，其药品列第四位，营养保健品和医疗器械均列第一位。2002 年上半年，强生公司在美国经济十分低迷的情况下，实现销售收入 178.16 亿美元，比上年同期增长 11.1%；实现利润 34.88 亿美元，比上年同期增长 15%。

美国的药品批发商早已完成市场整合，实现了寡占型的市场集中度。截至目前，在美国的药品流通市场上还有很多二级批发商和小批发商，但一级批发商只有 5 家，地方性批发商只有 70 家，其中 5 家一级批发商的市场占有率达到 90%。

在日本，由于长期经济衰退，药品价格下降，市场竞争日益激烈，导致医药行业的兼并重组步伐不断加快。1988 年，日本的药品批发商共有 418 家。到 2002 年，批发商数量已锐减至 165 家，其中规模最大的 10 家批发商集团的市场占有率达到 90%。目前，日本药品流通市场的兼并重组进程仍在继续进行中。据铃谦公司介绍，该公司的市场占有率在日本曾长期高居榜首。2001 年，由于市场占有率居第二和第三的两家公司合并，使铃谦公司的市场占有率屈居第二。2002 年 10 月，铃谦公司与大森公司合并。合并后的铃谦公司处方药销售额将达到1兆1244亿日元（98亿美元），市场占有率将达到16.7%，超过目前位居第一的KURAYA三星堂（市场占有率14%），再次成为日本最大的药品批发商。1999年武田（Takeda）公司的收入最多，达81亿美元，其他依次为三共（Sankyo）公司（52亿美元）、山之内公司（38亿美元）和盐野义（Shinogi）公司（35亿美元）。

（二）现代化的物流配送系统

美国的药品分销渠道以零售为主。2001年，药品零售企业实现分销1318亿美元，占市场总额的74.9%。其中连锁药店518.89亿元，占30.1%；独立渠道287.86亿元，占16.7%；邮购203.41亿元，占11.8%；药店157.48亿元，占9.1%。2001年，医疗机构分销药品438亿美元，占市场总额的24.7%。其中非联邦医院173.60亿美元，占10.1%；诊所133亿美元，占7.7%；长期医疗服务56.88亿美元，占3.3%；其他医疗机构62.51亿美元，占3.6%。监狱、大学等渠道市场份额很小，仅有7.13亿美元，占市场总额的0.4%。

日本的制药企业通过药品批发商分销的药品占市场总额的90%。由制药企业直接销售的药品数量很少，仅占市场总额的10%。医疗机构是日本的主要药品销售渠道。2000年，各类医疗机构共销售药品39 571亿日元（329亿美元），占市场总额的64.9%；调剂和零售药店共销售药品20 312亿日元（169亿美元），占市场总额的33.3%；其他渠道共销售药品1064亿日元（8.8亿美元），占市场总额的1.8%。在医疗机构销售的药品中，大医院（200床以上）18 179亿日元（151亿美元），占市场总额的29.8%；中小医院（20～200床）6947亿日元（58亿美元），占市场总额的11.4%；诊所（20床以下）14 445亿日元（120亿美元），占市场总额的23.7%。

美国强生公司、日本铃谦公司和山之内公司，都建立了自动化立体仓库，订单处理、拣货、补货、发货等主要作业项目都基本实现了自动化、标准化、智能化，大大减轻了劳动强度，提高了工作效率。

铃谦公司设在爱知县的江南物流中心占地面积13 224平方米，建筑面积5070平方米，处理商品种类26 000项，保管商品37 000项，长期雇员24人（不含临时雇员），日处理订单3500份，入库、出库药品6800箱，约5亿日元

(410 万美元)。山之内公司在东京、大坂、北九州和札幌建立了四个物流配送中心。其中东京物流配送中心占地 16 000 平方米，建筑面积 10 000 平方米，负责该公司 50%产品的订单处理和物流配送。

强生公司在美国新泽西州建立了三个自动化立体仓库，负责 149 亿美元药品的订单处理、物流配送和数千名医药代表的供应保障，员工总数仅有 160 人，配送成本仅占药品销售收入的 0.5%。

据有关专家介绍，目前全美的药品经销企业每天需要处理 25 万份订单，订单条目多达 1000 万条，需要配送到 12.5 万个分销机构，隔天配送的响应率高达 95%，准确率达到 99%。每个订单条目的配送成本仅有大约 0.3 美元。

（三）发达的信息网络技术

美国、日本医药企业高度重视现代信息网络技术在药品流通中的应用。

20 世纪 90 年代后期，美国、日本的医药企业广泛利用现代信息网络技术替代手工订单处理流程，通过传统的 EDI、手持便携式订单处理系统和互联网系统生成的订单占订单总数的 90%。电子商务成为药品流通的主流模式。

美国、日本的制药企业和批发商，都致力于推动医疗服务机构药品采购活动的信息化。在美国，药品经销企业为医疗机构和其他分销机构提供各种信息系统，包括订单处理、库存管理、决策支持、合同管理以及处方调剂系统，以降低供应链成本。铃谦公司定制的药品采购简易终端机可以方便地进行市场信息查询和订单处理，目前已推广应用到 6313 家医疗机构。

日本的药品批发商共设置业务代表 26 955 人，每人负责 20～30 个客户的采购订单和其他市场信息的采集，并将这些信息及时反馈给制药企业。据铃谦公司副总裁西浦忠男先生介绍，药品批发商由于对制药企业提供信息服务得到的回报，最高可以达到回款金额的 3%。山之内公司要求所有药品销售人员都要依据昨天的市场数据制定今天的销售计划。强生公司的信息化建设预算按公司销售收入的 3%～4%编制，年信息化建设投资达到 10 亿美元以上。2000 年度统计表明，由于 B2B 电子商务系统在美国的广泛应用，药品经销企业在药品流通供应链上降低的医疗费用每年约为 470 亿美元。

（四）成熟的行业组织和中介服务机构

日本医药批发商协会成立于1941年，现有会员企业165家，从业人员约60 000人，主要任务是收集、提供市场信息，进行行业自律，强化流通过程的质量管理，推动药品流通的现代化、标准化等。该协会组织编制的药品编码（JAN编码）、医疗机构代码等技术标准，以会员制的方式在日本医药行业广泛应用，提高了医药企业的信息共享水平。该协会制定的遵守《独占禁止法》的指导方针，是药品批发商必须遵守的交易规则和行为规范。

美国药典委员会（USP）成立于1820年，是全球唯一的一个独立于政府系统之外的药典编撰机构，现有员工300余人，属非营利性组织。USP的主要任务是编撰美国药典，提供标准品等，其地位由法律确定。USP编撰的美国药典，过去每5年出版一次，现在每年出版一本补充卷，1992年开始出版电子版。USP提供的标准品已达到3650个，每个标准品售价150美元，是USP的主要经济来源。

美、日两国的医药企业尊重企业之间的专业化分工，已经形成了比较成熟的药品流通中介服务市场。与药品流通相关的产品分类与编码、组织机构代码、数据通讯服务、市场信息服务、企业信用服务等，都由专业化的服务机构为医药企业提供中介服务，大大降低了信息化成本，提高了信息共享的程度。

由日本制药协会发起建立的日本药品电子网（Japan Drug Net），作为专业化的药品数据通讯服务机构，可以为所有医药企业提供互联网药品数据交换服务。日本药品电子网实行会员制管理，目前已拥有会员企业360家。会员企业在缴纳会员费后，如山之内这样规模的制药企业，每月缴纳约300万日元，就可以完成同所有批发商的数据交换，每个订单条目的数据交换成本仅有2日元。

近年来，美国出现了药品集中采购组织（Group Purchasing Organization，GPOs）和药品购买福利组织（Pharmacy Benefit Management，PBMs）等营利性中介服务机构，为医疗机构和医疗保险公司提供药品采购的专业化中介服务。药品集中采购组织通过接受多家医疗机构的委托形成较大的药品采购订单后，同药品生产商或批发商谈判，获得比医疗机构分散采购更低的价格，同时把医疗机构从繁琐的采购事务中解放出来，降低了医疗机构的运行成本。药品购买福利组织为医疗保险公司提供制订药品目录、采购所需药品、审核医生处方和办理药费支付等服务，是药品流通的一个重要环节。

二、发展趋势

（一）实行医、药分业管理

美国的医、药分业管理已经比较成熟。医院均设有住院药房，门诊药房是否设立要根据门诊患者需要决定，诊所均不允许设药房。住院药房执照一般包含在医院的开业执照内，门诊药房和各类社会零售药房营业的执照需要单独申请。值得注意的是日本政府推动医药分业管理的做法。日本政府在1956年完成医药分业的立法。从20世纪80年代开始大力推行医、药分业制度，90年代后期，医、药分业的进展步伐加快。截止2000年，可以调剂医疗机构门诊处方的调剂药局已达到42 873个，分业率达到39.5%。到2002年4月，医、药分业率已达到48.3%。2001年，调剂药局的市场占有率达到28.9%，成为仅次于200张床位以上大医院的药品销售渠道。

东京河北综合医院现有床位315张，员工844人，2001年日均门诊量1150人，日均入院患者295人，实现业务收入约100亿日元，是日本最先实行医、药分业的医疗机构。河北综合医院不设门诊药房，门诊处方全部在院外的保险药局调剂。1982年，医院的药品收入占医疗收入的22.2%。1983年取消门诊药房后，药品收入逐年减少，到2001年下降到医疗收入的8.5%。

河北综合医院的门诊处方，70%在距离该院门诊部仅有几十米远的阿佐谷药局调剂。据阿佐谷药局的森田部长介绍，日本政府对调剂医院处方的药局制定了严格的管理办法，如规定调剂药局同医疗机构不得存在产权关系和利益关系，医疗机构投资人不得参与调剂药局的经营管理活动，每个药剂师每天调剂处方不得超过40份等。日本厚生省规定的药品价格中不包括调剂费用，由于调剂药局服务质量高，等待时间短，根据日本厚生省的规定，其调剂报酬点数高于医疗机构。病人在院外取药，每张处方一般要多支付调剂费用1500～2000日元，其中个人支付的部分约占20%～30%。保险药局采购药品时充分考虑医疗机构的用药习惯，阿佐谷保险药局库存药品的品种及品牌同河北综合医院完全相同。日本调剂药局的药品进销差率多数超过10%，加上调剂劳务费用，实际实现的毛利润普遍超过我国医疗机构实际实现的药品进销差价。

需要注意的是，日本政府推动医、药分业管理是为了充分发挥药剂师的作用，促进医药之间的专业化协作，为患者提供更加优质的医疗服务。医、药分业是医疗服务向专业化方向发展的必然结果。药剂师对医师处方进行药学审核，可以保证临床医师安全、合理用药。为了推动医、药分业，日本政府提高调剂药局的调剂点数，也说明医、药分业的主要目的不是控制医药费用。

（二）改革药品价格制度，严格控制医药费用

医疗费用增长速度过快是一个世界性难题。1991年日本的国民医疗费和老人医疗费为28.2兆日元，占GDP的5.9%；到1999年，国民医疗费和老人医疗费增加到42.7兆日元，占GDP的8.1%。据日本厚生省预测，日本人均医疗费用1999年为24万日元，到2025年将达到100万日元。医疗费用的过快增长造成日本医疗保险财政的恶化。1999年度，医疗保险基金的赤字已累积达到8000亿日元。为了控制医疗费用的过快增长，日本政府开始推动以医疗保险制度改革、诊断报酬修订和药价制度改革为主要内容的医疗制度改革。

药品费用作为医疗费用中最可能被调控的部分，近十年来，一直是日本政府控制医疗费用重点内容。日本的医疗保险药品全部实行政府定价，厚生省《药价基准》收录品种达11 300种。收录品种的价格每两年调整一次。从1998年起，厚生省连续下调药品价格。2002年，日本的医疗费用整体又下调2.7%，其中医疗收费标准下调1.3%，药品价格下调1.4%。药品和材料价格已累计下调5.9%。为了引导医疗机构合理用药，降低医疗机构医疗收入中药品收入的比重，厚生省在连续下调药品价格的同时，逐年缩小药品进销差价。如表2-1所示：

表2-1 日本医疗机构药品进销差价比例

1992年	1994年	1996年	1997年	1998年	2000年
15%	13%	11%	10%	5%	2%

到 2000 年，药品进销差价已经由 1992 年的 15%下调到 2%。目前，医疗机构实际实现的药品进销差价仅有 5%～6%。河北综合医院药剂部部长认为，这样的药品进销差价，门诊患者的处方在院内调剂，还是在院外调剂，从经济利益上看对医院是相同的。据了解，这也是近年来医药分业进展加快的主要原因之一。

（三）发展第三方互联网交易服务系统

美国、日本的药品电子商务是由市场主导、在医药企业局域网的基础上发展起来的卖方系统。尽管投入了巨额资金，但由于行业内各企业之间的系统不能兼容，不同的采购、销售系统无法整合，信息资源不能共享，致使行业内的不同系统无法形成一个完整、高效的供应链体系，极大地制约了医药行业 B2B 电子商务系统的发展和应用。

针对这一问题，美国和日本的医药企业开始重视第三方电子商务系统的开发和应用。日本制药协会组织建立的日本药品电子网，就是由行业协会主导的、以数据传输为主要功能的第三方电子商务系统。2000 年，美国一批在医药行业处于领导地位的医药企业共同投资约 5 亿美元，开发、建设的环球医药交易中心（GHX），以独立、开放、中立，提高整体医药供应链效率为宗旨，从医疗器材起步，推动医药产品全面上网交易。目前，GHX 的会员数量迅速增加，会员企业的市场份额已达到市场总额的 70%。

（四）规范医药企业销售行为

长期以来，美、日两国的制药企业销售药品，主要依靠医药代表的促销活动。2001 年，日本制药企业共有医药代表（MR）45 282 人，平均每四个医生就有一个医药代表。美国医药企业的拥有的医药代表也有增长趋势，仅强生公司就拥有医药代表 6000 人，一个化学制药企业的医药代表约可帮助实现销售额 100 万美元，一个生物制药企业的医药代表约可帮助实现销售额 500 万美元。2001 年，美国政府开始允许制药企业在公开媒体上做处方药广告。第一年制药企业投入的处方药广告费用就达到 100 亿美元。公开媒体的处方药广告，导致患者对处方用药的影响力增加，但医药代表的促销活动仍然是美国制药企业的主要竞争手段。

为了规范医药代表的促销行为，美、日两国的医药行业协会都制定了医药代表行为规范，规定了医药代表的职能和行为方式，要求医药代表必须通过医药协会组织的岗位培训和资格考试后持证上岗。日本的医药代表不需要具备医学或者药学专业学历，但必须系统接受医药代表专业培训，学习医药概论、药理学、药剂学、疾病的治疗等专业课程，并参加医药代表资格考试。如果医药代表违法违规参与药品销售业务，采用不正当手段促销药品，一经发现，将被取消医药代表资格并终生不得从事医药代表业务。

我国医药市场改革历程的回顾及总结

传统计划体制下的药品市场流通分析

在计划经济时代，药品由于其具有“短缺性”和与国计民生密切相关的重要性，药品的生产、定价以及配给等等由政府一手操控。在“短缺经济”的年代，这种模式无疑起着集中资源、有效配给的作用。由于产品供不应求，全国医药商品产销计划需要衔接、平衡，由中国医药公司统一规划，一、二、三级批发层层下达指标，层层调拨。进口药品由一级批发进口后，统一掌握、层层分配。这样一个卖方市场，使得商业企业的地位十分优越。形成药品生产工厂求商业：我的产品请你们收购，否则我库存积压，无法生存。县级批发公司、小的批发企业求一级批发、省公司：给我一点进口药，给一点短缺药品。批发商的头昂得很高，可以得到很大一块毛利。传统计划体制下的药品市场流通流程和药品价格形成机制如图 2-1 所示。

传统商业模式同市场经济体制严重不相适应，流通环节严重不合理，存在层次过多，销售渠道过长的弊病，药品从药品生产企业，到最终的消费者，要经过 5 道流通环节甚至更多，而每个层次的流通环节上的商业企业都需要依靠利润来生存，这就不可避免的导致了药品价格层层上升。

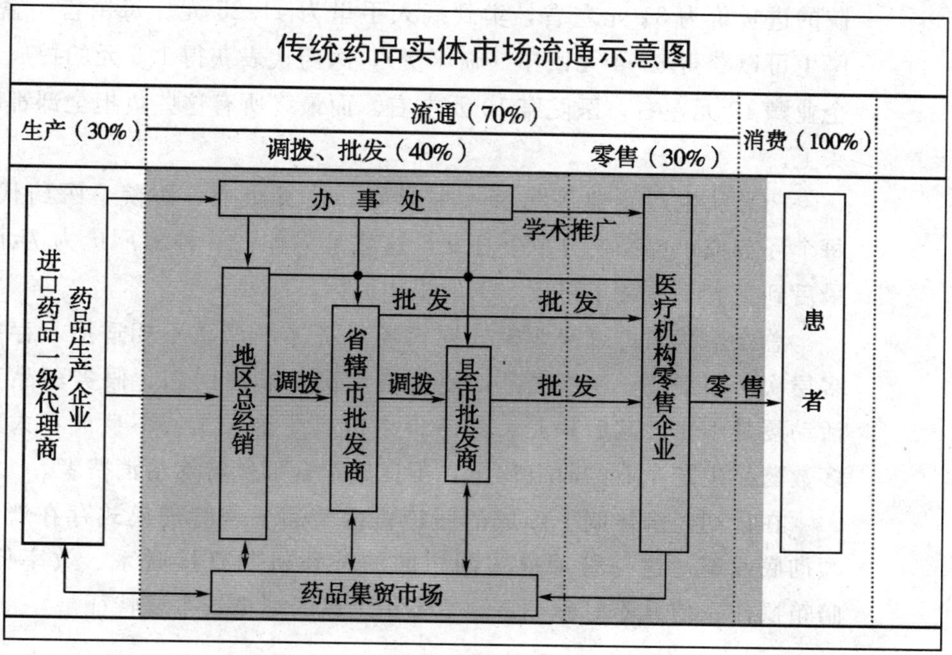

图 2-1　传统药品实体市场流通示意图

在改革开放以后，随着药品生产的规模扩大，一般处方药品市场已经进入供过于求的局面。一方面各药品生产厂家实行的是市场化经营，进行激烈的竞争，另一方面却是药品消费方却被医院以及大型国有药店所垄断。医院凭借其诊治的特殊地位，强行向患者指定药物，处于信息不对称劣势的患者无法维护自己的消费权益。因此就出现了药品供货商和医院的“地下交易”，医生开一瓶药拿多少回扣已经成为业内人员的“潜规则”。由此形成的药品市场供销链是极度歪曲的。国有医院凭借目前的政策优势，具有无可争辩的垄断地位，因此他们才具备控制药品消费者的能力，进而间接操纵着药品市场。而各个企业为了生存，采取各种手段来促进药品销售，这就使得一些暗箱操作愈演愈烈，回扣之风盛行。从图中可以看出，消费者所支付的药品费用，其中约 30％由生产厂商获得，40％则消耗在中间流通环节，30％由医院获得。下面举一个实例，大致可以看出不合理的流通体制造成药品价格虚高的过程。

例如某家药厂销售的“贞芪扶正胶囊”，这种药的出厂价为 7.22 元，医院的进货价为 31 元左右，卖到病人手里为 41.25 元。每销售一盒这样的药，医生可以获得 3～4 元回扣（临床费），医药代表获得 1.5 元的提成，药品批发企业赚 19 元左右，医院赚 10 元左右。而最终所有这些负担全部都转嫁在患者头上。

药品从生产企业到患者、生产商、批发企业、医院、医药代表、医生，每个环节或单位都要分取一杯羹。这就是为什么一种出厂价为 7 元左右的药，最后到患者手里翻了将近 5 倍的根本原因。

总之，我国传统商业模式同市场经济体制严重不相适应。存在药品流通多层次，多渠道，秩序混乱，使价格虚高，非法回扣、假劣药品和非法经营活动屡禁不止。其后果是：药品价格构成严重失衡，不良成本大大超过绝大多数药品生产企业的收益比重，不良成本全部被转嫁给消费者。

在计划经济体制下形成的医疗机构药品采购管理模式存在严重缺陷，必须彻底改革。这一管理模式同扭曲的补偿机制直接联系，效率低，成本高，暗箱操作，信息不对称，是滋生不正之风的温床。主要特征是：

- 采购决策分散进行
- 采购、销售一体化管理
- 交易过程人对人进行

集中招标采购方式下的医药市场流通分析

一、背景材料

医药和医疗服务行业作为中国市场化中最艰难的一块“试验”田地，历经千般周折，曾使得无数行业精英们喟叹扼腕在半途。从 1998 年国务院办公厅转发《关于城镇医药卫生体制改革的指导意见》以后，药品流通领域也迎来了改革的春天：国家先是作出了在四个省市实行药品集中招标采购的试点，随即在全国范围内展开了包括抗微生物类、心血管、一次性耗材等领域内的集中招标采购；而伴随着药品招标采购的进行，国家计委连续五次公布了药品降价的有关信息，广大患者可谓是欢呼雀跃——药品流通乃至医药卫生领域中的“咽喉”或者“七寸”终于被有效的遏制住了。

2002 年 6 月 10 日国务院纠风办等六部委在《2002 年纠正医药购销中不正之风工作实施意见》中再次提出“进一步完善招标采购的外部环境和条件，建立和健全与药品招标相关的数据库，为招标采购提供权威高效的信息服务”、“继续深化药品流通体制改革，积极推进药品电子商务工作，发挥其在整顿和规范药品流通秩序和打击假劣药品中的积极作用”。利用医药电子商务技术进行药品招标采购，目前在全国很多地方进行了有益的尝试并且取得了一定的成果。国家药品监督管理局于 2000 年 10 月 25 日批准了深圳天驰医药信息技术有限公司等 8 家公司作为医药电子商务的试点单位，随后作为药品招标代理机构的海虹控股，经药品监督管理局批准成立，海虹控股首先在海南成功地利用医药电子商务技术进行药品招标采购，卫生部等六部委组成的联合调研组对这一做法给予了高度评价。认为这种招标方式可最大限度地体现“公开、公平、公正”的原则。在此基础上利用医药电子商务技术平台进行网上药品集中招标采购逐步展开，取得了良好的经济效益与社会效益。

利用医药电子商务技术进行药品招标采购，一般包括以下几个过程。首先是前期准备阶段，包括招标目录的确定，标书的制作，通过互联网发布招标信息，发布标书，接受投标企业的网上报名，并审核其提供的资质证明资料，以确认其作为投标人的合法性和合格性。对于审查合格的投标人确认其为会员，赋予会员编号和密码，实施会员制，确保信息真实有效。通过互联网接受投标人为其所要投标的药品提供的质量证明文件，并对其进行审核，确保其正确无误。质量证明文件将作为投标药品质量评价的重要依据。制定评标标准，评标标准包括药品的质量、价格、投标商的配送服务等三个方面，分定性评价和定量评价两个步骤。建立由各招标医疗机构临床和药学专家组成的评标委员会，评标时从中随机抽取一定数量的专家组成评标专家组进行评标。其次是投标商通过互联网，在规定的投标有效时间内，进行网上报价；同时从临床和药学专家委员会中随机抽取的评标专家组，通过互联网对投标药品进行质量评价；由药学专家组对投标商进行配送和服务方面的综合评价。最后通过对投标药品的质量、价格和投标商的配送服务综合评价的最终得分，确定中标药品，并且通过互联网发布中标结果，使投标商可以及时从互联网了解到中标结果。

与传统商业流通渠道相比，医药电子商务实现了信息流、物流和资金流的三流合一，是低费用高效率的商业通道。传统医药经营模式需要通过供应商、批发商、及医药公司等众多中间环节，这诸多环节大大提高了药品的流通成本。而医药电子商务的应用实现信息共享，操作简便快捷，减少中间流通环节的不良费用，使药品流通的物流和资金流由过去分散、低效、无序逐步转变为集中、高效、有序，成为大批量、高效率、低费用的商业活动。医药电子商务在促进药品招标采购的深化和完善方面，将起到非常积极、重要的作用。首先，利用医药电子商务技术进行药品招标采购，建立医药生产企业通过物流与医院（药房、药库）直接联系的模式，实现信息、药品、资金的完全统一。医院要买什么药，从哪个厂家买，按什么价格买，买了多少，均一目了然。这样，由多渠道、多环节、"人人接触"、决策分散化转变为单一渠道、单一环节、"人机对话"、决策集中化。可以反腐纠风、杜绝回扣、降低药品的人为成本，可以缩减中间环节、降低药品的流通成本，可以使药品的购进方便、快捷，降低药品的库存率，提高资金的周转率；还可以为领导的决策提供有益的数据。其次，利用医药电子商务进行药品招标采购，其整个过程为"人机对话"，供需双方不见面。招标、投标信息，评标办法和标准，评标结果和中标结果均在网上公布；并从专家库中随机抽取专家组成专家委员会进行评标议价。这样，使得药品交易过程在完全透明和有效监控下进行，最大限度地避免购销双方私下交易带来的不正之风，消除不良购销成本。专家委员会依据"质量第一、价格合理、服务优先"的原则进行评标议价。不具备药品生产、经营资格的企业投标，不合格药品投标，一律视为废标。杜绝了假冒伪劣药品进入医疗机构，确保患者的用药安全有效。网上交易不仅省略了大量事务性的工作，提高了效率，而且最大限度地避免购销双方面对面交易带来的不正之风，消除不良购销成本，最终把药价里虚高的水分挤出来，让利于消费者。由此可见，利用电子商务技术进行药品的网上招标采购，从标书的建立、发布到评标结果的公布，全部流程均在互联网上进行，把医疗机构从药品集中招标采购的繁琐事务中解放出来，既提高了工作效率，又降低了药品采购的成本。同时，医药电子商务充分利用互联网资源共享的特性，对投标商提供的企业详细资料和其投标药品的证明文件可以实施网络共享，避免资料的重复认证。医药电子商务通过建立一个具有强大信息收集、加工处理能力的数据中心，以及分布全国各地的交易网站，构架覆盖全国的标准化医药网络交易平台。建立完善的药品编码、条码、组织机构代码等数据交换技术标准体系，确保在全行业范围内实现信息资源共享。它具有药品信息采集与规范，会员信息采集与管理，网上集中招标投标，专家委员会网上评标议价，网上药品交易，配送与结算，实时交易监控以及汇总分析等多项功能。集中招标采购电子商务是大势所趋。

2001 年全国卫生部门城市医院药品集中招标采购总金额约为 160 亿元，占药品采购总金额的 15%左右，招标后药品价格平均下降 20%，向社会让利 20 亿元左右。主管部门认为，通过实施药品集中招标采购等措施，对于保证医疗机构临床用药质量、规范采购行为、降低药品虚高价格等起了积极作用，同时还有效遏制了医药费用不合理增长的势头。

2002 年 11 月中旬国务院有关部门在海南召开会议，明确提出 2002 年要继续扩大参加药品集中招标采购的医疗机构数量、采购药品品种和金额：要有 70%的县及县以上公立医疗机构开展药品集中招标采购，实行招标采购的药品，在扣除医疗机构应有的药品差价后，形成的差价中要有不低于 60%的比例让给患者，卫生部确定的“纳入城镇职工基本医疗保险药品目录、临床应用普遍采购量比较大的药品”中有 50%的金额实行招标采购和集中议价采购。据统计，经过一年多的推广，目前全国 31 个省、自治区、直辖市均不同程度地开展了药品集中招标采购工作。有些省（市）已完成几轮招标，集中招标采购的药品已占同期药品销售额比重的 30%～50%，有些地区医疗机构在网上招标采购药品比重已高达 85%。

集中招标采购不是最佳政策选择，但在 21 世纪初，中国政府无法作出比集中招标采购更好的政策选择。药品市场是一个非常强势的买方市场，医疗机构是主导药品市场的支配力量，使药品集中招标采购成为深化改革，建立同市场经济体制相适应的药品流通商业模式的最佳突破口和切入点。

集中招标采购的目标如表 2-2 所示。

表 2-2 集中招标采购的目标

专业化	集中招标采购的决策机制。建立集体决策制度，贯彻质量优先、价格合理原则，满足医疗机构的临床用药需要和不同人群的消费需求。
社会化	集中招标采购的采购制度。剥离医疗机构的采购职能，实现进销分离，形成以省或省辖市为组织单位的集中采购制度。
信息化	集中招标采购的实现方式。改变人对人的采购方式，实行医疗机构上网采购，医药企业上网销售，行政机关上网监管，形成人机对话的采购、销售和监管机制。

集中招标采购的基本原则：公开、公平、公正；诚实信用；质量优先、价格合理。

1. 公开、公平、公正原则

- 是集中招标采购和集中议价采购活动必须遵循的基本原则，贯穿于工作规范和文件范本的始终，体现在所有条款之中。
- 公开原则，要求招标活动具有较高的透明度，信息要公开，开标、评标标准和方法、评标定标结果等都要公开。
- 公平原则，要求招标人和投标人的权利义务关系平等。双方作为平等的民事主体分别承担义务并享有权利。
- 公正原则，要求对所有合格投标人一视同仁，不歧视任何合格的投标人。

2. 诚实信用原则

- 民事活动的基本原则之一。要求当事人以诚实的态度行使权力，履行义务，维持双方利益和社会利益的平衡。既尊重其他当事人的利益，又不损害第三方和社会的利益，在法律允许的范围内以符合社会经济目的的方式行使自己的权利。
- 为了确保诚信原则的贯彻落实，工作规范明确规定了当事人必须承担的义务，要求当事人遵守，并在监督管理办法中规定了相应的罚则，提出了建立不良记录登记公布制度的基本要求。

3. 质量优先、价格合理原则

- 是医疗机构药品采购活动特殊性要求集中招标采购必须遵循的原则。
- 为确保临床用药安全有效，医疗机构采购药品必须优先考虑质量。任何时候，任何情况下，都不能允许为了追求经济利益而牺牲药品质量，影响临床用药安全有效。
- 优先考虑质量不是不讲价格。因为我们必须通过药品集中招标采购，把虚高的药品价格降下去。《工作规范》和《文件范本》规定的评标标准和方法，是按照上述原则确定的。

二、作用分析

药品集中招标采购作为医药卫生领域中三项制度改革的突破口，从实践上看已经起到以下诸多的作用：

首先，药品集中招标采购改变了药品流通领域中的黑幕交易，使药品交易暴露在阳光之下。改革开放以后，中国的市场化进程的速度可谓日新月异，在范围的广度和深度方面一步步扩展着自己的空间，但是，由于我国传统行政管理体制和企事业自身机制变革的滞后，特别是卫生行政管理职能的错位和医疗机构事业职能的模糊，当他们在作为市场交换一方主体参与交易的时候，就产生了很多非市场化行为，进而使得药品流通领域中的交易活动多年以来形成了在暗箱中进行的独特机制。在这种交易机制下，当药品供给日益严重过剩的情况下，却反而存在着药品的价格“虚高”不下的变异现象。何谓药品的“价格虚高”？就是现实药品价格中普遍存在非真实的高。正常的市场机制作用下，商品的价格高低应该由市场供求决定，但是，药品市场上，由于人为的分割和药品消费的特殊性，众多的交易是在黑幕下发生的，价格不具有市场信号的引导作用，因此，药品买卖双方就只有在“黑暗”中进行着单独的谈判并形成协议。虽然药品集中招标采购也许有很多不完善的地方，但是，作为中国药品流通领域中特殊历史时期的政策选择，它改变或者减少了暗箱操作的交易模式，使得药品流通能在阳光下进行，并通过对市场价格的寻找起到真实的传导供求信息的作用。

其次，中国多年来在经济领域中的市场化，使得物质生产空前的丰富和发展，人们的生活得到了很大的改善，这其中的一个主要的标志是：众多的商品的价格相对于人们的收入水平来说降低了。但是药品的价格相对于人们的收入水平却上升了，而且是出奇的高。因此，招标采购作为药品流通领域改革的一项特殊政策，它的一个重要使命就是要降低药品的虚高价格。最近几年的实践证明，招标采购应该是“不辱使命”的，不管大家现在对降价的感觉程度怎样，大部分药品的价格确实在招标中降下来了。至于说有些患者在医院里感受不明显，或者大幅度降了价的药品买不到了，或者医院对招过标的药品不进货了，这恐怕不是招标采购所能解决得了的，它将牵涉到其他的问题；这些问题与招标本身的目标没有什么必然的联系，同时也说明医药卫生体制改革在药品集中招标采购的导引下将会更加深入。

再次，药品集中招标采购作为规范医院采购的一项政策，纠正行业不正之风同样也是它的重要的使命。计划经济体制下形成的我国医疗卫生体制，在很大程度上是作为社会公共产品的提供单位，有着特殊的使命。由于市场化过程中，医疗机构的角色不断改变，特别是作为药品流通市场上的买方主体，它拥有着超出它应该享有的市场权利，因此，这种因制度的不平衡所导致的交易腐败随时都在发生，而且发展到影响整个行业声誉的情况。药品集中招标采购在中国市场化的特殊阶段的实践中，已经使得药品流通领域中的不正之风得到很大的纠正，暗中交易的机会减少了，不正之风发生的可能降低了，作为一种制度，药品集中招标采购在实践中正在发挥着规范与纠风的重要作用；但是，由于药品招标采购工作前期的试验性以及开展范围的局限性，使得由于招标采购本身纠风的局限和原本就存在的流通领域中的不正之风交织在一起，人们把矛头又重新指向药品招标采购本身，这同时也表明招标采购范围扩大的急迫性和单一的招标采购在纠风中的有限作用。

最后，药品集中招标采购的最主要的作用表现在：给药品流通中的价值链扣上健康的竞争环带，使得药品生产和流通的反市场行为得到纠正。改革开放以后短短的时间里，我国产生了近七千家药品生产企业、一万多家医药商业企业。谁都非常清楚，在中国目前的药品市场上，无论是厂家或者商业，都没有什么理想利润可以期待的。尽管近些年来政府不断地对医药卫生行业进行“整顿”，可是，在行业、部门、地方等各种“利益”的驱动下，在药品生产和经营方面的投资达到了“一日千里”的速度，用一位药商的话来说“市场上的药品比粮食还多”。可是生产药品的企业却没有生产粮食的农民这样“理性”：粮食多了，农民会改为生产经济作物，哪怕种花植草甚至抛荒也比继续生产粮食有利；但是，药品生产企业或者经营企业却不是这样，由于他们大多可以从银行或者资本市场上融得资金，而且很多情况下，他们对这些资本的使用的效果又不担负对等的责任，再加上他们可以通过给高额回扣的办法，不断地向医院“卖出”商品，他们自身活的虽不好，可也不坏。于是在这种种的循环中，国家有限的自然资源被不经济地源源不断地配置到药品生产上去，而已经进入药品生产流通环节中的资源又在各个环节被不经济的浪费掉——我们在寻找自己“活路”的情况下，却断绝了子孙后代的医药卫生可持续发展的可能。

药品集中招标采购仅仅经过几年的试验和推广，围绕价值环节展开的竞争，已经使得药品生产流通领域的资源配置发生了重大的改变。全国的药品生产企业通过兼并、重组、破产，以及 GMP 和 GSP 认证，数量已经明显减少，从 1996 年到 2004 年 6 月，药品生产企业由 6700 多家下降到 3100 多家；药品经营企业由 17 000 多家下降至 4100 多家。以天津市场为例，1999 年天津市场上的药品批发企业有 60 多家，经过竞争现在已形成太平、中央药业等三大药品批发企业三足鼎立的局面；药品生产企业的重组中，在数量减少的同时，初步出现了像三九、双鹤、华北制药、哈医药等巨大规模的药品生产企业，为我国药品生产、经营企业全行业迎接加入 WTO 后的挑战，创造了健康的微观基础。

调查反映

为了解城市居民和医药卫生行业从业人员对药品降价限价和集中招标采购政策的态度、看法，发现存在的问题，为有关机构提供分析和决策依据，以推动药品流通体制改革的顺利实施，2002 年，北京美兰德医药信息咨询有限公司联合其他一些主业媒体就此进行了抽样调查。

大多数城市居民表示支持。由于药品招标采购制度压缩了药品流通中间环节，一定程度上遏制了药品购销过程中的不正之风，得到了广大城市居民的支持。本次调查结果显示，在知道招标采购的人群中，明确表示“赞同”的人占 77.9%，表示“不赞同”的仅占 4.3%，另有 1.8%的人表示“说不好”。

医院方面赞同者居多。本次调查结果还显示，医院工作人员中赞同和比较赞同的比例合计均在 70%以上，半数人对药品招标采购效果感到满意（详见表2-3、表 2-4）。

表 2-3 各方面对药品招标采购的态度

对药品招标采购的态度	医院负责人比例（%）	药剂科负责人比例（%）	医生比例（%）
赞同	40.0	50.0	67.7
比较赞同	40.0	25.0	6.5
说不好	10.0	0.0	12.9
不太赞同	10.0	12.5	3.2
不赞同	0.0	12.5	9.7

表 2-4 医院对药品招标采购效果的评价

医院对药品招标采购效果的评价	比例（%）
不满意	0.0
不太满意	5.9
一般	41.2
比较满意	29.4
满意	23.5
说不好	0.0

招标购药仍有弊端

大多数老百姓并没有得到实惠。本次调查结果表明，导致城市居民不赞同药品招标采购的首要原因是“老百姓并没有得到实惠”，提及率达 66.7%；其次是“并没有遏制不正之风”，提及率为 41.7%；“招标工作不够规范”列第三，提及率为 41.7%（详见表 2-5）。

表 2-5　城市居民不赞同招标采购的原因

城市居民不赞同招标采购的原因	提及率（%）
老百姓并没有得到实惠	66.7
并没有遏制不正之风	41.7
招标工作不够规范	41.7
暗箱操作严重	35.4
滋生新的腐败	31.3
招标的社会成本较高	20.8
其他	2.1

招标工作不规范，社会成本较高

调查结果显示，医院方面不赞同的主要原因是“招标工作不够规范”、“招标的社会成本较高”、“并没有遏制药品采购过程中的不正之风”、“滋生新的腐败”和“暗箱操作严重”等。

招标采购中的购销地位不平等。本次调查结果表明，医药生产和经销企业不赞同招标采购的原因基本相同，主要是“在药品招标过程中，医疗机构凭借其垄断性处于主导和支配地位，企业只是被动服从，强化了不平等的购销关系”、“以低价位作为评价标准，加剧了医药企业的恶性竞争，导致药品质量下降，假劣药品流入市场”、“招标造成企业效益下降”、“产生新的不正之风和腐败行为”、“招标手续繁琐，标准不一，企业应接不暇，无所适从，并导致销售成本升高”、“中标药因利差小、油水少，医生不愿使用，导致中标药销售额大幅下降”等。

各界希望招标透明规范

城市居民希望，药品招标工作更透明，切实减轻百姓负担。

调查结果表明，城市居民对药品招标采购充满希望，其中，希望“允许媒体、百姓参加招标，使招标工作更加透明”的人占 60.9%，列第一位；城市居民希望“大量使用招标药，使药价真正降低，切实减轻百姓负担”，提及率为 59.2%；城市居民对药品招标采购的第三个希望是“对所有用药均采取招标采购，杜绝某些医生只开非招标的高价药”，提及率为 49.3%（详见表 2-6）。

表 2-6 城市居民对药品招标采购的希望	
城市居民对药品招标采购的希望	提及率（%）
允许媒体、百姓参加招标，使招标工作更加透明	60.9
大量使用招标药，使药价真正降低，切实减轻百姓负担	59.2
对所有用药均采取招标采购，杜绝某些医生只开非招标的高价药	49.3
举行药品招标听证会，使整个招标过程置于社会监督之下	43.8
让企业、医院自主进行药品招标采购，而不应由政府部门主持	19.2
药品招标底价的确定应充分考虑生产企业的利益	15.0
其他	3.6

医药企业希望今后能采取各种措施完善药品招标采购制度

本次调查结果显示，除共同希望“政府机构不要参与招标组织，以免产生新的腐败”外，医药生产企业对今后招标采购的主要希望还有：“简化招投标评审程序，减少不合理收费”、“评标不能仅以价格为标准，药品的质量价格比应是评标的主要内容”、“对中标采购的药品应签订供销合同，医疗机构应依法承担责任和义务，不能任意退货、恶意拖欠货款而毫无诚信可言”等；医药经销企业的主要希望是：“对所有医院用药均采取招标采购，防止药品‘中标就死’现象的出现”、“应以政府非定价药品为主要招标品种，对政府定价药品不应实行招标”和“举行药品招标听证会，使整个招标过程置于社会监督之下”等。

医院方面对推荐的招标采购办法多持赞同态度，普遍赞同对全部医院用药进行招标采购的做法。

本次调查就“医院所有用药都实行招标采购，以真正杜绝某些医生不开中标药，只开非中标药和非招标药”问题访问了医院各级人员，结果显示，大多数人均持赞同态度（详见表 2-7）。

表 2-7　对全部医院用药进行招标采购的态度

对全部医院用药进行招标采购的态度	医院负责人比例（%）	药剂科负责人比例（%）	医生比例（%）
赞同	40.0	83.3	54.8
比较赞同	30.0	0.0	12.9
说不好	30.0	16.7	25.8
不太赞同	0.0	0.0	3.2
不赞同	0.0	0.0	3.2

集中招标采购政策的实施，推动信息网络技术在医药流通领域的应用，从而进入了“集中招标 + 现代化的信息技术”的采购方式下的药品市场流通阶段（集中招标采购电子商务方式），其作用表现在：

1. 改变以往集中招标采购的实现方式

- 集中招标采购的政策目标，要求集中招标采购采用有利于降低成本、提高效率的实现方式。
- 集中招标采购的现行政策规定了医疗机构药品采购的组织形式和采购方式，手工操作和招标代理机构提供的成交撮合系统不可能成为这一政策的有效实现方式。
- 推动集中招标采购必须积极利用现代信息网络技术。集中招标采购的现行政策已经为电子交易服务商提供了良好的政策环境，是推动电子交易的强大动力。

2. 网上集中招标采购的优势

- 现代信息网络技术将从根本上改变集中招标采购的实现方式，使集中招标采购成为切实可行的药品交易方式；
- 基于电子文件的资格预审、评审和比较大大减轻投标人和招标人的负担；
- 电子订单的实施使合同采购数量自动生成；

- 依据采购联合体的加权平均购入价确定标底，使成交药品价格逐步趋向合理；
- 网上集中竞价使议价采购更公开透明，竞争更充分；
- 数据准备和成交撮合分离，使数据准备成为药品供应商的日常工作，实现数据共享；
- 行政主管部门改变监管方式，采用网上查询、信息披露等方式对集中招标采购进行有效监管。

在现代化信息技术条件下集中招标采购的药品市场流通的大致流程和药品价格形成机制如图 2-2 所示。其中生产和流通的费用减少，约为过去的 70%。消费者所需支付的药费，也降至原来的 70%。

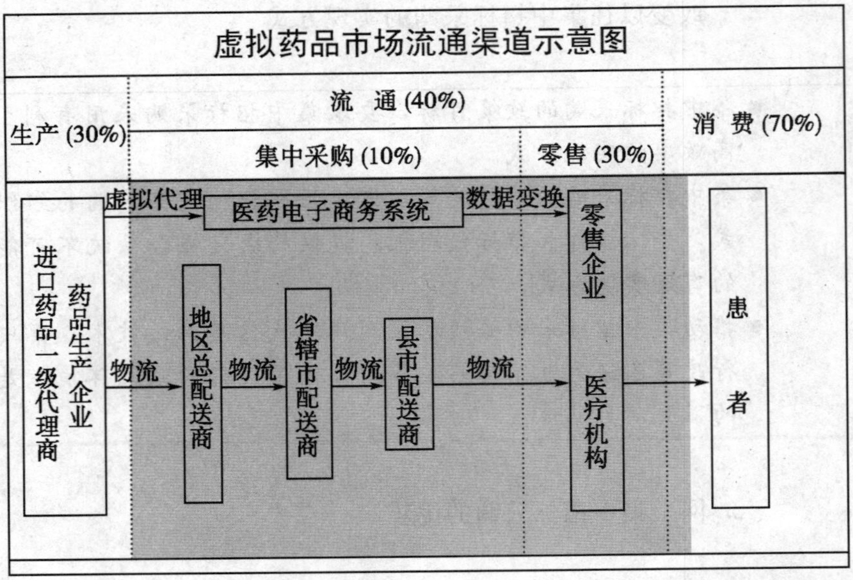

图 2-2 虚拟药品实体市场流通示意图

三、存在的问题及其原因分析

（一）主要问题

1. 人工集中招标采购方式下的药品市场流通存在的主要问题

在 2003 年“药品价格管理、药品集中采购工作研讨会”上，与会人士归纳，药品集中招标采购存在的主要问题有：

- 行政干预，背离市场经济的基本准则；
- 医疗机构的垄断地位强化了不公平、不公正的购销关系；
- 以低价位作为评标的主要标准，加剧了医药企业的恶性竞争；
- 以中标价作为药品定价的依据，既不合理、也不科学；
- 患者并没有得到实惠；
- 手续繁琐，滥收费，医药企业苦不堪言；
- 产生新的不正之风和腐败行为；
- 国家税收大量流失；
- 不规范招标采购对民族医药产业的发展造成严重打击。

2. “集中招标 + 现代化的信息技术”方式下的药品市场流通存在的主要问题

在调查中，医药生产企业、经销商和医院对运用了电子信息技术的集中招标采购，分别提出一些问题，归纳如下：

- 不能很好的解决招标方对单一药品的需求；
- 国家对药品的定价不合理；
- 惩罚不力，投标方对中标药品的履约差，尤其对以低价中标的药品履约率更低。惩罚方法是：不履约的企业下次不许投标，但未指明是禁止药商还是药的品牌再次投标。而且即使是禁止违约药商投标，他还可以在下次重新注册公司来投标。缺乏有力的惩罚办法。

- 招标不应是解决集中采购的唯一方式，而电子商务模式的公开采购是未来的发展趋势；
- 集中招投标采购的政策不完善（例如，评标中的价格分值过高，容易导致优汰劣胜；规定第二次投标的价格不能超过第一次的投标价格；以GMP认证作为唯一进入投标的门槛，不考虑具体药品成本和质量等）；
- 回款问题：一般的回款率较低，大致来说药品生产企业回款快，药品经营企业回款慢，医院经常拖欠帐款，药品生产企业就向药品经营企业催款，所以药品经营企业的日子最难过；
- 很多药品生产企业、医院信息化水平很低，投标不够方便。例如，医院和企业有些还要拨号上网，无法直接通过网上进行投标，只能通过药商来进行投标等。
- 地方保护主义较严重，外地的药厂和药商很难进入。

药品集中招标采购作为中国市场化过程中的一项政策手段，它本身就有着历史的局限性，同时由于实践操作过程中的非完备性，不可避免的会出现这样那样的问题。如果从中国药品市场乃至整个医药卫生市场的健康发展的观点出发，我们必须正视这些问题的存在，只有这样，药品集中招标采购才能在规范的操作中实现它应有的市场目标。药品集中招标采购包括一系列技术操作性很强的工作，中国特色非常明显，在世界药品市场发展的历史上既可能空前，也可能绝后。

由于没有太多的实践经验可以借鉴，所以在药品集中招标采购工作开展的初期，给生产企业和经营企业造成了诸如工作量大、程序复杂、评标标准不太科学等技术问题，也存在着诸如某些地方中介收费过高、医疗机构借机向企业收取赞助费等人为的腐败问题。这些问题的发生确实是对药品市场的健康发展很不利。国家的一些职能监管部门正在不断的寻找解决问题的办法。2002年以来，国家计委制定了中介机构的收费标准，监察部门加大了对招标全过程的监督，特别是运用电子商务手段解决招标采购中的技术操作和监管问题已取得重大突破，药品集中招标采购的工作流程正在电子商务的运作中得以大大简化。

随着在药品集中招标采购实践基础上的不断完善，药品采购的形式正向议价采购、寻价采购等全天候的电子采购的方向扩展。电子采购的全面展开又使得药品生产中的物流、配送、信息、信用、支付更加紧密的联系在一起了，因此，药品和卫生资源的更进一步优化配置的要求又提到了人们面前。

在冷静的分析招标采购过程中的诸多问题的同时，一些在招标采购中利益受到冲击的当事者的思路和采取的方法并不是全部可取的。有些人把一大堆不同时期的问题罗列在一起，对今天的药品流通领域的改革发难，就像我们还拿改革开放初期出现的问题来指责今天的改革一样不可取。邓小平说的好，发展中的问题一定要在发展中进行解决，这才是解决问题的根本办法。

中国的市场化是经济生活中的全面的市场化，在经济市场化过程中，药品流通领域和医药卫生领域中的市场化明显的是相对滞后了。国家在长期的探索中，终于通过药品集中招标采购寻找到了一扇把握整个医药卫生体制改革的窗子。实践中，药品集中招标采购也已经起到了巨大的作用，因此，各方面应该积极的参加到这场改革中去，为不断提高自己在未来市场中的竞争优势而努力。

（二）原因

通过总结和理性反思，可以发现出现以上情况的根本原因在于以下几点：

1. 对政策目标的贯彻和宣传出现偏差　集中招标采购的政策目标，被片面宣传为“纠风”和“降价”，扭曲了集中招标采购活动的商业本质。从本质来看，集中招标采购是一种商业活动，是能够价值增值的，关键在于尊重经济规律，通过采购制度和采购方式的变革实现医疗机构的利益增值。

	经济效益目标	公共政策目标
主要目标	降低采购成本，提高采购效率，保证产品质量	降低虚高价格，纠正不正之风维护社会公正
重要程度	首要目标，是集中采购的根本任务	从属目标，是集中采购的次要任务
实施策略	调整市场主体之间的经济利益关系，导入代表先进生产力发展方向的先进流通方式，提高效率，降低成本，实现医药卫生行业和广大消费者的共赢	对采购活动进行行政干预，克服市场弊端，维护社会公正 强调公共政策目标，不能违反经济规律，从属的目标去取代根本的、首要的目标

- 成功进行集中招标采购的关键在于市场主体的利益增值，在于合理均衡市场主体之间、市场主体和消费者之间的利益关系
- 片面强调降价、纠风等公共政策目标，用次要目标取代首要目标，医疗机构必须参加集中招标采购，但同时必须丧失经济利益，造成连锁式的市场主体利益丧失

2. 实现方式存在严重缺陷　实现方式的缺陷主要是由于部分省、市的集中招标采购缺乏电子交易平台，采用手工方式进行，每次招标需要投标人提供大量纸质文件，进行复杂的文件处理工作；招投标工作不够规范所致。

- 大量的手工操作和基于局域网的项目运作，将企业变成了“印刷厂”，将医院变成了“招标办”。降低了流通效率，加重了企业负担；
- 基于纸质证明文件的资格审核、评审和比较，造成企业负担过重；
- 招标人无法确定采购数量，合同形同虚设，企业的利益无法保障；
- 招标人难以合理设定标底，评标专家无法认定投标报价是否合理；
- 集中议价不能公开供应商报价，形成集中议价采购品种的充分竞争；使价格谈判成为成交撮合的唯一方式；
- 投标人对集中招标采购项目无法有序应对，大量丧失商业机会，造成配送困难；
- 行政主管部门无法对招标人合同履行情况进行有效监管。

存在的问题说明，集中招标采购必须采用现代信息网络技术，没有规范的药品电子交易系统的广泛推广应用，就没有规范的药品集中招标采购活动。

（三）解决问题的基本思路

1. 明确政策目标

- 政策定位：改革医疗机构采购制度，建立同市场经济体制相适应的采购制度，逐步同国际惯例接轨。一方面要进一步强调医院作为招标主体的地位，坚决实行政医分开；另一方面，要赋予投标企业在招投标中的真正主体地位，使得医院和企业作为同等主体参与招投标。保护企业的正当的权利和利益。
- 首要任务：强化采购管理，推动技术进步，建立公开、公平、公正的交易环境和专业化、社会化、信息化的运行机制，确保药品质量，降低采购成本，提高工作效率，满足临床用药需求。
- 次要任务：遏制药品购销活动不正之风，降低药品虚高价格，减轻患者的医药费用负担。

2. 改变实现方式

- 集中招标采购的政策目标，要求集中招标采购采用有利于降低成本、提高效率的实现方式。
- 集中招标采购的现行政策规定了医疗机构药品采购的组织形式和采购方式，手工操作和招标代理机构提供的成交撮合系统不可能成为这一政策的有效实现方式。
- 推动集中招标采购必须积极利用现代信息网络技术。集中招标采购的现行政策已经为电子交易服务商提供了良好的政策环境，是推动电子交易的强大动力。

此外，还应该深入进行医药流通体制的全面配套改革，建立起信用体系，强化政府部门的监督机制等，使集中招标采购这种新兴的网络条件下产生的商务模式，朝着符合规律的方向——医药电子商务方向全面转化和发展。

医药流通领域信息不对称分析

由于医药是一种特殊的商品，既遵循了普通商品发展的一般规律，又具有一般商品所不具有的特殊性。这主要表现在药品使用的自然垄断性和药品流通过程中的信息不对称。

一、企业销售领域的信息不完全、不对称

当生产商把产品销售到医院时，医师比厂商更清楚医院的床位、患者类型、患者的经济背景，从而更清楚产品在本科室或本医院的销售概率。

没有建立药品价格下降机制的前提下，假若实行药品的销售垄断政策，势必会导致药价的居高不下，这种市场均衡将会呈现出一种垄断式的市场竞争。在此情形下，药品厂商便选择虚高定价，把虚高这一部分用于药品销售的费用上。

信息不对称时，企业面临着医师的用药与不用药或改变其用药习惯等的困扰，改变这一状况需要投入一定的成本。在正常情况下企业采取的策略一般是：第一，做大量的广告；第二，改变医师的用药习惯。我们假设医师有良好的作风，没有回扣和人员的促销，那么改变医师的用药习惯应该是以学术交流的形式推动的，则药品会出现两种情况，即疗效不佳的退出市场（甚至不能进入市场），疗效确切的留在市场，最后的结果是低水平的药品退出市场。这显然与某些企业的短期目标是不相符的，于是急功近利和短期行为的部分企业选择了回扣这一销售策略。

假劣药能充斥市场的最根本原因是患者和医师在药品使用上的信息不对称。由于药品的使用权主要在医师，于是乎企业销售工作的关键点必然是医师这一环节。

另外，有很多人加入药品销售队伍，也有药品销售人员频繁地跳槽，更有很多销售员选择投机的行为，导致药品销售领域出现混乱的状况。规范和健全药品销售领域的制度，对于企业来说，需要提高销售队伍的素质。

而对于政府，需要对不正当的销售手段增加监督管理力度，同时加强包

括医院临床药学、知识产权保护、社会保障制度、社会监督体制、执业药师认证制度等相关制度的建设。

二、医药使用过程的信息不对称

在药品使用行为模式中，患者（或其家属）在选择药品时面临着医疗诊断信息和药品使用信息的双重信息不对称，因为药品的使用权几乎集中在医师这一方面，这就是药品使用过程信息不对称不同于一般商品的信息不对称所具有的特殊方面。

在企业和患者的关系方面，存在的问题是具有信息的一方如何向缺乏信息的一方传递信息。药品信息的传递有企业的一方（做广告、宣传）和国家的公共部门对于 OTC 市场和其他药品的信息传递问题，但有时这一过程也存在着信息噪声和不完全的情况。

对于药品使用信息，患者可通过政府的公共信息、厂商信息的发布和投入自己的搜寻成本来获得；而医疗诊断信息，由于专业的分工和医学知识所具有的特殊性，我们可以称之为是私人信息（或私有信息）。

以上是我们对医患关系中存在的双重不对称信息所进行的分析。由此可见，患者要获得自己的私用药品，他首先要占有药品使用的公共信息，同时需要获得私有信息（诊断信息），对自己所使用的药品进行选择。如果药品使用的公共信息在发布和传播中出现噪声（混乱），即使在获得私有信息（正确诊断信息）之后，也是会给患者（或医师）正确使用药品增加困难的。

在医师和患者的关系中，由于医学属于一门经验学科，同时药学属于边缘学科，医师拥有的医学知识和药学知识均高于患者一方；在药品的使用上，医师在其医疗诊断的前提下所拥有的药品使用权也均高于药师、护士、患者等人员，这在一定的程度上客观地造成了药品的使用垄断性。

总的说来，行为人（患者）面临着三种信息约束：① 成本约束。信息具有经济成本，过度的搜寻会使信息成本激增，可能得不偿失。② 时滞约束。信息的时滞往往难以预见和避免。③ 有限理性。人类的智能和意识在吸收信号方面永远受到限制。由于信息的不对称，具备信息的一方会采取某种行动以克服信息不对称带来的困惑，企业一般采取广告宣传的形式作为一种传递信息的工具，但这种信息的方法是有成本的，而大量广告费用需要虚高定价来弥补。

缺乏信息的一方进行信息的搜寻，是需要搜寻成本的。药品不同于一般的商品，医师在用药方面拥有的药品信息远大于患者，而药品使用的全部风险全部由患者来承担。企业、医院追求利润，而患者追求效用，我们期待有一种制度能维持这种平衡，这需要我们进行药品流通领域的制度创新。

三、进行制度创新，缩小医药流通领域的信息不完全和不对称现象

药品流通领域信息不对称的存在，使政府有必要对药品市场交易进行管制；但是不对称信息造成的市场均衡的无效性本身，并不能为政府干预提供充分的理由。市场信息的主要来源是价格系统，价格可以是产品质量的重要信号和重要决定因素。市场中的其他信息传递方式还包括广告、附加于价格的合同条款以及信誉等。政府部门需要处理三方面的信息不对称：使用领域的信息不对称，销售领域的信息不对称，政务监督信息的公开。

通过对药品销售领域和使用过程的分析，我们知道：企业是以一种药品使用信息的传播方式进行药品销售的，患者是信息的接收者，需要进行信息搜寻的活动，活动效果的大小依赖于企业信息发布的途径、手段等，而政府是一个监控信息发布、传播、利用的调控部门。我们旨在对厂商药品使用信息的发布进行监督，对于患者使用药品信息的渠道进行扩展，逐步建立对医院的补偿机制。

要医院（医师群体的代表）讲信誉，首先要在医疗机构这一环节引入竞争。要让医师讲信誉，还必须提高医师的收入水平。根据现代激励理论，一个人手中的权力越大，对他的监督越困难，他的工资就应该越高。在利益均衡上，中国有一个非常独到的方法就是实行利益补偿。

在药品销售领域，一个重要的问题就是如何阻止销售人员的机会主义行为的发生。对于这一方面，政府要建立行业人员的准入制度，规范和建立各种药品流通领域的法律法规；而对于企业一方需要建立一种委托——代理的合同关系，对销售人员进行信息甄别。

政府管理在于建立一个高效率的信息传递系统，这对信誉机制的建立具有至关重要的意义，同时对于减少搜寻成本也是必要的环节。在信息不完全的约束条件下，我们要进行制度创新，新制度的一个基本功能就是能够更加有效地传播信息，或者说能够更好地整合分散的信息。

我国推行医药电子商务的必要性分析

我国药品电子交易系统的开发从 1996 年起步，经过多年的探索，已经初步形成了具有中国特色的电子交易商业模式和技术系统，系统的设计和开发已经初步达到国际先进水平，完全可以有效地支持各种形式的药品、医用耗材集中采购活动。集中招标采购为电子交易提供了巨大的市场需求，促进了独立第三方药品电子交易的发展。

医药电子商务的流程

如第一章指出，所谓的医药电子商务就是利用现代化的信息技术手段来实现的药品交易活动。

在药品的购销过程中，除物流和资金流外，信息流是关键的一环。为实现医药体制改革所要求的公平、公开、公正和诚信的原则，同时也为实现市场分散决策和社会集中决策的有效结合，交易过程的参与者必须具备完善的信息和处理能力。传统交易过程中的信息传递、反馈和处理以及运用手段难以满足这一要求。随着信息网络技术的蓬勃发展，把电子商务引入医药行业后，由于网络信息传递的公开性和及时性、迅速反馈与互动沟通等特点的存在，依靠现代信息网络技术，将形成一个虚拟的药品市场平台，这个平台将成为医药行业的交易中心和信息中心。这样一来，各种市场信息将变得十分透明和公开，信息流也会变得非常清晰和重要，从而保证了药品流通过程中的公开、公正、公平和诚实信用的原则。这种新的药品流通模式主要通过信息流来带动物流和资金流，所以将从根本上改变传统的药品流通模式。

图 2-3 可以清楚地看出在电子商务条件下医药市场流通的大致流程。

从应用角度划分，系统可分为中心数据管理、地方数据管理、成交撮合、交易结算、交易监控等五大系统。按用户划分，可分为买方、卖方、政府、中介经办机构、地方数据中心和全国数据中心六大用户体系。其目标是在行业信息数字化的基础上，逐步建立一个全面覆盖我国医药卫生行业的电子交易市场，交易方式以 B2B 为主。

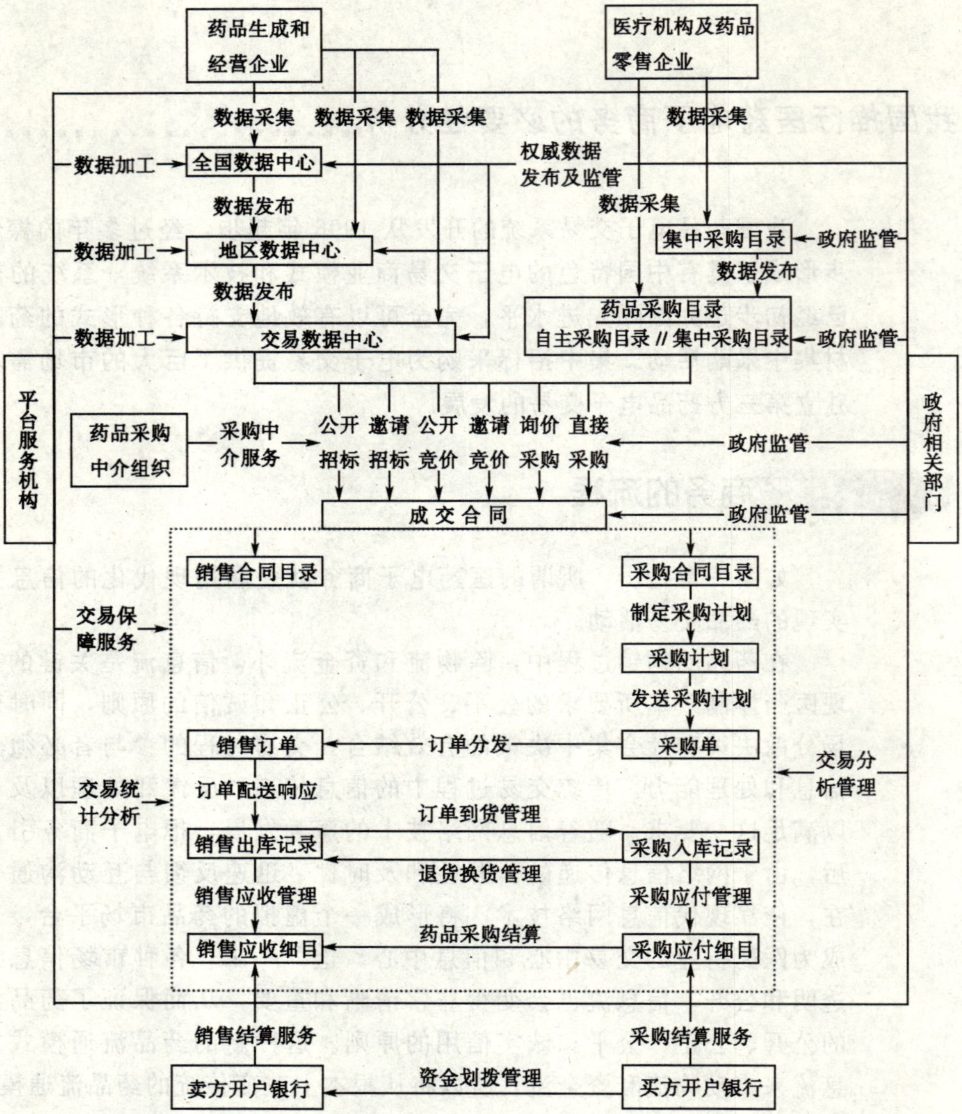

图 2-3 电子商务条件下医药市场流通示意图

可见，在新的药品流通模式中，药品电子商务平台将成为医药流通价值链中的核心环节，履行着市场中心和信息中心的双重职能。

医药电子商务促进交易及相关各方的变革

一、对中国药品监管部门的变革

行政主管部门：决策依据更加科学、准确，监督管理更加及时、有效

- 按照医药行业“十五”规划，建立药品流通体系，全面推进医药行业信息化；
- 有效地进行企业和药品的市场准入，遏制假劣药品和非法经营活动；
- 全面掌握药品价格信息，对药品价格进行有效调控；
- 推动医疗机构药品采购职能的专业化、社会化、信息化，有效实施药品收支两条线管理；
- 对药品流通过程进行在线监管，行政执法效率提高，成本减低；
- 利用高效信息手段，全面、及时、准确地获取药品购销活动相关各项统计数据。

二、对中国药品生产企业的变革

药品生产企业：利用现代信息网络技术进行产业结构调整、建立符合 WTO 规则的药品流通体系，推动我国医药商业制度的创新

- 基于会员制的运作方式，明确了交易主体的法律责任，有利于维护企业的合法权益；
- 统一的电子交易平台，在全国范围内实现信息资源共享，逐步取消纸质证明文件和实物样品，极大地减轻企业负担；
- 多种交易方式和全行业的市场覆盖，提供了全新的销售渠道和广阔的市场空间；
- 公开、公平、公正的交易环境，规范有序的市场秩序，代理经销关系实现在线管理，帮助企业净化市场渠道，规范营销行为；

- “零门槛”上网销售药品，利用电子商务系统提高了企业信息化程度，大幅度降低企业信息化成本；
- 周到细致、方便快捷的网上交易专业化服务，使交易效率提高，成本降低；
- 及时、准确地市场信息反馈，业务情况一目了然。

（一）药品电子商务是医药企业发展的必由之路

医药电子商务为医药行业铺开未来之路，许多人显然已经看到了光明的前景。在互联网和医药业都走在世界前列的美国，1998 年医药电子商务 B2C 的规模已经达到 1700 亿美元。

美国 Forrester Research 的一份报告表明，美国医药行业 B2B 贸易额将保持 500％的年增长速度。有关预测显示，我国医药 B2B 交易额近 3 年内年增长率约 300％，到 2003 年网上交易额约为年交易总额的 10％。

无论是从商业分析报告还是从市场现状来看，医药行业电子商务已经走到了一个急需骐骥一跃的路口，在社会大环境已经进入电子商务的气氛中，医药界已无法抵挡电子商务的魅力。尽管仍有少数医药企业认为电子商务对于自己还不现实，不实用，但更多医药企业已经开始意识到电子商务是保持竞争力的一个重要手段。对于拥有大量顾客的企业，比如医药零售业、制造业、卫生系统等，电子商务技术正逐渐成为业务经营中至关重要的部分。传统的商业结构适合大规模化市场，而当前市场正在向多元化、个性化发展，企业面临竞争和效益下降的压力，说明传统的经营方式正面临挑战。传统经营中建立的内部工作流程需要大量成本，而新的公司采用电子商务模式，不受传统方式的约束，无须过多成本和人员的开销，从而能以低成本提供更快更好的服务。电子商务对医药企业的魅力至少表现在：

- 电子商务开创了一个全新的虚拟的市场，这本身就意味着一个巨大的商机；
- 电子商务缩短了新药品进入市场的时间；
- 电子商务可以对用户作个性化的特殊病症指导和药品的行销活动；

- 电子商务能够可以缩小营销空间，加强群体合作，提高企业效率；
- 电子商务能改进经营，迅速回应消费者的需求；
- 电子商务能促使资源重新分配、整合，降低成本。

（二）药品电子商务是药品生产企业生存与发展的客观需要

1. 适应客观环境变化的需要　近年来，药品生产企业面临的经营环境已发生了根本性的变化，我国加入 WTO 以后，从药品供给上，将随着资本与技术的扩散，造成全球性的生产过剩，我国会成为发达国家医药企业争夺的主要目标市场。从需求上讲，消费者的需求越来越趋向个性化、多样化，而且变化越来越快。目前我国医药企业的经营越来越不容易；竞争对手越来越多，竞争愈来愈激烈；产品的生命周期越来越短，创新的要求愈来愈多，品质的要求越来越高，成本的压力愈来愈大，对市场反馈的时间也越来越紧迫。

客观经济环境的变化要求药品生产企业适时跟踪市场行情，预见客户需求的变化，迅速对客户要求做出反应，并以批量生产的价格，为客户提供订制化的产品，而电子商务，则为企业实现这一目标提供了一种低成本的技术手段。

2. 药品生产企业生存和迅速发展的需要　电子商务将彻底改变传统的商务活动方式，开展电子商务，绝不是一时的时髦，而是医药企业生存发展的需要。医药企业开展电子商务的迫切性至少有以下几点：

首先，电子商务将大幅度地降低药品生产企业经营成本，传统上单靠劳动力成本优势参加竞争的企业，如不开展电子商务，将不再有价格优势可言。

其次，在买方市场条件下，市场交易的决定权已逐渐转移至买方，与客户建立密切、良好的合作关系，已成为企业制胜的关键，而电子商务则是客户服务的最佳手段。

再次，未来几年内，大量企业、机关、家庭都将上网，企业与客户、供应商、消费者及政府的联系将主要通过互联网进行，药品生产企业如果不开展电子商务，就将成为信息社会中的“信息孤岛”，被排除在主流经济圈之外，最后“无商可务”。

如果说在生产高级轿车的技术上我国要比发达国家落后 10 年的话，那么，在电子商务技术上我国与发达国家的差距不到一年。电子商务将为我国企业的迅速发展提供空前的机遇。一方面，电子商务将促使信息与技术在国际间快速传播，至少在获取信息的能力上，我国企业将缩小与发达国家同行的距离，另一方面，以网络技术为代表的“新经济”的发展，代表着发达国家又一次产业升级，这将为我国带来巨大的市场空间。而电子商务，则可以成为我国企业进入这一市场的利器。

（三）药品电子商务是促进医药生产企业科技与管理创新的需要

《医疗机构药品集中招标采购试点工作若干规定》的出台，意味着医药行业的微利时代已经来临。对于药品生产企业而言，这无疑是一种严峻的考验。目前对于药品生产企业来说，重要的是必须要挺直腰杆，迎接挑战。

首先，必须转变观念。医疗机构的药品采购实行招标的方式，能够有效地遏制高定价、大回扣，增加医疗机构药品采购的透明度，使患者得到更多的实惠。客观地讲，它首先是以牺牲医疗机构的既得利益为代价来顺应整个社会对医药卫生体制改革的要求，有助于促使医疗机构尽快地融入社会主义市场经济体制，合民心、顺民意。从发展的角度看，它也符合客观经济规律，具有现实的可操作性，并且符合医药行业、医疗机构的集团化、规模化经营的趋势。就此而言，它也是我国医疗卫生体制改革过程中必然要经历的一个历史阶段。但是，这一措施毕竟深刻地震撼了现有的医药生产流通秩序，并且对医药行业资源再配置起到了催化剂的作用。因此，医药生产企业对此一时感到困惑和难以适应也是可以理解的。不过，企业始终是要在市场竞争中求生存、求发展的，我们与其消极应付，不如换一种思路，以积极的姿态参与到医药行业资源的再配置中，以科技创新、管理创新、营销手段的创新，变被动应付为主动适应，变挑战为机遇，这或许是一种更为理智的抉择。

第二，加速科技创新，树品牌，树特色。医药生产企业参与医疗机构的药品招标活动，如果缺少具有良好市场前景、高精尖的独家产品，那么低价竞销就会成为医药企业参与竞标的唯一手段，结果必然是得势不得利。要扭转这种不利的局面，首先应当从生产环节做起，加大科技创新的力度，以市场为导向，以科技创新为核心，提高产品更新换代的速度，逐步由以价格求发展过渡到以科技求发展的阶段。同时，大力塑造企业品牌，结合企业生产经营上的优势和特点，通过各种形式的宣传和服务手段，提高其品牌的社会认同度，创造良好的舆论氛围，以产品推品牌，以品牌促产品，确立企业生产经营上的特色优势。这样，就能够在一定程度上遏制医疗机构在药品招标中的强势地位，并且也有助于促进医药企业实现自身的良性循环。

第三，向管理要效益。药品招标采购将使医药行业的竞争更加激烈。因此，向管理要效益，创新管理手段、创新管理方法是医药企业必须要认真对待的严肃课题。否则，企业所进行的一切新产品开发和争取总经销、总代理等努力将没有任何意义。实际上，在市场经济中，主动放弃管理的企业，也就等于是主动走向死亡。管理是现代企业的生命。

三、对我国医院的变革

医疗机构：采用同国际惯例接轨的采购方式，建立同市场经济体制客观要求相适应的采购管理制度，实现采购职能的专业化、社会化、信息化，使药品采购活动变得更快、更好、更省、更健康。

- 极大丰富的市场信息和行业动态，在药品采购时可以非常方便的实现“货比三家”，使药品采购活动成为阳光工程；
- 高效、合理的多种采购方式，可以选择集中，也可以选择分散；可以选择招标，也可以选择竞价、询价，轻松自如地完成药品采购活动；
- 使药品质量更加可靠，价格更加优惠，服务更加周到，更加充分满足临床用药需要和不同患者的消费需求。
- 使药品采购的程序简化，效率提高，成本降低，实现“统一、规范、简化、高效”，把集中招标采购变成医疗机构可以自主进行的日常工作；
- “零门槛”实现药品采购活动的“人机对话”，提高医疗机构药品采购管理的专业化、社会化、信息化水平。

医药电子商务的推广应用，将促进医院药品采购管理实现 3 个转变：一是由分散到集中的转变。药品采购由各个医疗机构的个体行为转变为许多医疗机构集体行为，由分散决策转变为集中决策，信息传递由分散进行转变为网上的集中发布，市场状况由多品牌、小批量转变为少品牌、大批量；二是由一体化到专业化的转变。药品的采购、销售和配送将分别实现专业化管理，医院的药品采购管理职能将被剥离出来逐步实现社会化，由现有药品批发企业转化而来的配送企业和即将出现的第三方物流系统，将实现药品物流系统管理的专业化；三是由“人对人”到“人机对话”的转变，彻底改变了药品交易方式。采用电子药房、实行在线交易的医院，药品的使用、库存和收支等，全部可以通过计算机网络实现。这样，药品购销在决策方式、技术手段和管理思想上将发生重大转变，在药品流通领域引发一场重新分配权利和利益的革命。

四、对我国医药商业机构的变革

药品商业机构：进入全面开放的集中招标采购数据中心和网络平台，享有和海虹所属的中介经办机构系统同等的权利和义务，只要有客户，就能提供让客户满意的互联网药品交易服务。

- 轻松跨越技术障碍，实现中介服务电子化操作，只要找到了客户，就赚到了钱；
- 方便利用强大的系统工具和完整准确的中央数据库，轻松提高客户满意度；
- 强大的数据处理和数据分析能力，获取中介服务附加价值；
- 实时跟踪项目进展和服务过程，及时预防和处理问题，提高客户服务水平；
- 规范的业务流程，高度个性化的客户服务系统，充分满足客户的需要。

由于电子商务技术的日趋成熟，药品商业机构的角色开始逐渐变为电子代理商。目前国内药品招标采购已经广泛采用将现代药品流通方式与网络信息技术相融合的方式。中介机构的一套完整的系统一般是由包括药品信息采集与规范化、会员信息采集与管理、网上集中招投标、专家委员会网上评标议价、网上药品交易、配送与结算、实时交易监控与汇总分析等多项功能。事实上，就中介的服务平台来说在技术上并无太大差距，关键在于集中招标采购药品降价后产生利益的分成操作细节上。

根据国外推广应用电子商务的经验，网上交易成本约相当于传统商业流通交易成本的1/10。过去沉淀在流通环节的大量费用将转化为对消费者的让利和药品购销双方的利润。集中招标采购操作的难度也恰恰就集中体现于这种利益在分配中如何兼顾医、患、企三方的利益。

承担集中招标采购电子化的技术中介机构，应该也同样是一家管理顾问咨询中介机构，既要熟悉国内相关的法律法规，了解医药流通市场，同时还要具备协调医疗机构、生产企业、经营企业各方利益的能力。

中介的这种能力决定了集中招标采购能否成功运作。比如，如果药品的价格过低，貌似采购额降低，实际上该标很可能成为“死标”。因为报价水分榨干后，医疗机构丧失了回扣的利润空间，中标后却没有采购行为，使该标成为“死标”，“死标”现象是前期各试点省推行药品集中招标采购都遇到的问题，因此，在医院采购招标时，需要中介对该行业十分熟悉，在招标前，做好一切准备工作，按药品品种分类招标，并封闭招标品种，避免出现不同剂型、规格的漏招。同时还需要加强招标过程中的法律性，在招标和约中明确规定，一旦中标，招标方必须购买中标品牌。

医药商业机构的变革主要表现在如下方面：

1. 商业企业的规模越来越大　降低成本、提高效益是企业发展的目标。按照经济学原理，企业经营成本的高低与经营规模有一定关系。在固定费用一定的条件下，所经营的商品越多，平均每个商品所负担的费用越少。商业企业的仓库储存量、汽车的运输存在这个问题。还有企业管理层次、管理岗位的设置等都有降低成本问题。只有实现规模经营，才会带来规模效益。目前企业数量多、规模小、费用高、效益低的局面将在市场竞争和优胜劣汰过程中，通过联合、兼并、关闭、破产，逐步形成以区域核心批发企业为物流配送中心的医药商品流通主渠道。这是医药流通领域企业发展的基本趋势。物流合理化将作为第三利润的源泉，得到进一步开发。

国家经贸委《深化医药流通体制改革的指导意见》中提出要建立 5～10 家销售额 50 亿元、40 家销售额 20 亿元的大企业集团。使这些企业的销售额占到全国医药市场的 7%左右。目前，国内外的医药企业联合、兼并方兴未艾。

2. 批发商的服务、配送手段现代化　国务院《关于城镇医药卫生体制改革指导意见的通知》明确提出：在药品购销活动中，要积极利用现代电子信息网络技术，提高效率，降低药品流通费用。过去，我们成立全国电子计算机应用领导小组，以推进企业管理手段现代化工作。现在，到了网络经济时代，电子商务代表了未来商业贸易的方向，各个企业一定要作好准备。在企业购销活动中，首先要实现 EDI，逐步实现从订单到配货、装货全部电子化。

3. 批发商服务质量、服务水平将显著提高　为客户提供全面、全方位的服务将成为批发商提高竞争力的有效手段。从技术角度看，不仅自身实现电子化，而且帮助医药房开发药品计算机管理系统，帮助开发电子订货系统，帮助药房人员培训计算机使用方法等。从送货角度看，普通药品能够保证一天发单，第二天送到或第二天早晨送到。急救药品，随时送货。从货源满足率看，应保证在90%以上。国家医疗保险药品目录的品种满足率必须达到100%。

4. 批发商的数量将越来越少　据国家药监局市场司提供的情况：按照换证标准，有26.8%的企业因达不到要求没有换证，即通过换证已有5000余家企业被淘汰出局。目前全国药品批发法人企业6000余家，非法人企业6300余家，零售企业近1.6万家。

随着市场的开放，医药企业间的竞争将日趋激烈。经过竞争、兼并、重组、联合，这12 000余家企业有些还会成为大批发企业配送中心，专司配送，国家也会通过GSP认证等相应措施继续进行宏观调控。以齐全的品种、全面的服务为特征的药品批发商的数量仍呈递减态势。

5. 批发企业将与生产企业、医院、药店结成紧密的战略伙伴关系　流通决定生产。订单就是衣食父母。要把用户及潜在用户抓到手，渠道、网络、信息决定着企业的生存和发展。作为生产某一类商品或几个品种的生产企业将愿意利用商业批发企业强大的销售网络和物流配送能力，把商品交给批发商进行销售代理或物流代理。因厂家建销售网络是得不偿失。工厂建办事处有时会劳民伤财，人员过多，应收货款居高不下，而再建一个销售公司，实际上还是批发企业，所以生产企业将与大批发商结成合作联盟。医院、药店等社会集团将与大的批发商建成紧密的合作伙伴。因为医院、药店本身不具备与工厂直接联系的条件：一是一次性进货品种少，需与多个厂家发生联系，增加工作量；二是经营品种多；三是没有检测手段。最佳进货渠道只能是具有配送能力的批发商；批发商将以优良的服务、可靠的商品质量赢得厂家的厚爱和客户的信赖。

同时由于市场竞争激烈，企业两极分化、优胜劣汰的进程会大大加快，生产要素和市场份额会加速向优势企业及名牌产品集中，企业面临管理革命，企业家将更加注重企业形象的塑造和企业文化的培育。

五、对我国医药流通体制的变革

就我国医药行业本身而言，企业多、规模小、布局散、市场乱等一直是医药行业的顽症。美国前10家的医药企业包揽了90%以上的市场份额，而上世纪末，国内医药行业每年约2000亿元的交易额，却要养活6300多家医药生产企业和16 000多家医药销售企业。仅就我国医药销售企业而言，其平均毛利率是12.69%，费用率12.59%，纯利润率只有0.63%。美国批发企业70家，前10名的销售额已经占到全美国的96%，平均毛利率是4.5%，但费用率只有

2.9%，纯利润率 1.55%。因此，从医药行业自身发展的需要来看，医药流通体制改革已成为医药行业健康发展的必然。加入 WTO 后，中国医药市场便逐渐成为国际市场的一部分，中国企业国内市场上也同样面临着国际竞争的压力。这些来自外部的压力，也是我国进行医药流通体制改革的强大的推动力。加入 WTO 后，根据中国政府的承诺，2003 年 1 月 1 日后，要放开药品分销服务体系。这意味着，外国医药企业可以在中国从事采购、仓储、运输、配送、批发、零售及售后服务等一系列的经营活动。按照目前国内的经营水平，如果要跟国外具有很强经济实力的成熟营销理念的公司竞争，国内医药商业企业明显处于下风。基于上述考虑，医药企业进行行业联盟和市场联横是建立竞争优势的有效途径，而医药电子商务的开展，恰恰能应用互联网合作的精神和标准化的特点，从技术层面上保障了行业联盟和市场有效途径。

就消费者而言，他们对药品价格虚高、假劣药品横行深恶痛绝。药品价格虚高，一方面是由于流通环节过多过滥造成，另一方面，则是由于一些不法分子利用现行制度上的缺陷，吃拿回扣现象严重。假劣药品则是一些不义之徒利用流通领域的黑洞，泛滥到市场上。医药电子商务恰恰可以大大缩短产业供应链，提高经营效率，有效地降低流通成本。同时网络交易公开透明，使回扣现象很难得逞。这从技术角度上，堵住了当前医药行业中存在最大的黑洞。医药电子商务平台可以随时随地从药品出厂到药品销售进行全程跟踪和监控，这使假冒伪劣药品在流通中无处藏身。

医药流通体制改革是保障医药行业持续、健康、快速发展的当务之急，医药企业要把握这一时机，顺应医药流通体制改革的方向，适时有效地开展医药电子商务，以提高经营效率、降低经营成本，加大企业改制的力度，采用先进的经营方式，提高企业竞争力。

由医药流通电子商务对我国医疗机构、医药生产企业、医药经营企业改革和加强医药的监管均产生积极的影响可以看出，建立一个覆盖全行业的医药虚拟医药市场，既是发展趋势，也是我国医药行业发展的客观需求。通过虚拟医药市场，药品流通中的买方和卖方平等地面对一个公平、透明的市场渠道，而在这个渠道中进行的所有的药品购销行为，都会通过现代化的信息手段保存下来，并经过相应的信息处理后成为各级医药行政部门监督执法的依据。这样一种市场渠道以及相应交易模式的形成，不仅可以提高药品流通的效率，降低药品流通的成本，同时对于规范我国药品生产、流通、销售中的竞争行为有着十分重要的意义。因此在我国推行医药电子商务是十分必要的。

第 3 章

我国实现医药电子商务的可行性

我国医药电子商务发展的环境和优势分析

海虹模式——医药电子交易场的雏形

从博弈论的观点分析独立第三方的作用

医药电子商务在中国的可行性

前总理朱镕基曾经坦言：各行各业如何发挥后发优势，如何在基础建设方面超前于西方发达国家，其中网络建设和电子商务的运用将是主要途径。电子商务的逐渐广泛运用，将使得各个企业降低交易管理方面的成本，大幅度缩减物流体系的成本，增加资金流运作的有效性和速度。

本章将通过分析我国发展医药电子商务的有利环境和优势，证明在我国开展医药流通电子商务的条件日趋成熟；进而从实际应用方面介绍了独立第三方电子交易场的雏形——海虹电子交易系统的实例；从理论上用博弈论模型说明独立第三方电子商务系统在降低电子交易双方信息不对称性、保证交易双方信用、抑制不正之风、降低交易风险中的作用；并在此基础上，论证医药流通电子商务在我国的可行性。最后，提出在推动电子商务健康发展的政策建议。

我国医药电子商务发展的环境和优势分析

随着信息时代的到来，Internet 正在极大地改变着人们的生活。现代信息网络技术的发展使电子商务作为一种全新的商业形态迅速出现，并逐渐走向成熟。电子商务是基于互联网的行业数字化商务平台，是买方和卖方进行信息互动，利用动态价格达成交易的数字化商业场所。它不仅为商业活动提供了便捷、高效的交易手段，而且以其全新的数字化表现形式，为规范和整顿市场秩序创造了条件。电子商务代表了商业行为在信息时代的理想化架构，在全行业商务运作数字化的基础上，通过网络手段实现信息准确高效的沟通和共享，可以全方位地优化传统业务流程，使交易效率提高，成本降低，逐步实现商务运作的专业化、信息化和合理化。

医药电子商务的政策背景

医药分为处方药和非处方药，处方药是需经医生处方和指导方可合法获得并使用的医药。非处方药是不需经医生处方和指导即可合法获得并使用的医药，它一般用于减轻某些轻微症状或治疗某些轻微疾病。

发达国家对处方药和非处方药实行分类管理，我国医药分类管理办法刚刚开始实施，而处方药在因特网上无法实现有效管理，消费者自身识别困难，消费者的健康和安全存在着极大隐患，这是我国网上售药特有的困难。

另外，目前国内的医药流通秩序还比较混乱，制售假劣医药的现象时有发生，网上售药极易被不法分子用来进行无证经营。正是基于以上原因，2000年初，国家药品监督管理局发布的《处方药与非处方药流通管理暂行规定》作出明确规定，暂时不允许任何生产或经营单位在因特网上进行医药交易。这是国内第一个以明确的法规形式禁止电子商务的文件。

但是国家另一主管部门国家经贸委医药司在2000年3月表示，医药电子商务作为新技术革命的一个部分，应当允许探索、试点，进而推广，这是适应医药体制改革的需要，也是我国即将加入世贸组织的需要。如果不试点，不实践，任何人都无法制订有针对性的管理办法。

国家经贸委在2000年1月召开了全国医药工作会议，会上确定了中外合资医药零售连锁店和医药电子商务试点，作为2000年的医药流通体制改革的两项重点工作。国家经贸委医药司司长于明德认为，在不远的将来，医药电子商务极有可能代替传统医药经营模式，带来医药经营模式的革命。如果现在停止网上售药的试点和探索，将错失发展机遇。于明德还表示，国家经贸委将坚定不移地进行医药电子商务试点工作，并加强对试点工作的指导。目前国家经贸委已经选定了几家企业作为医药电子商务的试点。

2003年7月1日国家药品监督管理局颁布了互联网医药交易办法（暂行），对提供医药生产企业、经营企业和医疗机构之间，以及提供企业与个人消费者之间互联网医药交易服务的企业的资质要求、资格确认作了明确规定，要求提供医药生产企业、医药经营企业、医疗机构之间互联网医药交易服务的企业，应当具备以下条件：

- 依法设立的企业法人，注册资金不低于2000万元人民币；
- 企业所办网站获得从事互联网医药信息服务的资格；
- 具有与开展业务相适应的设施、设备；
- 具有健全的网络与交易安全保障措施及其完整的管理制度；
- 具有保存完整交易记录的能力；
- 具备网上查询、订单、合同、支付等基本交易服务功能；

- 有能力对上网交易用户所提供资料的真实性进行审查，并有完整的管理制度与措施；
- 不得直接参与医药经营；
- 具有两名以上执业药师资格的专业人员；
- 从事医疗器械交易服务，应有一名以上医疗器械相关专业，本科学历，熟悉医疗器械相关法规，并经省级医药监督管理部门法规培训并考核合格的专职专业人员；
- 具有健全的企业内部管理职能机构和技术保障机构。

提供企业与个人消费者之间互联网医药交易服务的企业，应当具备以下条件：

- 依法设立的医药连锁零售企业；
- 企业所办该网站获得从事互联网医药信息服务的资格；
- 具有健全的网络与交易安全保障措施及其完整的管理制度；
- 具有保存完整交易记录的能力；
- 具备网上咨询、查询、定购等基本交易服务功能；
- 有能力对上网交易的企业用户所提供资料的真实性进行审查，并有完整的管理制度与措施；
- 具有相应的医药配送系统；
- 具有两名以上执业药师负责网上咨询；
- 从事医疗器械交易服务，应有一名以上医疗器械相关专业，本科学历，熟悉医疗器械相关法规，并经省级医药监督管理部门法规培训并考核合格的专职专业人员。

“规定”初步规范了医药互联网交易服务，对促进独立第三方医药流通电子商务的发展起到重要作用。

发展电子商务的技术环境与社会环境

一、我国互联网应用发展迅速

（一）网络用户快速增长[1]

1. 上网计算机数　截至到2003年6月30日，我国的上网计算机总数已达2572万台，和2002年同期相比增长59.5%，是1997年10月第一次调查结果29.9万台的86倍（图3-1），可见我国上网计算机总数呈现出比较快的增长态势。

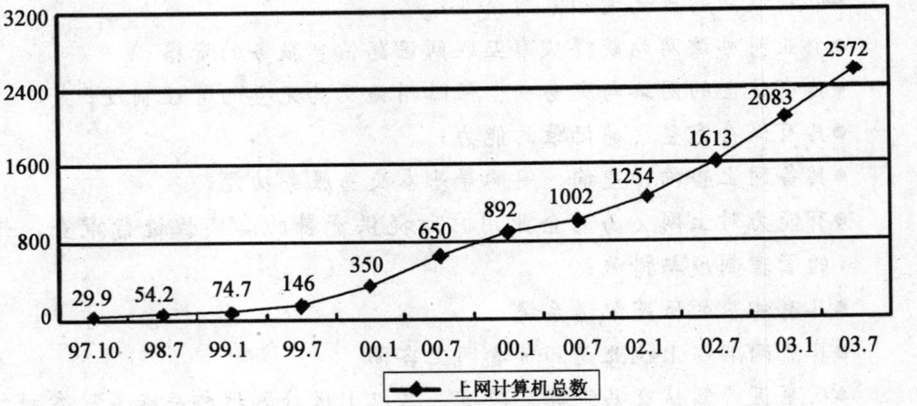

图 3-1　历次调查上网计算机总数（万台）

2. 上网用户人数　截止到2003年6月30日，我国的上网用户总人数为6800万人，和去年同期相比增长48.5%，同1997年10月第一次调查结果62万上网用户人数相比，现在的上网用户人数已是当初的109.7倍（图3-2）。可见我国上网用户总数在短短六七年间的增长非常之快。

〔1〕 中国互联网络信息中心（CNNIC）的调查结果显示，截至到2003年6月30日

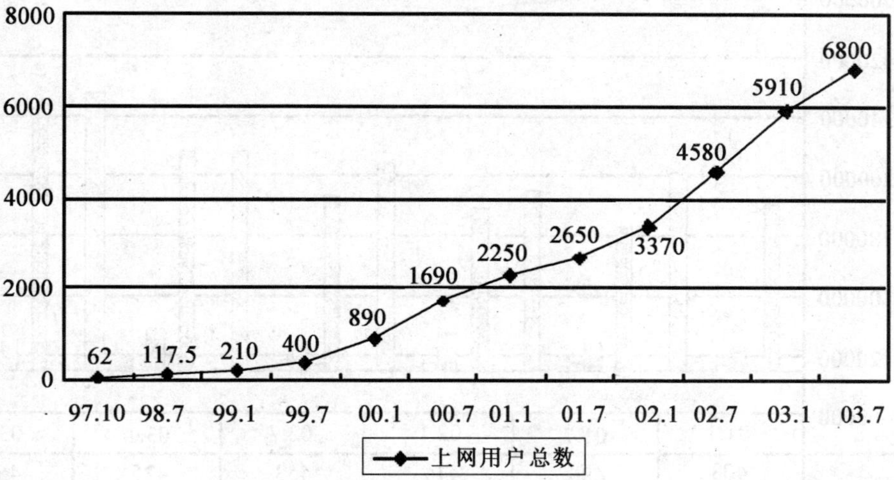

图 3-2　历次调查上网用户总数（万人）

3. WWW 站点数　截止到 2003 年 6 月 30 日，我国 WWW 站点数为 473 900 个，半年内增加 102 300 个，增长率为 27.5%，和去年同期相比增长 61.6%（图 3-3）。WWW 站点的快速增长进一步说明了我国互联网产业在经历了一个低潮后，正稳步发展。

从 WWW 站点的域名类别分布来看，同半年前相比，各类域名下的网站数皆有不同程度的增加，其中 ac.cn 下的网站为 469 个，半年增加了 44 个，增长率为 10.4%；com. cn 下的网站为 341 753 个，半年增加 50 430 个，增长率为 17.3%；gov.cn 下的网站数为 7876 个，半年增加 1728 个，增长率为 28.1%；net. cn 下的网站数为 60 408 个，半年增加 6252 个，增长率为 11.5%；org.cn 下的网站数为 26 292 个，半年增加 8461 个，增长率为 47.5%；行政区域名下的网站数 1906 个，半年增加 189 个，增长率为 11%；同 .cn 下注册的二级域名数获得较快增长一致，.cn 下的二级域名网站数为 35 196 个（图 3-3）。

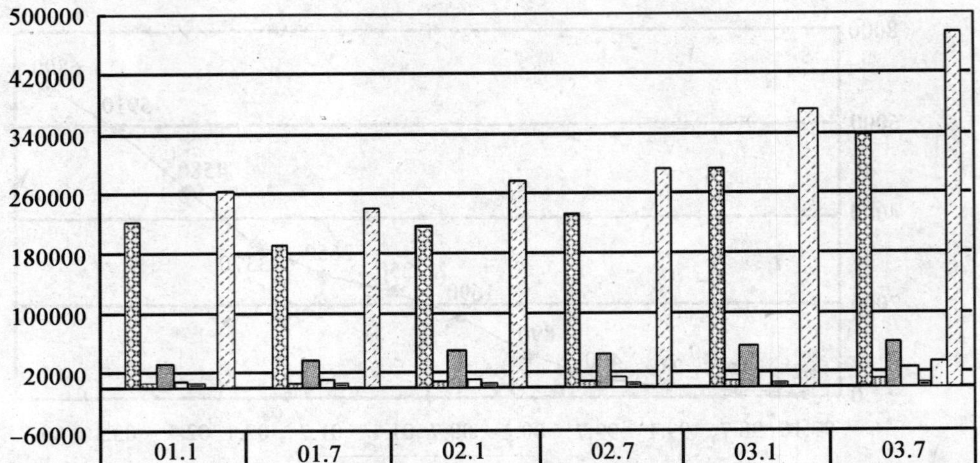

	01.1	01.7	02.1	02.7	03.1	03.7
AC	403	486	444	453	425	469
COM	221 988	191 036	215 779	232 118	291 323	341 753
GOV	3294	3398	4677	4929	6148	7876
NET	31 833	36 168	47 307	42 289	54 156	60 408
ORG	6446	8981	7200	11 652	17 831	26 292
行政区域名	1441	1456	1693	1772	1717	1906
CN						35 196
合计	265 405	242 739	277 100	293 213	371 600	473 900

图 3-3 历次调查 WWW 站点数（个）

4．国际出口带宽数　截止到 2003 年 6 月 30 日，我国国际出口带宽的总容量为 18 599M，与半年前相比增加 9219M，增长率为 98.3%，和去年同期相比增加 75.9%，是 1997 年 10 月第一次调查结果 25.408M 的 732 倍（图 3-4）。

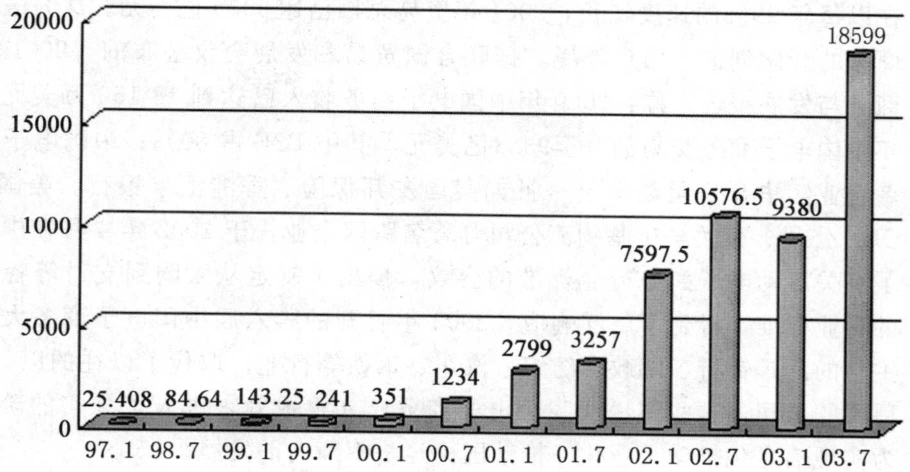

图 3-4　历次调查我国国际出口带宽（M）

5. IP 地址数　截止到 2003 年 6 月 30 日，中国大陆 IP 地址数已达 32 084 480个，同上一次调查相比，半年增加3 082 240个，增长率为10.6%。中国的 IP 地址资源近几年增长较快，在数量上达到了一定的规模，但是目前仍不能完全满足中国互联网络运营单位发展的需要，随着我国网民人数的大幅增加，网络应用的逐步加强，这种 IP 地址与我国互联网络整体发展的不匹配现象会更加明显。

（二）电子商务发展迅猛

电子商务的发展和运用是我国参与 21 世纪全球经济贸易竞争的基本条件。

我国的电子商务从 90 年代初 EDI 的应用开始，随后展开的“三金工程”（金桥、金卡、金关）为电子商务应用打下了基础，1998 年开始进入了基于 Internet 互联网的初步发展阶段。1998 年 3 月 6 日，由世纪互连通讯技术有限公司和中国银行共同携手，完成了第一笔电子商务交易，标志我国国内电子商务已进入实用阶段。近几年电子商务虽然经历了波折，在基础设施、网络安全、法律法规、网上支付、企业应用等方面存在许多问题，但无法阻挡电子商务前进的步伐。根据 Forrestor Research 的报告，B2B 模式的电子商务正在以每年99%的速度增长，2001年贸易总额已达5000亿美元。这为医药电子商务的开展创造了用户环境。据联合国贸易和发展会议公布的《2001年电子商务与发展报告》称：2000年中国电子商务收入已达到18 156万美元。2001年中国电子商务交易额升至93.3亿美元，其中B2B占80%；中国电子商务著名企业实华开公司联合了一批如美国友邦保险、香港汇丰银行、美国ORACLE公司、荷兰马士基物流公司等著名跨国企业，于2002年4月在中国召开了有关启动电子商务行业标准的会议，提出了制定从采购到支付等各个环节的行业标准，得到了广泛响应；2002年召开的第六届中国电子商务大会上唱主角的已是银行、邮政、纺织、汽车、钢铁等行业，取代了以往的以.com为后缀的公司，这些都说明我国电子商务已初见成效，进入了务实的阶段，正为实现信息化推动工业化、推动国民经济不断向前发展。

随着1996年联合国贸易法委员会制定的《电子商务示范法》的颁布，WTO制定的《全球基础电信协议》、《信息技术协议》、《开放全球金融服务市场协议》的实施，1998年APEC会议上《APEC电子商务蓝图》的通过，以及2001年10月APEC会议制定的《数字APEC战略》，我国在入世后的电子商务发展旨在广泛应用先进的信息和网络通信技术，以信息化推动工业化、以信息技术改造和提升传统产业，实现国民经济跨越式发展。

预计到2005年我国计算机台数将翻一翻，达到5000至6000万台，网络化程度达到30%～40%，互联网用户数达到1.5亿～2亿，70%以上从事外贸的企业有能力以电子商务为手段进行国际贸易活动；政府将发挥宏观规划和指导作用，建立电子商务的安全体系、认证体系、信用体系，保障电子商务有关的政策、法规的一致性和连续性；银行、证券、保险、基金金融业将建立以互联网为依托的统一平台，向全球化、电子化的全能服务机构方向发展；基于网络的物流和配送将在中国兴起，信息化、自动化、智能化将装备物流企业，使物流与电子商务同步发展；作为最大的发展中国家，我国将于2010年实现《APEC电子商务蓝图》提出的无纸贸易的工作目标。

二、电子商务环境与技术逐步建立

电子商务系统是一个综合系统，它集合了计算机技术、网络通讯技术、金融信息处理技术等。其中涉及到关键技术有Web技术、电子数据交换技术、在线支付技术、信息安全技术以及计算机虚拟现实技术等。

从我国目前的情况来看，这些关键技术基本上都能实现，尽管其中在线支付技术实现的难度较大，但我国已经开始尝试并投入运行。由人民银行和13家商业银行参加的我国统一的金融认证（Certificate Authority，CA）中心（CFCA）于2000年6月29日建设成功，已经投入运行。它的目标是提供B2B和B2C两种模式的认证服务，为各商业银行的网上银行及网上（电子）支付系统提供认证支持；此外也支持中央银行及商业银行的内联网管理、办公自动化及信息传输服务。我国已经发放了第一批非SET的CA系统试验证书，之后中国金融认证中心又试发了第一批SET系统证书。CFCA运行的第一阶段将发放SET和非SET证书共25万张。CFCA所提供的网上支付身份认证将为我国电子商务的开展提供更为有利的操作环境。目前，已有20多种卡通过广东银联统一支付网络系统，正式向社会提供网上交易、网上支付服务。至于数字支票系统和数字现金支付系统在我国尚属空白。

我国金融信息化的建设，自1993年开始的金卡工程建设起，驶入了快车道。金卡工程建设的目的就是要建立全国统一的银行卡发卡和服务体系，利用金卡工程的连接，实现跨银行、跨地区的通存通兑、联机授权、实时转帐，形成安全、快捷、经济的支付环境，为电子商务的发展创造条件。尽管我国目前尚未出现网上银行，但中国建设银行、中国银行和招商银行等都已开通了网上银行业务。同时，中国人民银行还从1997年6月开始建设中国国家现代化支付系统（CNAPS），经过1997～1999年和1998～2001年两个相互交叉的阶段的建设，现在这个工程已有230个城市区域网络和314个城市信息处理中心。通过这个系统可以实现政府债券簿记系统、电子联行系统、银行卡受信系统、中央银行会计核算系统、同城结算系统、商业银行前台系统及与香港实时清算系统的连接。

三、医药电子商务已渐次展开

自2000年始，国家经贸委先后批准了6家单位进行医药电子商务的试点，随后，国家医药监督管理局也选定并公布了8家单位进行医药电子商务的试点。目前，医药电子商务的试点工作已取得初步成效，对医药电子商务的建设基本上形成了以“海虹医药电子商务”、“中金药网”、“上海医药商务网”和“三九健康网”等多家并立的局面。可喜的是这一局面恰恰是由IT业（海虹医药电子商务、中国金药网）、医药商业企业（上海医药商务网）和医药生产企业（三九健康网）三种行业形成。这样，不同行业的探索和尝试对医药电子商务的健康发展起到良好的示范作用。

从试点的情况看，医药电子商务的交易平台已初步建立并逐步完善。“海虹医药电子商务”初步建立了独立第三方电子交易系统，“中国金药网”、“上海医药商务网”都已初步形成了 B2B、B2C 的电子商务交易平台，“三九健康网”建立了主要以 B2C 为主要模式的电子商务交易平台。其他试点单位也在不同程度上探索了 B2B 和 B2C 的医药电子商务模式。

通过试点工作，医药电子商务活动已初步展开。许多医药企业已经以会员的身份，开始利用现有的电子商务交易平台开展商务活动。

四、医药自身具有很多适合网上交易的特点

从全球角度看，医药行业具有垄断性强、市场规模大、产品标准化程度高等特点，尤其适合进行网络交易。其网上销售的价格优势也非常明显。

医药有许多适合网上销售的特点：医药的体积小、重量轻，便于运送；医药有明确的规范标准，便于网上介绍说明等。

传统医药经营模式需要通过批发商、供应商及医药公司等众多中间环节。但中间环节大大提高了医药的价格，而医药网上销售却可以避开不必要的中间环节，使医药的价格得以大幅降低。因此，医药网上销售的价格优势非常显著。

另外，有时人们要排长队抓药，甚至不得不在公众场合公开自己的病情，而网上售药基本可以免除这些麻烦和尴尬。正是基于这些前提，网上售药比传统药店有着无可比拟的优越性。

除售药以外，网络药店在收集病人病情等有关数据方面的优越性也很明显。

到目前为止，已公布的 OTC 医药品种已有 2000 多个，医药分类管理制度的实施对网上售药也创造了必要的条件。

海虹模式——医药电子交易场的雏形

在国内，海虹作为第三方电子商务中介的代表，提出了我国首创的医药

行业电子交易市场解决方案，其系统成功实现了医药流通体制改革政策目标同现代信息网络技术的充分融合。它不仅可以全面实现医药集中招标采购的无纸化运作，减轻医疗机构和医药生产经营企业的负担；而且提供了多种网上交易撮合方式，为医药流通活动提供了全新的信息网络环境。海虹系统的推广应用，将在统一的技术标准、数据标准和交易规则的基础上，推动医疗机构和医药零售企业彻底转换医药采购管理模式，建立同市场经济的客观要求相适应、同国际惯例接轨的集中采购制度，进一步规范医药市场秩序，实现我国医药电子商务事业的跨越式发展，海虹系统具有成熟完整的商务模式，方便灵活的技术架构，充分体现了海虹医药电子商务系统对我国现行医药流通体系的深入理解和医药卫生体制改革方向的准确把握。

海虹电子交易场

一、海虹电子交易场的功能

海虹电子商务系统具有以下各项功能：

（一）建立卖方电子销售目录及相关信息数据库

海虹医药电子交易场采用分布式三级数据库系统，进行卖方销售数据的采集、加工和发布。其中全国数据中心是医药生产企业电子销售目录及相关信息数据库系统，在全国范围内共享；省、市数据中心是省、医药一级代理商、经销商电子销售目录及相关信息数据库系统，在省、市范围内共享；省、市交易数据中心是医疗机构开户的医药分销商电子销售目录及相关信息数据库系统。建立全国数据中心和地方数据中心的目的，是实现医药生产经营企业的信息资源共享，为建立卖方电子销售目录进行数据准备。

（二）建立买方电子采购目录及相关数据库

海虹医药电子交易场采用客户端系统，进行买方采购数据的采集、加工和发布。在实行集中招标采购的地区，买方电子采购目录依据卫生行政部门发布的集中招标采购目录、以采购联合体为单位建立；不实行集中招标采购的地区，买方电子采购目录依据医疗机构的临床用药目录、以医疗机构为单位建立。

编制买方电子采购目录的主要依据是采购方式。一般情况下，采用公开招标、公开竞价等非限制性采购方式的，采购目录以通用名为单位编制；采用邀请竞价等限制采购方式的，采购目录以商品名为单位编制。

（三）利用电子目录进行成交撮合

海虹医药电子交易场提供的招标、竞价、询价、浏览等成交撮合方式，可以采用集中、联合、分散等组织形式进行。成交撮合利用公司提供的局域网系统进行价格撮合，评审和比较。方式由买方决定，进行定量评价和定性评价的局域网系统和网络环境，由海虹公司提供。

考虑到买方在我国的医药市场上的强势地位，海虹医药电子交易场交易规则的制定是由买方主导的。在建立买方电子采购目录的同时，由买方主导制定交易规则对卖方发布，作为成交撮合的依据。实行集中招标采购的，交易规则依据卫生部等部门发布的《工作规范》和《文件范本》制定；不实行集中招标采购的，由医疗机构参照卫生部等部门发布的《工作规范》和《文件范本》自主制定。

（四）签订电子协议

海虹医药电子交易场可以提供电子协议服务。由于海虹医药电子交易场对进入交易场的买方和卖方实行会员制管理，电子交易发生在特定用户之间，不存在对交易对象进行身份识别的问题，电子协议具有不可抵赖性，用电子协议替代书面购销合同是安全、可行的。对于CA认证国家食品医药监督管理局尚未规定实施办法。如果认为有必要，海虹医药电子交易场可以提供CA认证服务，也可以由指定CA认证机构提供相关服务。如某地政府监管部门或买卖双方不能接受电子协议，在成交撮合完成后，海虹仍可提供书面购销合同服务。

（五）以现场服务为主要方式进行订单处理

海虹医药电子交易场主要采用客户端系统进行订单处理。买方可以利用客户端直接从HIS系统读取订单，也可以利用客户端提供的订单处理功能生成订单。考虑到买方改变采购习惯可能带来的困难以及我国互联网系统的技术服务能力，海虹将根据买方的需要提供现场服务。现场服务人员的服务项目根据买方的需要确定，可以包括技术支持、数据准备、订单处理等。买方进行订单处理需要应用的客户端系统、其他信息网络设施和接入服务，可以由各地海虹提供。

为确保卖方及时进行订单响应，海虹将建立交易服务系统，对所有电子订单提供跟踪服务。对卖方未能在规定时间内响应的订单，订单跟踪服务人员将对卖方进行手机短信提醒或电话提醒，确保卖方订单响应率达到100%。海虹医药电子交易场同时对卖方提供客户端系统。对确不具备电子订单处理能力的卖方，公司可以提供电子交易秘书服务。

（六）积极推动医药购销结算方式改革

海虹医药电子交易场可以为买方和卖方提供电子结算服务。卖方完成电子订单响应和医药配送服务后，买方可进行医药货款的电子支付。

要实施电子支付，首先要制定电子交易实施方案，提出买方、卖方、中介方和商业银行能够接受、有关政府主管部门能够批准的解决方案，改变传统的货款结算方式。

在电子支付开始实施之前，买方和卖方仍将采用传统方式结算货款。

（七）建立会员服务体系，明确电子交易的法律责任

海虹医药电子交易场实行会员制管理。会员章程遵照我国现有法律、法规、规章和国际通行的做法制定，主要内容是买方、卖方和中介方在电子交易中必须履行的权利、责任和义务。所有进入海虹医药电子交易场进行电子交易活动的医药生产企业、批发企业、配送企业和医疗机构、零售企业，都

必须承认并遵守会员章程，同海虹签订会员注册协议。

根据海虹医药电子交易场会员章程，跨省（自治区、直辖市）进行医药经营活动的企业，应当由海虹医药电子交易场注册为全国会员；在省、市范围内进行医药经营活动的企业，应当由省、市海虹注册为地方会员。所有进入海虹医药电子交易场进行电子采购的医疗机构和零售企业，均由省、市海虹注册为买方会员。

（八）建立电子交易监管系统

海虹医药电子交易场为买方、卖方和政府主管部门提供交易监管服务。交易监管系统可以为买方、卖方和监管方提供基本的统计报表服务，使买方、卖方和监管方及时、准确地了解电子交易信息。

政府主管部门对买方、卖方进行绩效评估，履行市场准入、质量、价格、合同、税收、交易行为等监管职能，可以要求海虹医药电子交易场提供统计分析和其他相关信息服务。

二、海虹的交易方式

海虹的交易方式如表 3-1 所示。对于大量的常用药如心血管、抗生素等约 200～300 种药物，可能占医药总需求的 70％，交易额的 70％以上，宜采用集中招标采购。而其余 30％药物种类繁多，可以采用竞价采购、询价采购等其他采购方式。

表 3-1 海虹的交易形式

<table>
<tr><td colspan="2">组织形式</td><td colspan="2">集中</td><td colspan="2">联合</td><td>分散</td></tr>
<tr><td rowspan="2">采购方式</td><td colspan="2">招标采购</td><td colspan="2">竞价采购</td><td rowspan="2">询价采购</td><td rowspan="2">浏览采购</td></tr>
<tr><td>公开招标</td><td>邀请招标</td><td>公开竞价</td><td>邀请竞价</td></tr>
</table>

三、海虹系统的特点

海虹系统有如下特点：

（一）全国范围内的信息资源共享

功能强大的中央数据库，集中了海虹遍布全国各地的 28 个地方数据中心进行医疗机构采购中介服务和医药生产经营企业会员服务加工的实时数据，并随时与国家权威机构披露的认证数据同步互通，以保证数据的真实有效。

（二）医药交易全过程的无纸化运作

全国和地方数据中心系统的导入，使医药交易活动能够最大限度的实现信息沟通和利用。电子样品和电子证明文件可以使企业提交的样品和各种证明文件实现一次提交，全国共享，极大的减轻企业负担，降低运作成本，提高运作效率。

（三）多样化的成交撮合手段

全面满足客户提出的不同需求，可以支持委托中介机构进行的集中招标采购，也可以支持医疗机构的联合采购和单一医疗机构实施的医药采购；可以支持公开招标、邀请招标，也可以支持公开竞价、邀请竞价以及询价采购，医疗机构可以选择各种组织形式和采购方式方便快捷地进行医药采购活动。

（四）高度个性化的客户端辅助服务系统

企业可以在客户端投标报价、解密开标、下载招标文件，适时查询浏览开标、评标、定标结果，获得订单和配送信息；医疗机构可以在客户端提交历史采购记录，适时查询浏览招标或议价文件、开标和竞价过程，通过定量评价、定性评价、综合评价确认成交品种，提交中标医药清单和医药购销合同文本，制作、审批、提交采购订单，提高医药采购管理工作效率。

（五）规范标准的业务流程

依照有关法律、行政法规和《医疗机构医药集中招标采购工作规范》、

《医疗机构医药集中招标采购和集中议价采购文件范本》设计的业务流程和交易规则，可以明确购销双方的法律责任，均衡购销双方的利益关系，体现公开、公平、公正原则、诚实信用原则和质量优先、价格合理原则，确保项目运作实现统一、规范、简化和高效。

（六）全面适时的市场监管功能

系统依照《医疗机构医药集中招标采购监督管理办法》，为行政主管部门对电子交易市场进行及时有效的监督控制提供了数字化手段。医药监督管理部门可以利用系统对市场主体资格和交易医药实行准入管理；卫生行政部门可以利用系统对集中招标采购进展情况进行适时监督管理；价格主管部门可以利用系统对医药价格进行管理和调控；经贸部门可以利用系统提供的交易信息对医药行业进行宏观调控，有效贯彻产业政策和医药行业“十五”规划；纠风、工商部门可以利用系统整顿和规范市场秩序，遏制医药购销中的不正当竞争行为。

（七）灵活合理的系统功能设置

人性化的用户界面和功能设定，以及客户功能的灵活组合，充分考虑了我国医药行业的计算机普及程度和信息化水平，医疗机构、医药生产企业、批发企业和连锁经营的零售企业，都可以利用海虹提供的培训和网络设施，实现零门槛上网交易。

- 电子目录：数据准备和成交撮合分离，基于电子文件的交易活动
- 电子合同：招标、竞价、询价、浏览等多种成交撮合方式，网上成交确认，成交撮合过程无纸化
- 电子订单：采用浏览器、客户端、第三方、电话/传真等多种方式进行订单处理
- 电子结算：商业银行第三方授信，通过商业银行进行货款结算
- 电子监管：行政主管部门改变监管方式，形成新的价格形成机制、采购商品质量和价格评价机制、市场准入和质量监管机制等

- 以电子交易为实现方式的集中采购成为医药流通的主流模式
- 电子交易的信息流带动现代医药物流的发展，流通方式逐步同国际惯例接轨
- 净化医药市场，减少流通环节，降低流通成本，提高交易效率
- 符合市场规则的价格形成机制，遏制医药价格虚高价格，减轻患者医药费用负担
- 交易过程公开透明，公平公正，竞争充分，分工制衡，从源头上治理医药购销中不正之风

海虹电子商务系统从技术上完全能支持上述各功能，当前由于银行支付、信用系统、物流系统还有待完善，系统中的某些功能如电子结算、医药物流等的实现还有待时日。但是，它已具备独立第三方电子商务的基本功能，而且在我国 28 个省、市医药集中招标采购工作中已成功应用，用事实说明医药流通电子商务在我国是可行的。

从博弈论的观点分析独立第三方的作用

在独立第三方电子交易场中，电子商务服务商起到中介的作用。中介是客户和厂家（也就是买方和卖方）之外的市场机构或者组织，以第三方的身份提供产品的质量、价格以及交易双方的交易记录、信用等市场信息。提供上述信息这类特殊的产品，必定会产生一定的成本，中介也必须为此支付一定的费用，并籍此获取一定收益。

电子商务出现后，一方面由于网络的快速和便捷，加强了全社会的经济联系，人们利用网络更快更省地处理各种经济业务，节约大量的人力、物力、财力。但由于网络空间的广泛性和虚拟性，交易的任何一方都无法回避交易主体难以确认、资信程度难以保证、欺诈行为难以防范以及交易物品质量难以确保等一系列问题，从而增大了市场交易的不确定性。这不仅增加了交易的难度，还由于交易各方对市场信息可信度的怀疑，导致很多交易无法完成，降低了市场交易效率。由于电子商务市场交易双方在对产品质量、价格、对方信用等信息的了解上都存在着一定的欠缺，或者说是由于信息不对称，有

时交易的完成必需要有第三方的介入。质量不确定性的问题愈严重，市场对交易中介的需求就愈强烈。中介并不一定是所交易产品质量、价格方面的专家，也不一定是信用调查方面的专业机构，但是中介为众多厂家和客户提供一个信息共享的场所。这种类似于“公告牌”的功能，也会对保证交易双方的信用起到一定的作用。微观经济学认为，交易中介是市场经济中不可缺少的一个要素。中介靠收集、整理和发布有关信息获得经济利益，成为交易双方之间的纽带。他们的存在降低了市场风险，提高了市场交易效率[1]。

医药市场交易的一般模型

在实行医药流通体制改革之前，我国医药流通市场的情况是：多层次，多渠道，秩序混乱，假劣医药和非法经营活动屡禁不止；医药价格构成严重失衡，不仅价格虚高，非法回扣不良成本大大超过绝大多数医药生产企业的收益比重，不良成本全部被转嫁给消费者。

医药市场是一个非常强势的买方市场，医疗机构是主导医药市场的支配力量，商品交易过程中经常存在的问题是：交易者如何能够彼此信任？买者答应某日支付货款，是否能够兑现？买者付款的方式能被其他人认可，卖者会不会信守诺言在某月某日按规定送货，买者如何能保证购买的物品不是次品，等等。“即便最简单的交换也含有合同的因素；交换的每一方放弃他对所售物品的权利，以换取对所购物品的权利。从一开始就可能发生这样的情况：在交易发生时货物不在现场或者说并不是所有的货物都在现场。这时双方讨价还价便具有三个可识别的要素：签订协议，一方交货，然后另一方交钱。一旦对交易作出这种区分，协议本身就仅仅是交货的承诺。交易是交换承诺；但是除非存在一定的信守承诺的保证，否则交换承诺是没有意义的”（Hicks，1969）。因此，对于任何一次交易过程，都可以用博弈的方法来分析它。

医药流通参与的各方可以简化为两种角色：买方（医院或连锁药房）[2]

---

〔1〕 邵兵家，吴俊．电子商务发展与中介效率的博弈论分析．重庆大学学报，2002年第三期

〔2〕 实际的情况是，患者才是最终购买者，他们或从医院药房购买医药，或从连锁药房购买医药。但是由于从医院购买的过程是隐含的委托—代理关系，即医生是实际上的代理者，患者则是严重缺乏相关信息的委托者，医生开出药方然后患者照单取药，这个过程对于我们在本文中所说的医药在市场中的流通基本上不发生影响。

和卖方（医药生产企业、医药经营企业），医药市场的交易可以概括为一种典型的一次性囚徒困境：双方能够从相互诚实的交易中获益，但是如果任何一方欺骗对方，则可能带来更大的利益（比如卖假药或者医院拖欠甚至拒付货款）。所以，若不存在限制这种不诚实行为的机制，潜在地对双方有利的交易可能无法发生。先看表 3-2 的一个例子[1]。

表 3-2

买家 \ 卖家	H	C
H	$\Gamma/2$，$\Gamma/2$	$-\hat{\beta}$，$\hat{\alpha}$
C	α，$-\beta$	$-\gamma$，γ

表 3-2 中的矩阵代表交易双方从一次交易中可得到的收益，收益大小取决于他们采取的策略。H 代表诚实策略，C 代表欺骗策略。矩阵中每一方格的第一个数字表示行参与人（比如说买者）的报酬，第二个数字表示列参与人（比如说卖者）的报酬。如果双方都选择 H，他们从诚实交易中获得的净收益是 Γ，然后各人分一半。如果有一方单方面欺骗对方，他或她的个人收益将是 $\alpha>\Gamma/2$ 或 $\hat{\alpha}>\Gamma/2$，但给对方造成 $-\beta<0$ 或 $-\hat{\beta}<0$ 的损失。这种情况导致了一定的社会损失，由于 $\Gamma-(\alpha-\beta)>0$，相应地，$\Gamma-(\hat{\alpha}-\hat{\beta})>0$。如果每人都预期对方会选择 C，那他或她也会选择 C，导致两人报酬为零。如果是一次性交易，即当博弈只进行一次的时候，两人选择 C 策略将是惟一的纳什均衡。

存在回扣或贿赂的医药市场模型

现实中的大多数市场上，买者与卖者之间的交易存在稳定的关系，重复性购买某些特定商品和服务的买主不是在每次需要的时候才到市场上去搜寻商品，经常惠顾同一供应商成了他们与供应商建立稳定关系的一种手段。在表面上看来像布朗运动一样随机碰撞的市场背后，隐藏了一种富有弹性的非

[1] 详见青木昌彦．《比较制度分析》．上海：上海远东出版社，2001

正式的人际网络模式，在医药流通市场上，有时这种非正式的人际网络模式是由医药生产企业或医药经营企业（卖方）的“医药代表”向医院或连锁药房（买方）的医药采购负责人（主管院长、药剂科主任或主治医生）以请客送礼、派发回扣等个人感情联络的方式来维持的[1]。

一、机会主义者存在的医药市场

在大部分市场上，随机配对的交易是占主导位置的，医药流通市场也是如此。我们假定在医药流通市场上，医药交易每周进行一次，其中未形成任何结构关系之前的交易机会的报酬特征如表3-2所示。许多来自不同地方、随机配对的交易者组成交易者集合，所有的交易者都不知道市场上潜在交易伙伴的历史背景，因而不敢完全信任这些陌生人，已经配对的交易者如果愿意的话未来还会再遇见，预期到长期合作的可能收益，有些交易者也许想打破僵局，先沟通一下，表达愿意选择H，并且如果关系能够维持，就一直恪守它。假如趣味相投，双方就进入实质性的交易过程。这时可能会出现这样的情况：某些交易者事先答应合作，可实际上选择C，然后逃之夭夭，以后再也不与同一位交易伙伴配对，我们称这类交易者为机会主义者。比如医药交易中，卖方提供不同于事先承诺的质量的医药，买方不按约定的时间付款等。由于他们的存在，通过无成本的“廉价交谈”[2]也无法支持诚实的交易。其结果是每位交易者都选择欺骗的纳什均衡，无交易结局仍然不可避免[3]。在这个过程将不存在人人合作的纳什均衡：

令表3-2所代表的报酬矩阵为M，参与人可能采取的混合策略为 $x=(x_1, x_2)$，其中 x_1 是选择H的概率，x_2 是选择C的概率。x的元素也可用来表示每个策略被选择的参与人的比例。这样，进化稳定策略就是 x^*，使得对

---

〔1〕市场交易的双方保持一种长期稳定的合作关系有利于降低成本、提高效率，但中国的医药流通市场在实行医药集中招标采购之前存在着较严重的回扣现象，由于交易环节众多，回扣机制的存在，增加了医药流通中的交易成本，造成医药价格虚高，最后的局面是：极少数人（医药代表、部分医院医药采购负责人员）获得利益，而绝大多数老百姓承担医药价格的加价费用，更严重的是，假冒和劣质医药充斥市场，信用体系遭到破坏，市场机制严重扭曲。

〔2〕“廉价交谈”是博弈论术语，意指信息沟通时是无成本交流的，这不一定意味着欺骗，只是在法律和合同上无责任。比如语言和符号的交流假定是“廉价交谈”，因为它不会直接影响参与人的报酬（虽然影响他们的策略），不过它们应区别于社会交换。

〔3〕详见青木昌彦. 比较制度分析. 上海：上海远东出版社，2001

于所有的 $x^{*} \neq x$，要么（1）$x'Mx^{*} < x^{*\prime}Mx^{*}$，要么（2）$x'Mx^{*} = x^{*\prime}Mx^{*}$ 和 $x'Mx^{*} > x^{*\prime}Mx^{*}$（即 x^{*} 是比 x 更好的策略）。

这个过程在现实医药市场中的具体表现就是：极少数医药经营者用假冒伪劣医药获取不当利润，或者医院拖欠回款甚至拒付货款，影响了自身的信誉，使市场中的其他交易者不愿意与之进行下一轮交易。这种现象在不规范的市场中很普遍，但由于最终影响到企业生存，虽然在市场发育越来越完善的情况下，也时有发生，但已经不是主要的现象了。

二、存在回扣或贿赂的医药市场

现假定交易者在交易前联系时相互递交礼物，送礼物的人必须花费成本，假定参与人采取以下策略：当交易的一方向另一方提供的礼物能使另一方（代理人）产生收益，且这个收益大于送（收受）礼物的风险（比如罚款、开除甚至法律制裁）时，双方就形成了隐含甚至是长期稳定的交易合约，双方选择的策略都是 H，并维持这种关系；否则，他们就分手，到市场寻找新的伙伴。为了使上述策略成为激励兼容，必须满足下述两个条件：

$$\frac{\Gamma/2}{1-\delta}-G>\frac{\alpha-G}{1-\delta} \qquad (3-1)$$

$$\frac{\Gamma/2}{1-\delta}>G \qquad (3-2)$$

其中 G 是送礼成本，δ 为贴现因子。第一个不等式说的是通过本年一次礼物交换实现的持续合作的收益现值严格大于从机会主义策略中获得的收益，所谓机会主义策略就是每年更新一次礼物进行欺骗。第二个不等式说的是从持续合作的收益现值大于一次性呈送礼物和建立关系的成本。将上述两个条件结合在一起，可得

$$\frac{\Gamma/2}{1-\delta}>G>\frac{\alpha-\Gamma/2}{\delta} \qquad (3-3)$$

如果上述条件成立，那么，这种关系可望以互惠互利的方式得到维持：卖方代理人通过给买方代理人呈送回扣或贿赂，卖出自己企业的医药，卖方企业获得利润，卖方代理人则得到利润提成、奖金甚至升职等好处；买方代

理人得到了回扣，买方（医院）买进了质次价高的医药[1]。

继续考察这个市场就会发现，当选择回扣策略的参与人（卖方）遇上另一位采取同样策略的参与人（买方）时，他就离开配对市场，两个交易者在一起从事交易，并长期持续下去，而选择机会主义（欺骗）策略的参与人将不得不永远呆在配对市场上。于是市场上的机会主义者的比例越来越高，使得做机会主义者的收益不断下降，最终不得不改变原有的机会主义策略，转而采用回扣策略，这也是为什么我国医药市场上一度回扣、贿赂之风盛行的根本原因。

电子商务中介的作用

采用机会主义策略和回扣策略可以看做是参与人对市场上信息不充分和信息不对称的现实作出的有效反应，Ceem 指出“通过增加市场内部基本联结点所携带信息的丰富性和可靠性，惠顾关系（clientship）代表了个体应付市场作为交流网络的系统性缺陷并从中获利的努力，这些缺陷表现在市场结构的复杂性和不规则性，缺乏信号显示系统和其他系统的欠发达，经济知识的不精确、分散和不平衡分布。”

在信息空间中，什么样的机制能够约束交易者选择诚实策略？也就是说，在什么样的机制下，双方能够信守交易承诺？通过上面的分析得知，市场上出现机会主义与回扣现象的最根本原因在于交易者对于市场上的信息不充分和不对称，于是，我们可以设想，是否可以引进这样一种角色，一方面，它为交易的双方提供必要的市场信息；另一方面，它可以提供仲裁机制。通过提供交易者的交易记录，对机会主义者依市场机制实行事后惩罚，传播信息并调解纠纷。

一、对于机会主义者的规范：提供个性化的信息

假定表 3-2 中交易博弈每周重复一次，双方对下一周单位效用按贴现因子

[1] 医院买进了质次价高的医药之后，自身的利益并未受损，因为医药的最终消费者是患者（老百姓），由于医药商品的特殊性，其定价不是由市场机制决定，而是由企业上报，政府部门审核，所以医药交易各环节的交易费用都被企业加进了医药的最终价格之中，并由患者承担。

δ 折现[1]。设想交易者都采取以下策略：对方选择 H，我就选择 H；如果对方本周选择了 C，我就永远选择 C。现在我们看看某交易者单方面偏离一次上述策略的后果：

假定甲选择 C，而乙选择 H。甲得到的现期净收益是 $\alpha-\Gamma/2$，但他自下期开始每期收益均为零，因而偏离带来的成本之和的现值为 $\frac{\delta}{1-\delta}\times\frac{\Gamma}{2}$。因此，只要 δ 足够大使得 $\delta>\frac{\alpha-\Gamma/2}{\alpha}$，选择 C 永远是得不偿失的。但如果甲方选择了 C，对实施惩罚的乙方来说，代价也是很高的，而且可实施的程度极小。比如在医药交易市场上，某企业曾经有过一次违约行为，其它交易者就永远不和它交易，这对于双方都不利，事实上也是不可能做到的。

再考虑另外一种策略：假定选择 C 的交易者将被其交易伙伴在未来连续 T 周内惩罚。如果犯规者在这期间一直选择 H，他将得到原谅，诚实交易继续进行。如果在惩罚期间受罚者又选择过 C 策略，那惩罚期将重新开始。现在设想某交易者在某一星期偏离上述策略，选择了 C，而另一交易者选择了 H。假设对方坚持上述的惩罚策略，那么，偏离所导致的成本总和的贴现值等于 $\frac{\delta(1-\delta^{T})}{1-\delta}(\Gamma/2+\beta)$。如果 δ 和 T 足够大，使得成本总和大于偏离一周的收益 $\alpha-\Gamma/2$，那么选择 C 将永远是得不偿失的，另外，T 必须使得犯规者在受罚期间接受惩罚和选择 H 是激励兼容。该条件由下式给出：

$$-\beta(\delta+\cdots\cdots+\delta^{T})+\frac{\Gamma}{2}(\delta^{T+1}+\delta^{T+2}+\cdots)>0 \qquad (3-4)$$

如果像以前一样 $\delta>\frac{\alpha-\Gamma/2}{\alpha}$，那么，对于正数的 T，上述两个条件必须同时满足。但是，如果有人选择 C，另一方最好的反应将是报复 T^* 期，T^* 是满足上述两个条件的最大的 T 值（假定只考虑纯策略）。相对于前一种策略，这种策略显然更贴近实际。比如约定，发现某企业有一次违规行为，停止其交易资格一年，在这一年之内，所有的交易者都不与之交易，对于违约者，这可能会导致其停产倒闭。

现在假设交易者在市场进行交易，市场每周开放一次。每人每周与另外

[1] 详见青木昌彦．比较制度分析．上海：上海远东出版社，2001

一个交易者配对，他们每次进行如表3-2所示相同的交易博弈。假定交易者每周只是随机相遇，又假定交易者只要感到交易结果令人满意，就一直选择诚实策略，而一旦有欺骗行为发生，消息就会迅速传播，于是所有的交易者将永不再去市场（即选择不交易策略）。只要有一个人偏离了诚实策略，哪怕是不小心犯的错误，其结果也将是整个市场彻底关闭，每人都蒙受巨大损失。

解决这个问题的办法是：由中立的第三方信息提供者提供相关信息。因为对于违规者实行有限惩罚的策略必须有选择地施加给欺骗者，也就是说，交易者随机相遇，但他们能够识别另一方是否有受罚的印记，如果有的话，就拒绝与之诚实交易，并要求他选择H。在一个交易者受罚期间若任何其他交易者选择了欺骗策略，受罚者可以被原谅，而这个最近的行骗者将遭受惩罚。这种选择性惩罚机制在随机配对的条件下要求获得有关惩罚的更多信息，中立的第三方信息提供者可以起到这个作用。它的优点在于，当欺骗发生时，诚实交易者所承担的惩罚比欺骗者的成本要小得多，而欺骗者受到的惩罚与它们在个人信任的机制下可能受到的惩罚一样大。

因此，在医药流通市场上，像海虹公司这样独立的第三方信息提供者的出现并长期存在是合理的，这从海虹介入医药流通市场，配合国家医药流通体制改革，在医药集中招标采购中所起的作用也可以得到有力的说明[1]，随着医药电子商务的发展，第三方中介的数量会不断增加，职能也会不断增加，例如提供仲裁等职能。

二、对于回扣策略者的规范：第三方仲裁

假定存在一个联结了许多如表3-2所示的初始交易博弈的新博弈，这里引入一个附加参与人，称这个附加参与人为第三方仲裁者，他发挥着聚集和传播信息、调解交易纠纷的作用，并假定第三方仲裁者是一个忠实履行其职责的中立的参与人，由此看一看信息传播如何能够帮助商人避免陷入囚犯困境。

两位商人在交易中相遇，进行表3-2所描述的交易博弈。在得知博弈的结果之后，有一方花费成本K到第三方仲裁者那里起诉其交易伙伴的不当行为(选择欺骗策略)。第三方仲裁者公正审理和裁决此案。第三方仲裁者的裁决

---

〔1〕关于在海虹等医药电子商务中介的共同作用下，医药集中招标采购制度的实行，在降低医药流通成本、降低医药最终价格、消除回扣和贿赂等腐败行为、确实减轻老百姓的医疗负担等方面的作用，其他章节有详细论述，此处不赘。

涉及到惩罚能力的问题。在第三方仲裁者裁决之后，被告也许愿意支付赔偿，也许根本置之不理。第三方仲裁者不具备实施裁决、强迫被告赔偿的权力。它只能记录谁没有支付赔偿，以备未来的商人查询。任何商人都可以花费成本 Q，调查其交易伙伴是否在过去有过任何“未履行裁决”的记录，第三方仲裁者只接受那些博弈之前查询过记录的商人的起诉。博弈起始于两个新商人的配对，终止于第三方仲裁者对未履行裁决的记录。商人的行动集合现在依次由以下决策序列构成：

{是否查询记录，是否选择诚实，是否向第三方仲裁者起诉或是否履行裁决}

阶段博弈假定是无限重复进行的，但任何一对商人只相遇一次，根据米尔格罗姆、诺斯和温加斯特的证明，假定贴现因子 δ 充分接近于 1，商人的下述策略组合能够确保平均报酬为 $\Gamma/2-Q$：即交易双方如果自己以前没有未履行裁决的记录，一定会在博弈之前查询有关记录；如果发现其交易伙伴有过未履行裁决的记录，就拒绝与之交易；否则选择诚实策略；当且仅当有一方欺骗时，受损的一方向第三方仲裁者投诉。第三方仲裁者判决补偿受损者 J，该数额大到足以冲销行骗收益 $\alpha-\Gamma/2$。

也就是说，随着电子商务第三方中介的出现，市场治理机制出现了调整，交易双方在交易博弈中不再像以往那样仅考虑自己和对方可能采取的策略，他可以向中介查询交易对手信息（交易前）或向第三方申诉（交易后对方违约的情况下）。现阶段的中国医药流通市场上已经形成了这样的局面：医药交易前，交易双方可以登陆到中介网站上，查询交易对手的信息，在中介网站的自动撮合下成交，交易履约情况也会记录在中介网站的数据库中[1]。

假定有一个不诚实的商人，没有履行第三方裁决，他是否可以获利呢？如果他不支付赔偿，他可在本期节省 J，但因为第三方仲裁者将他拒绝执行赔偿的情况记录下来，在未来各期他所得的收益均为零。如果他履行裁决，在未来时期可得收益其现值大于 J，则不履行裁决将永远对商人不利。类似地，我们还可核实，不存在任何其他偏离策略使得商人能够从中获利的情形。所

---

〔1〕 在一定条件下，一个私人的第三方集团可通过改变博弈的信息结构而使得商人的诚实行为可实施，该机制的信息要求并不非常苛刻。商人不需了解除本年度交易会上有关直接交易伙伴之外的任何其他商人的信息。第三方仲裁者也只需记录那些曾经行骗和未履行裁决的商人的情况，他不必拥有实施裁决赔偿的权力以惩罚不守规矩的人，裁决赔偿之所以能够实施是因为任何不当行为都将肯定无疑地被未来的商人知道而对行骗者不利。

以，只要第三方仲裁者中立和公正行事，人们关于不诚实交易会受到第三方仲裁者裁决和记录的惩罚的共同预期将阻止任何商人的欺骗行为。

例如海虹作为一种电子商务中介，为从事医药电子商务的买卖双方提供网上信用档案，结合传统认证服务与网络互动的特点，从第三方认证、业务伙伴的反馈和评价、网上活动记录等多方面、多角度、持续的展现企业在电子商务中的实践活动，帮助企业获得网上交易的信任，在帮助企业赢得信任的同时，也为企业提供了解其他企业的信用状况，选择值得的交易对象，从而大大缩短买卖双方由于缺乏信任，从事交易所必须经历的询问、调查过程，使得网上交易能够顺利进行。

三、第三方中介的中立性

以上的分析是基于第三方中立这样一个假设前提之下的，但第三方电子商务中介是否中立呢？

设想一种简单的情况，即第三方仲裁者向一个从未有过不当记录的商人索贿，威胁说如果不给钱，那么就向其他来查询的商人谎报说他有过不当记录。这样，在阶段博弈之初，第三方仲裁者的行动集合由｛是索贿还是不索贿｝构成。考虑下述对中立性附加博弈策略的补充部分：每当有索贿发生，当且仅当该商人以前从未行贿过，商人拒绝支付并且在本年不使用第三方仲裁者的服务。否则，只要贿赂不大于 $\alpha-Q$，支付贿赂 B，向第三方仲裁者查询交易伙伴的记录，选择欺骗，并拒付裁定的赔偿。关于第三方仲裁者的策略，可以有以下选择：第三方仲裁者向任何曾经行贿的商人索取相当于 $\alpha-\Gamma$ 的贿赂，而不管他以前是否有过行贿记录。假定第三方仲裁者不按照该策略行事，那么，商人将拒绝支付，并且不使用第三方仲裁者本年的服务，这使得第三方仲裁者损失 Q。另一方面，如果第三方仲裁者不向曾经行贿的商人索贿，他将损失 B。这两种情况的任何一种对第三方仲裁者都不利，因此，上述设定的策略对第三方仲裁者是激励兼容的。这样，给定商人自己的策略，商人关于第三方仲裁者公正行使职责的信念将是可信的。也就是说，第三方中介的中立性是不容怀疑的。

电子商务的发展改变了原有的商务运营模式，极大地缩短了交易双方在时间、空间上的距离，一方面大大降低传统意义上的交易成本，另一方面产生了新的交易成本，交易产品质量的不确定性，获取信息的不可靠性等等，这又大大降低了电子商务的市场交易效率。由博弈论分析和我国医药流通改革的实践证明，在医药电子商务市场上，为了交易的顺利完成，提高市场的交易效率，必须要有作为第三方的机构或者组织介入，为医药交易双方提供真实可靠的各种信息，包括医药的质量、价格以及交易方的信用等。医药电子商务中介并不一定是政府机构或者公益组织，作为企业性质的第三方，出于对自己参与市场的长期收益考虑，也会尽可能收集、整理并提供真实、可靠的信息。医药电子商务中介会为此付出一定的成本，但也会从中收取一定的费用获得收益。并且，医药电子商务中介在信息价格的制定上也会在极大化自身收益的同时，极大化作为信息需求方的厂家和客户效用。

医药电子商务在中国的可行性

电子商务的发展正在成为世界性的潮流。在我国已具备实施医药电子商务的基本条件。

但是，我国发展医药电子商务目前还存在一些不容忽视的问题，主要是企业信息化建设滞后，难以适应开展电子商务的要求，物流系统现代化、信息化程度不高，成为阻碍电子商务发展的重要因素；标准不统一或没有标准，影响电子商务数据交换和传递；相关政府部门缺乏沟通与协调，导致一些重点难点问题得不到及时解决等。

在这些问题中，制约我国电子商务应用和发展的关键是标准。为了确保电子商务系统的无缝连接，专家们呼吁，国家要尽快颁布统一的关键标准，确立我国电子商务标准化体系，并积极同国际标准接轨。同时，要加快制定电子商务政策和相关的法律法规，建立健全电子商务的法律环境，为电子商务的发展创造良好的条件。

目前中国已具备实施电子商务的条件

虚拟市场是应用电子商务技术形成的一个虚拟的买卖双方聚集并进行交易的场所。它是电子商务发展的必然结果，最大程度上体现了电子商务技术的先进性与有效性。卖方可以面向全球众多潜在买家方便地发布其产品、服务信息，并通过Internet与许多潜在的购买者进行交易，降低了交易过程的复杂程度，有效地提高了交易过程的效率，并降低了交易成本；对于买方来说，在虚拟市场中可以更大程度地接触不同的供应商，并通过Internet进行及时有效的比较、沟通，提高采购产品及服务的选择方位，获得更好的价格和更高的质量，同时简化了原本复杂的采购流程，极大地提高了采购效率，降低了采购成本。

前已述及，从国外成功的事例来看，虚拟市场的建立存在两种形式：一种是由卖方或买方建立的，一种是由第三方中介机构建立。其中第一种形式下的虚拟市场主要由大的采购集团建立，如通用电气、通用汽车、福特汽车、CISCO等，主要目的在于简化采购流程，降低采购成本，加强对采购过程的控制，提高自身竞争力。从目前市场角度来看，买方市场的形成导致了买方往往在交易过程处于较有利的地位，所以一般这种形式的虚拟市场大多从买方开始形成。而另一种形式的虚拟市场，也是目前国外最火热的一种虚拟市场形式，一般都是由第三方中介组织发起建立，如CommerceOne、Ariba、eSteel等等。因为对于数量众多的中小企业来说，本身没有能力来建立虚拟市场，同时其购买能力也难以与巨型企业相比，导致其号召力较小，他们来建立虚拟市场是难以取得成效。而通过中介机构将许多中小企业集中起来，形成大的采购集团，对于各个中小企业来说可以获得更多的利益。同时通过中介机构对买卖双方的规范与管理，提供在线信用，使得买卖双方得以放心地进行在线交易。这种模式的虚拟市场的好处在于第三方中介机构本身并不介入交易本身，可以保证交易过程的公正、公平与公开。目前国外这种形式的虚拟市场一般由购买方、供应方、第三方中介机构、物流配送组织组成。

我国实施医药电子具备的条件包括：

- 中介组织已从实体空间发展到网络上；
- 市场规范程度在不断提高；
- 中介机构与电子商务的结合；
- 配套的各项制度在逐步完善；
- 医药流通体制在改革和调整；
- 影响终端接入的技术体系、数据标准、部门基础设施水平已有巨大提高；

●中介的作用为社会所认同，交易者信用意识不断增强；

●支付与配送体系从无到有，不断发展和规范完善。

集中采购将是符合发展趋势的主流模式

集中采购等同于B2B交易场中的竞价采购，将是符合发展趋势的主流模式。随着计算机和网络技术的迅速发展，不仅医药购销领域，而且几乎所有市场领域都将纳入电子商务网络之中，传统的医药购销方式终将被新的电子商务模式所代替。

2004年4月在成都举行的纠风工作会上提出“今年，全国县级以上政府、部门和国有企业举办的非营利性医疗机构要100%参加药品集中招标采购，对列入各省招标采购目录的药品要100%实行集中招标采购。”“目前，全国有95%的县级以上人民政府、国有企业等所办的非营利性医疗机构实行了药品集中招标采购，一次性医用耗材和高价值医疗设备招标采购试点工作逐步开展。”

有关部门将出台《关于完善医疗机构药品集中招标采购工作的若干规定》，进一步规范各地药品集中招标采购行为，完善由省或市统一组织集中招标采购办法，提高招标采购集中程度，切断某些不法人员牟取药品回扣的渠道。要扩大药品集中招标采购范围，对用量大、价格高的药品必须实行集中招标采购，确保医疗机构用药金额70%以上的药品纳入招标采购范围。有条件的药品生产企业可以直接投标，充分利用大型物流企业配送药品，减少中间环节，降低流通费用和药品价格。研究制订医用耗材和试剂的集中招标采购目录，积极推进高价值医用耗材和试剂的集中招标采购工作，降低虚高价格，强化对医疗设备、医用耗材和试剂采购、使用的管理监督。还要总结推广一些地方网上采购的做法，引导有条件的地区利用医药电子商务平台，开展网上采购，实现网上投标、竞价和交易，做到药品集中采购全过程信息公开、透明，便于政府和社会监督。加大对药品集中招标采购工作的监督检查，对逃避招标采购、不采购和不使用中标药品、以及医院不按时付款、厂商不及时供药等问题，卫生部门要会同有关部门进行严肃查处。

2004年9月29日国家发改委公布了《集中招标药品价格及收费管理办法暂行规定》，规定内容如下：

一、为规范药品集中招标采购价格及收费行为，根据《中华人民共和国价格法》、《中华人民共和国招标投标法》等有关法律、法规，制定本规定。

二、药品集中招标采购的招投标双方，应遵循诚实信用、公平竞争的原则进行招标投标活动。禁止价格欺诈和低价倾销等不正当价格行为。

三、中标药品要保持不同质量层次、不同剂型、规格、包装之间的合理比价。

四、中标药品的零售价格，由招标人按当地省级价格主管部门规定的作价办法自行核定，并按照省级价格主管部门规定的时间执行。招标采购的医疗机构，应在其服务场所的显著位置，对中标药品零售价格进行公示。

五、药品招标采购的经办机构，必须及时将中标价格抄报省级价格主管部门和当地价格主管部门。价格主管部门应加强对招标人核定中标药品零售价格行为的监督检查，发现违反规定的，应及时予以纠正。对于拒不纠正的，由价格主管部门依法查处。

六、中标药品零售价格的核定，实行以中标价为基础顺加规定流通差价率的作价方法。属于政府定价范围的药品，中标零售价格不得超过价格主管部门制定公布的最高零售价格。

中标药品零售价格核定公式为：中标药品零售价格＝中标价×（1＋规定的流通差价率）。

七、流通差价率实行差别差价率，价格高的品种顺加低差率，价格低的品种顺加高差率。具体差价率由省级价格主管部门确定。招标人可低于规定差价率核定中标药品零售价格。

八、招标人或其委托的代理机构可以向投标人收取招标文件费；招标文件费每份（套）最高不得超过150元。

九、药品招标代理机构可向中标人收取代理服务费。代理服务费按中标企业单个中标品种合同总金额的一定比率收取。计算单个中标品种合同总金额时，要以药品通用名称或正式名称划分品种，不以剂型、规格划分。

十、代理服务费率为最高费率，由国家发展改革委确定。在不超过规定最高费率的前提下，招投标各方可以协商确定具体执行的费率标准。

十一、除招标文件费和代理服务费，严禁招标人或其委托的代理机构向投标人收取任何其他与招投标有关的服务费用。药品招投标管理部门或其授权、委托的经办机构要求招投标当事人履行登记、审批、备案及其他手续的，一律不得收费。

十二、有下列行为之一的，由价格主管部门依法给予行政处罚：

（一）不按规定办法核定并调整中标药品零售价格的；

（二）超过核定的中标药品零售价格执行的；

（三）不按中标价格签订中标药品采购合同的；

（四）不按规定向价格主管部门备案价格的；

（五）违反明码标价规定的；

（六）操纵投标价格或进行价格欺诈，损害其他经营者或消费者合法权益的；

（七）自立收费项目、擅自提高收费标准、扩大收费范围、强制或变相收费的；

（八）其他价格违法行为。

十三、开展药品集中招标采购工作的县及县以上人民政府、国有企业（含国有控股企业）等所属非营利性医疗机构，均须按本规定执行。军队、武警部队医疗机构参照本规定执行，中国人民解放军卫生主管部门另有规定的除外。

十四、议价或竞价采购的药品零售价格的核定方法，按照本规定执行。议价或竞价采购的品种，在同品种其他剂型规格有中标价格时，其成交价格应与中标剂型规格品种保持合理比价关系。

十五、本规定自 2004 年 12 月 1 日起执行。《国家计委关于集中招标采购药品有关价格政策问题的通知》（计价格［2001］88 号）、《国家计委办公厅关于确定集中招标采购药品价差分配比例问题的通知》（计办价格［2001］250 号）、《国家计委关于药品招标收费有关问题的通知》（计价格［2001］1849 号）与本规定有抵触的，以本规定为准。

十六、本规定由国家发展和改革委员会负责解释。

该规定将对我国药品集中招标采购规范化起到重要作用，也必将促进我国医药网上集中采购的健康发展。

现代医药物流作为支撑

现代医药物流体系对解决医药流通中的物流瓶颈起到至关重要作用。我国医药物流市场格局的集中度正在提高。少数民营医药物流企业的快速发展，正在改变着中国医药物流市场的格局。“十五”期间，政府将扶持建立5～10个面向国内外市场、年销售额达50亿元的特大型医药流通企业；建立40个左右年销售额达20亿元的大型企业。按照现代物流管理原则中供应链的管理原理，批发商必须和零售商、供应商建立伙伴关系。这种合作关系除了人与人的见面外，还需要技术和信息交流系统的支撑。如果没有这样的支撑，物流经营者对货源单位不熟悉，对下家即零售药店、医院药房不能有效地管理和及时配送，或配送率不能达到90%以上的话，就不可能有竞争力。

我国现行的医药物流地域分割，客户独立，信息不畅通。为了改变这种状况，可在医药市场开展第三方物流（TPL）。但是，我们也应该认识到医药市场是个非常特殊的市场，并不同于其它产品市场。医药市场TPL企业提供服务质量的好坏，不仅关系到需方（医院）及供方（药厂），还将直接影响到广大患者的利益。所以，我国政府必须对医药市场的TPL企业进行合理管理、正确引导和适度监督，使物流工作健康、有序地开展。鉴于以上考虑，对我国医药市场TPL模式作如下构想：各省（自治区、直辖市）设立一个物流总部，并将其挂靠在省（直辖市、自治区）药品监督管理局。在业务上，物流总部具有较大程度的自主权，但要受药品监督管理局的监督和引导。在各市、区分别设立区域物流中心，同样，将其挂靠在各市、区卫生局，并受其监督和管理。在各县分别设立前端物流中心，类似也要受县卫生局的引导和管理。物流总部与区域物流中心及前端物流中心之间可通过广域网或虚拟专用网实现连接，以便逐级进行业务联系和技术指导。而各物流中心可通过局域网与各医院HIS系统实现连接、整合，以便了解各医院需求情况，并及时向上级反馈信息。另外，还有一点尚需指出，在区域物流中心及前端物流中心需分别设立仓库，以便药物中转库存之用。

目前，我国的医药物流体系正在全面规划和发展中。从中国目前物流业的发展看，7个区域可建大型医药物流中心：珠江三角洲物流区、长江三角洲物流区、环渤海物流区、郑州物流区、武汉物流区、西安—兰州物流区、重庆一成都物流区。这样有利于在华南、华中、西南、西北，最终在全国形成一个医药物流网络体系。区域性医药物流配送中心的规划，应该由其所属的一级物流中心的实际需求和所在地方的实际情况决定，两者应达到相对的供需平衡[1]。

目前以行政区划的省级、地市级、县级的二、三级医药批发商、医药零售连锁企业，应在利用已有的物流资源的基础上，积极改组为区域性的医药配送中心，并主动加入所在地区的上一级医药物流中心网络，成为其中的物流节点企业。这样，可减少医药批发企业的批发层次，通过物流配送中心网络直接导入市场终端，有效实现医药流通渠道的扁平化。充分运用现代信息技术，将客户、配送中心、物流中心、供应商四方进行有效的连接。

1. 大型物流中心和区域配送中心的衔接：将物流中心和配送中心的内部局域网进行有效的对接，大型物流中心能够随时查看配送中心所有品种的库存情况、销售情况、流向等，配送中心也能够随时查看物流中心的医药情况，以便对库存的品种进行及时的调整。在配送中心和物流中心的系统内部建立自动补货系统，一旦配送中心相关品种的库存低于安全库存系统便可以自动反应，便于物流中心和配送中心“物”的科学“流”动。

2. 客户与配送中心、物流中心的衔接：配送中心的内部局域网部分模块与客户进行对接，通过授予一定的权限客户能够通过网络及时查看配送中心的品种结构、库存情况，可以直接在客户自己的办公地点通过自己的电脑进入配送中心的网络系统，进行定单采购或电话采购、传真采购等。生成采购定单以后，自动在物流中心和配送中心分别进行打印。物流中心打印的定单是与客户进行业务结算的凭证之一；配送中心打印的定单主要作为向客户配送货物的依据。同时，配送中心或物流中心也能够随时查看客户产品的销售情况，以便了解市场动态及时进行相关品种的采购。

3. 物流中心与供应商的衔接：由于上游供应商的品种一般相对较少，没有必要进行企业之间的局域网对接，物流中心可以通过互联网，给予不同供应商相应的授权，根据授权范围，可以在互联网上对自己的品种的销售情况进行查询或相关同类品种的销售信息。这样便于物流中心上游供应商及时向中心补货和制定相关决策。

我国医药物流网络内部系统示意图，如图 3-5 所示。

---

〔1〕 作者：李国君．来源：《北京现代商报》

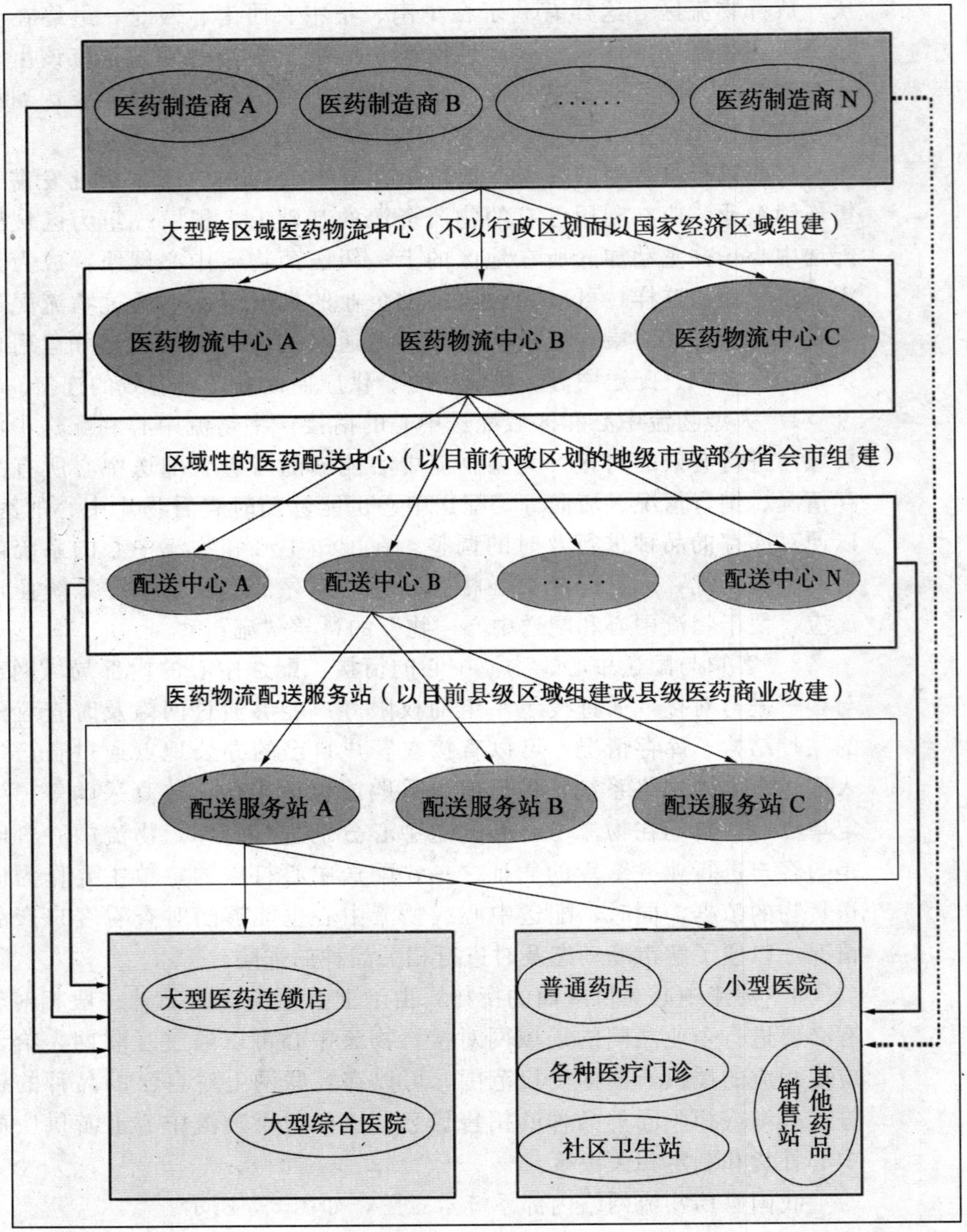

图 3-5 我国医药物流网络内部系统示意图

现代医药只有制药、零售、物流几个环节，而不会有“批发”这样的企业。就我国过去特有的经济体制派生出来的批发行业看，前 10 名以后的批发企业每年的营业额都不到 1 亿元。在医药电子商务发展过程中，他们中的一部分必然要向专业物流公司方向发展。有关专家指出，现今的医药批发企业只有三条出路：开药店、代理产品、做专业物流公司。第三条路可能是处于亏损边缘的医药批发企业最理想的应变、图强之路。它们应该建立强大的信息系统，跟医院、零售网点、供应商建立信息共享，为供应商、医药、零售商供货、存货，提供服务。如此，医药批发企业也就将完成脱胎换骨的自我改造而有望成功突围。医药批发商因其具有把物流上下游整合起来的优势，完全可以成为现代物流服务商。但物流的所有环节的工作不一定都包揽下来。批发企业要转变观念，如考虑专门化的问题、考虑规模效益，就不用什么都自己做。有些环节可以外包，如它可以没有车队、没有仓库，而是利用第三方物流的仓库和车队提供这些服务，由它们在技术上负责。

我国医药电子商务的模式选择

一、美国的卖方主导交易模式在中国行不通

美国的医药电子商务是建立在医药企业、医院（或者是医药行业）较高水平的信息化基础上的，而且现代物流体系发达，医药的分类、编码以及相关的数据标准比较健全，所以医药电子商务开展得很好。美国的大商业模式是基于自身环境和条件发展起来的，是卖方主导的大商业模式，和中国的医药市场上交易者众多、市场集中度不高的现实不相吻合，不适合中国的国情。同时，也应该注意到，美国也存在买方主导交易的情况下的反向聚集和反向拍卖模式。由于反向聚集和反向拍卖的价值体现在通过这种聚集和配对，可以提高购买方议价的市场势力，从而在与卖方的交易中获得更多的优惠。在过去传统的交易环境下，这种沟通会产生巨大交易成本，所以根本是不可能实现的。而电子商务的出现完全改变了这种状况。通过便捷的网上沟通，买方利用第三方平台完全有能力对大量的需求信息进行聚合，达到增强买方市场势力的目的。此外，在反向聚集下，对交易客体有一定的要求：①商品一般是专业化程度不高但标准化程度较高的普通商品；②采购的商品易于拆分

成若干份，方便在不同买方中进行分配；可以说，可拆分的份数越多，就说明可汇集的买方越多，因此这种交易方式价值也就越大。

近年来，美国以GHX的第三方电子商务系统引起各方面的关注。其主要功能在第一章中已做了系统介绍。

医院通过GHX可以同医药制造商和经销商进行多方电子交易。他们通常采用一种互联网连接做生意，而不是花费时间和金钱来维护和每个供应商连接的异构型EDI线路。GHX的IDNs具有能够查看交易数据总结的多项工具，对采购过程可以更加全面的观察更容易做到按合同管理和进行交易协商。相关人员可以从花费大量时间的办公室事务工作中解脱出来，比如通过电话和传真下订单和确认订单等，他们可以担任更具有战略意义的任务，如分析总结采购数据，监测合同执行情况和为将来做出更精明的采购决策。

供应商能够在GHX发布最新的产品信息，通过互联网接受大批客户的采购订单。供应商不再投入大量的时间和金钱来更新和维护多种材料的管理和电子商务的连接。由于在买卖双方之间能够共享更加准确的信息，他们之间的交易可以得到自动确认和跟踪，销售人员和客户服务人员可以把更多的时间花费到能够产生更大价值的活动中，包括客户关系、产品履约和资源计划等。另外，参与制造商现在正通过GHX的内容智能中心体验着采购订单的准确性。GHX的内容智能中心能够自动辨认和更正采购订单中不准确的产品数据，包括项目号和计量单位等，然后把整理后的采购订单发给卖方。这样就为供应商减少了传统必需的、大量的人力干预。

通过使用GHX的AllSource目录，经销商可以降低他们的目录维护费用，提高产品信息的准确性。另外，经销商通过简单的互联网连接，就可以同买卖双方以及多方贸易伙伴（包括制造商、医疗服务提供商和集团采购组织）进行电子商务。经销商所获得的利益将随着GHX开发更多的合同管理功能而连续增长。因为这些合同功能可以帮助经销商取得赖以生存的发票货款和折扣。而且，有了更新的采购信息，经销商可以更好地帮助医院客户管理库存。经销商还将从加速采用行业标准中获益，这些行业标准是帮助买卖双方为某个特定的产品确定正确价格的关键。

由GHX的发展可以看出，美国医药电子商务正向着独立第三方电子商务方向发展。我国医药流通电子商务完全可以根据我国的实际情况，跨越卖方或买方主导阶段，直接走独立第三方的道路。从实现网上集中采购、订单处理开始，逐步建立和完善监管、支付、物流等系统，实现后来居上。

二、适合我国国情的电子商务模式

竞价采购＋电子商务＋现代医药物流是适合我国国情的医药流通解决方案，海虹模式将代表着中国医药流通体制改革的目标模式。仔细研究美国和日本的医药电子商务模式，就会发现，医药电子商务必须具备三个条件：

- 医疗机构集中采购，这是最核心的方式；
- 有可供交易者进行交易的第三方电子交易平台；
- 现代医药物流体系支撑。

在我国，目前这三个方面的条件都已经具备。

医药电子交易市场是利用现代信息网络技术为特定用户群服务的电子交易系统，可以为医药卫生行业提供虚拟的市场空间，让医疗机构全面上网采购，医药生产经营企业全面上网销售，政府有关部门全面上网监管，实现医药交易过程的数字化、网络化、合理化。我国医药电子商务市场示意如图 3-6 所示。

建立医药电子交易市场，可以形成公开、公平、公正的市场环境，规范医药市场秩序，实现医药交易过程的充分竞争，降低医药虚高价格，减轻患者的医药费负担；可以实现集中招标采购的无纸化运作，提高交易效率，降低交易成本，减轻企业负担；强化政府对集中招标采购的监管，可以有效杜绝假药横行，加快新特效药的普及速度。

改变医药招标采购的方式，用信息化带动现代医药物流和整个医药流通体制改革，虽有许多好处，但医疗机构的医药集中采购是以电子交易为实现方式的，没有成熟的电子交易网络，想把集中招标采购这件事办好几乎不可能。

对我国推动医药电子商务发展的建议

电子商务的发展是一个复杂的社会系统工程，它涉及信息基础设施建设（如网络技术应用、互联网及企业内部信息系统建设等），以及商业信用、网

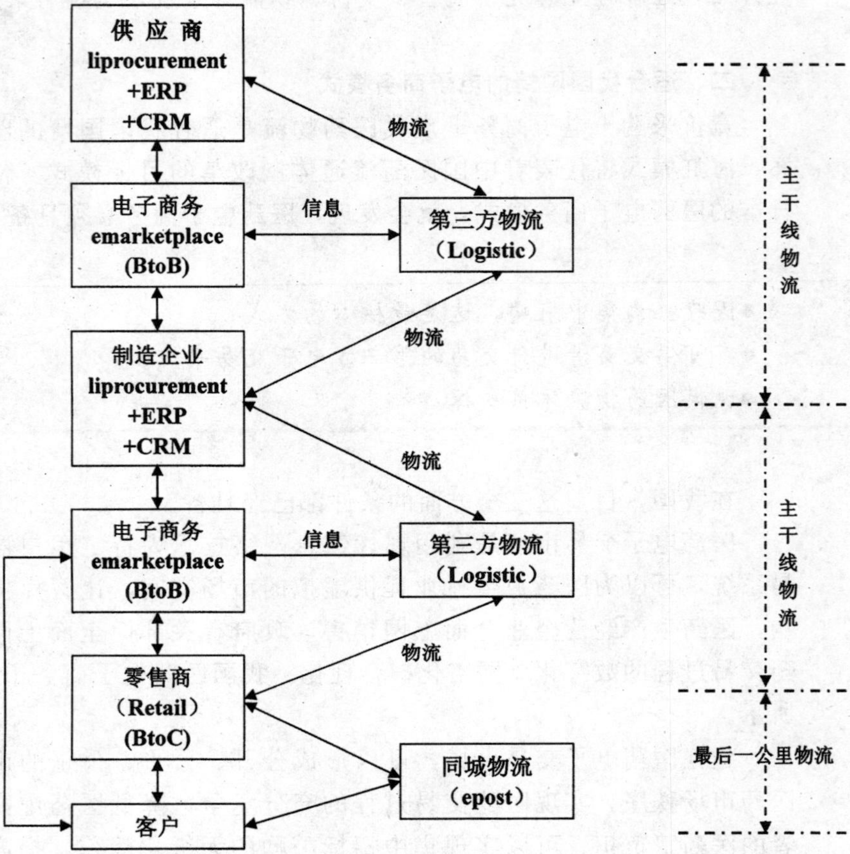

图 3-6 我国医药电子商务市场示意图

上支付、认证、标准、物流配送、税收、相关法律制定与修改等环境与制度建设。电子商务的发展受到两个层面因素的制约，其一是信息技术的推广应用和企业内部信息化基础和水平；其二是市场环境与制度建设。而后者的制约更加明显。纵观近几年来我国电子商务的发展，我们不难发现制约电子商务发展的主要因素不是技术问题，而是所需的市场环境与制度安排。技术可以跨越，制度无法超越！一般商务难以适应的市场环境和制度，电子商务则更难适应。为此，政府推动电子商务发展的着眼点或切入点，就是促进市场环境与制度建设。

医药行业是国家的特殊行业之一，直接关系到人们的身体健康和生命安全；同时医药产业是我国四大重点技术创新产业之一，是一个技术密集程度高、投入多、效益好、周期长、风险大的国际性产业。但同时，由于我国现存生产、流通领域等环节种种不合理因素，极大地导致医药生产经营秩序混乱，医药购销中行贿、索贿、回扣等不正之风盛行。医疗卫生单位也出现类似的问题，使患者背上沉重的药费负担。为了杜绝上述现象，国家曾三令五申建立行业有序竞争，规范行业管理，强化流通环节监督。可是，单单从法令法规方面规范市场行为是不够的，必须通过先进的电子商务手段，增强医药市场透明度和管理监控的力度，大力加强行业的信息化建设，将政府、市场、消费者联系在一起，最终实现医药流通市场的健康发展，使消费者利益得到保护。

建立一个覆盖全行业的医药虚拟市场，一方面是发展的趋势潮流，另一方面也是符合我国医药发展需求的。同时这也是由医药的特殊性所决定的。通过一个医药虚拟市场，医药流通中的买方和卖方平等地面对一个公平透明的市场渠道，而在这个渠道中进行的所有的医药购销行为都会通过现代化的信息采集手段记录下来，并经过相应的信息处理后成为各级相关政府部门执法监督的依据。这样一种市场渠道以及相应交易模式的形成，不仅可以提高医药流通的效率，降低医药流通的成本，而且对于规范我国医药生产、流通、销售中的不正当竞争行为一样有着重要的意义。

从国外的经验可以看出，虚拟市场是市场经济充分发展的产物。虚拟市场只不过是实现的手段或表现形式。而由于我国目前市场经济发展仍不充分，那么利用电子商务手段建立现代化的医药虚拟市场，是对医药市场健康发展的一种促进，从这一点来讲，我国医药虚拟市场的完善必然是一个过程化的产物。同时，由于现有市场经济发展初级阶段的不足之处，一部分人已经成为了其中的既得利益者，那么他们必然会抵制虚拟市场的推广。因此，目前中国推广和完善虚拟市场不能单纯依靠市场自发的动力，需要强有力的行政干预和支持，以及社会各方面积极的参与，因此，它也必然是一个政府主导的全社会系统工程。

首先，医药虚拟市场必须是一个合法的市场，在这个市场中进行交易的双方也必须具备合法的资格，因此医药虚拟市场的管理应该在传统医药市场管理的框架下来进行，并利用现代化的管理手段进行创新和发展。其次，作为一种市场经济的产物，医药虚拟市场必须是独立于任何政府部门的，相关政府机构对医药虚拟市场的管理主要体现在事前的资格认定和事后的监管，政府部门不应该直接参与虚拟市场的运营。同时，基于公平交易的原则，虚拟市场平台的运营者不应该与医药交易的收益直接挂钩。所以虚拟市场平台的运营者不应该是医药交易的双方，而应该由独立的第三方来承担，并通过提供与交易相关的服务获取利润。医药虚拟市场的管理主要是利用现代化的信息技术手段，在传统医药市场管理的框架下，通过对交易双方，以及运营虚拟市场平台的第三方信息中介机构合法资格的认定，并对交易过程的实时监控，和交易结果的事后审查，达到有效管理医药流通市场，加速我国医药流通市场规范化的目的。

既然医药虚拟市场的完善是一个过程化的产物，那么就需要从买卖双方的某一点展开突破，表现在系统平台上，就是先从在线销售还是先从在线采购入手。目前世界医药市场主流模式是从卖方出发的网上销药，但我国目前的医药市场一个显著的特征就是买方市场，买方不参与的市场往往是一厢情愿的。我国医院的采购行为占到了整个医药采购行为的85％以上，医院的采购方式极大的影响着医药市场的运转。因此，医药虚拟市场的推广从医院的采购入手，才能真正影响医药交易的模式，使医药虚拟市场的应用一步步走向良性发展。

一、建立良好的市场环境

（一）重塑市场的商业信誉

政府必须进一步完善市场经济体系的相关法律法规，并采取强硬的措施与手段，来严厉打击各种扰乱市场经济秩序的违法行为，如假冒伪劣、诈骗、盗版等，为企业和消费者创造出一个公开、公平、公正且相互信任的市场环境。

（二）提高网上交易安全性

网上交易安全问题一方面源自技术层面，另一方面源自商务层面。对于前者可以通过加密、认证等技术措施，并辅以立法保障加以解决；对后者需要强化商业信用，促进服务意识与服务质量的提高。我国正处于计划手段退出、市场机制尚未健全的体制改革进程中，经济活动与市场行为很不规范。源自商务层面的网上交易不安全因素，如不履行所承诺的交易、不承认承诺过的交易等，给电子商务的发展带来了诸多困难，中国互联网信息中心的调查结果也证实了这一点。调查表明：目前我国网上购物的最大问题是安全性得不到保障，其次是产品质量、售后服务及厂商信用得不到保障。为此，政府应尽快从技术与法律两方面，促进网上交易安全问题的解决。

（三）完善网上支付手段

发展电子商务必须辅之以完善的网上支付手段，否则就会降低交易的效率。尽管我国国有商业银行全部于去年底推出了网上银行业务，但大部分电子商务公司仍采用离线支付的方式，如银行与邮局汇款、货到付款等。主要原因在于：网上支付信用体系未健全；网上支付效率低下，银行确认支付的时间较长；网上支付收费过高，许多银行对使用信用卡要收取管理费；网上支付存在限制过多，许多银行对支付数额、支付地点等都作了具体限制。如果不解决这些限制因素，完善网上支付手段，电子商务的发展将会受到严重阻碍。

（四）改善上网条件

电子商务的发展依赖于一个具有一定规模消费者群体，其约束条件是网上购物更方便和更廉价。如果上网速度很慢和上网费用很高，则消费者很可能因上网条件的约束而放弃上网。因此，改善上网条件就是要提升上网速度和降低收费标准。近年来，中国电信不断加快资费结构的调整，使得整体资费水平呈下降的趋势。但是，许多电子商务公司认为中国电信规定的带宽租用价格太高了，公司不得不尽量用很窄的带宽，以牺牲用户访问速度的方式降低运营成本。另外，上网费用过高还是影响消费者上网消费的重要原因。因此，如何协调电信行业发展与电子商务发展，成为相关政策制定的主要基点之一。

（五）健全物流配送系统

缺乏良好的物流配送系统，将导致电子商务的流通成本居高不下，这一点正是目前影响我国电子商务发展的重要障碍。由于缺乏大型流通企业为依托，许多电子商务公司只好各自与一些速递公司签约，或独自组织配送队伍，为客户运送货物。为此，国家有关部门应鼓励组建大型流通企业，推进电子商务与已有配送系统如邮政投递网络的结合，协调相关部门并配合优惠政策，健全物流配送系统。

二、加强制度建设

（一）发挥政府的宏观规划与指导作用

电子商务是企业信息化实施的重要目标之一，同时也是国民经济信息化的重要组成部分，这使得它具有全局性、综合性、整体性与复杂性等特点。为此，必须发挥政府的宏观规划与指导作用。

一是要加强政府有关部门间的相互协调，制定有利于电子商务发展的优惠政策，引导电子商务的发展，推动电子商务的应用。

二是要重视企业在电子商务中的作用。企业是经济活动的基本组成单位，电子商务的深入发展必须要有企业积极主动的参与。要鼓励企业发挥积极性，积极参与电子商务的应用，并加强行业自律。

三是要从规范工程入手引导电子商务的开展。稳妥地开展电子商务，抓好重点领域、行业、地区、企业的电子商务试点，通过电子商务示范工程，重点在法律法规、标准规范、支付认证、安全可靠性和信息基础设施方面总结经验，逐步推广。

（二）健全法律法规体系

电子商务的发展是新技术革命的结果，生产力的迅速发展势必引发生产关系的相应调整，这种调整的重要体现之一就是建立和完善法律法规。电子商务的发展需要一个良好的法制氛围。因此必须有一个健全的法律法规体系。健全法律法规体系体现在两个方面，一是要完善原有的法律体系并进行必要的调整，二是为适应发展的需要制定新的法律法规，这些法律法规涉及关税、税收、支付、版权、专利、网络加密、消费者权益等方面。

（三）积极参与国际合作

目前电子商务国际谈判主要集中在少数国家之间，这样的国际磋商机制与互联网的基本原则是不符的，不利于国际框架的形成。因此，我们要积极参与由各国政府、国际组织举行的双边、多边谈判和有关法规、标准的制定工作，努力建立一个国际社会普遍接受的电子商务国际框架，以便建立协调一致的全球电子商务环境。努力创建一个既适合我国国情，体现我国发展特色，又与国际接轨的市场环境与制度框架。

认真研究借鉴国际经验，吸取其中积极的合理的因素，尽快出台国家电子商务发展总体框架。国家电子商务发展总体框架是指导我国电子商务发展的方向指南，必须符合我国的发展实际，体现我国的发展特色。坚持在国家总体框架下，实现政策的统一和组织的协调。各国电子商务发展的实践证明，必须发挥政府的作用。

（四）推进企业和医疗机构的信息化进程

开展电子商务的主体是企业，企业信息化的程度必将影响电子商务的发展。目前我国 15 000 家国有大中型企业中，只有 10%基本实现了信息化，而中小企业这一比例更低。医药企业的信息化比例也大致如此。因此，必须采取措施，促进企业利用网络参与竞争，开拓市场。同时，应努力推进医院和医药零售业的信息化进程，使电子商务的前台处理与企业、医院的后台信息处理相结合，真正实现交易的及时化和自动化。

三、推进医药流通标准化管理建设

国家食品医药监督管理局 SFDA 已经开始实施“提高标准行动计划”，三五年内预计全国约 4000 个医药标准全部提升一个台阶。此举意味着继 GMP

认证后，以“标准”为主题的新一轮国内医药竞争淘汰赛拉开序幕。现有的4000多个医药提高生产标准，对医药生产企业而言，肯定要提高生产成本和管理成本。然而品牌企业却认为，这是个提高市场准入门槛，整顿市场的政策良机。某大型国有中药企业负责人指出，以前由于中药或中成药的生产标准不严格，企业可以随意增减配方，以区别于其他产品。这样，造成同名异方、同方异名的现象非常普遍，不利于企业创品牌。大型药企认为，医药提高生产标准与SFDA实施GMP认证一样，就是通过提高药企市场准入门槛，清理一些水平较低的药企出局。

当前，医药行业为了提高内部管理和运营效率，必须解决以下方面的问题：

- 必须做到准确管理每种医药批次号、保质期、产地、包装等，保质期自动报警，杜绝因过期导致商品报损。
- 要实现医药GSP档案管理，使企业GSP管理规范化，与世界接轨。
- 实现应收应付帐款管理科学，查询准确、快捷，避免企业的死帐、呆帐。
- 成本、毛利计算方式必须灵活，最好提供多种成本计算方式，多种销售统计方式，随时了解商品盈亏情况，提供准确的决策支持。
- 提供多角度、全方位统计分析，以便为经营决策提供准确的依据，从而帮助公司领导人迅速做出经营决策，赢得宝贵时间。
- 变业务、财务、库房三套帐为计算机系统一套帐，消除三套帐不一致带来的决策依据不统一造成的混乱。
- 将各分公司的经营情况通过快速的信息反馈（远程管理），为决策者进行全国通盘决策提供依据，迅速对市场变化做出反应，从而使企业由原来的计划管理模式转变为计划与市场情况更紧密结合的状况。
- 规范的业务管理模式，使业务人员从繁忙的手工开票、统计报表工作中解脱出来，提高劳动效率，减少人为差错。
- 应作好医药分类与编码、条形码、组织机构代码、企业和产品安全认证系统等工作，健全医药流通标准化管理体系。

第 4 章

独立第三方医药电子交易场

医药电子交易场的功能和服务内容
医药电子交易场的参与者和角色定位
医药电子交易场的标准化体系
医药电子交易场的业务流程与运营
医药电子交易场的物流配送体系
医药电子交易场的电子支付和融资支持体系
医药电子交易场的安全保障和政府监管
医药电子交易场的赢利模式

为了规范医药市场行为，促进医药行业健康发展，国务院要求对医药生产流通体制进行改革，积极利用现代信息网络技术推动医药商品交易电子化，充分发挥电子商务系统的桥梁作用，加大医药市场准入管理力度。

中国未来的医药流通体制改革目标在于通过电子交易的方式，建立一个覆盖整个医疗卫生行业的电子交易平台，使医药生产商和医疗机构直接进行交易。网络技术为医药交易提供了新的方式，充分发挥电子商务在医药生产、流通和消费之间的桥梁作用，构建符合中国国情的医药电子交易场模式，可以在应对 WTO 的背景下从根本上改变目前我国医药流通领域混乱的状况。

如前所述，医药独立的第三方电子交易市场（以下简称医药电子交易场或 B2B 交易场）是我国医药流通体制改革的目标模式，集中招标采购和我国的医药流通行业最终走进 B2B 交易场是不可避免的发展趋势。

现阶段，医药的绝大部分问题都是出在中间环节上，通过医药电子交易市场，可以省去医药购销的中间环节，困扰多年的医药流通问题也就能迎刃而解。

本章将对医药独立第三方电子交易场目标模式进行全面、系统的探讨，包括：医药电子交易场建立宗旨、功能和服务内容；参与者和角色定位；交易场的标准化体系、业务流程与运营；物流配送体系；电子支付和融资支持体系；安全保障与政府监管；交易场的赢利模式等。并结合我国具体情况，提出模式选择建议和实施难点。

医药电子交易场的功能和服务内容

建立宗旨

一、实现医药流通体制改革政策目标同现代信息网络技术的充分融合

对医疗机构医药集中招标采购试点地区的成功经验进行深入研究和理论概括，针对我国医药流通行业的特点和存在的主要问题，研究开发出适合中国国情的医药行业电子商务市场解决方案，医药电子交易场成功实现医药流

通体制改革政策目标同现代信息网络技术的充分融合。它不仅可以全面实现现阶段医药集中招标采购的无纸化运作，减轻医疗机构和医药生产经营企业的负担；而且提供了反向拍卖、浏览采购、询价采购、电子谈判等多种网上交易撮合方式，为医药流通活动提供了全新的信息网络环境。这一商业模式的推广应用，将在统一的技术标准、数据标准和交易规则的基础上，推动医疗机构和医药零售企业彻底转换医药采购管理模式，建立同市场经济的客观要求相适应、同国际惯例接轨的集中采购制度，进一步规范医药市场秩序，实现我国医药电子商务事业的跨越式发展，使我国医药行业“十五”规划提出的行业信息化目标得以顺利实现。

二、实现医药流通领域商务运作的专业化、信息化和合理化

随着信息时代的到来，Internet 正在极大的改变着人们的生活。现代信息网络技术的发展使电子交易市场作为一种全新的商业形态迅速出现，并逐渐走向成熟。电子交易市场是基于互联网的行业数字化商务平台，是买方和卖方进行信息互动，利用动态价格达成交易的数字化商业场所。它不仅为商业活动提供了便捷、高效的交易手段，而且以其全新的数字化表现形式，为规范和整顿市场秩序创造了条件。电子交易市场代表了商业行为在信息时代的理想化架构，在全行业商务运作数字化的基础上，通过网络手段实现信息准确高效的沟通和共享，可以全方位的优化传统业务流程，使交易效率提高，成本降低，逐步实现商务运作的专业化、信息化和合理化。

三、提升国家医药流通的智能化水平，与国际惯例接轨

为特定用户搭建的 B2B 医药电子交易市场，旨在搭建医药这一特殊商品的电子交易平台，利用现代网络和信息技术，应用现代物流配送技术和金融电子手段，使医疗机构、医药零售企业可以全面上网采购，医药生产企业、批发企业可以全面上网销售，政府主管部门可以全面上网监管，从而全面实现我国医药流通方式的数字化、网络化和智能化，逐步缩小同发达国家的距离，与国际惯例接轨。

四、理顺利益关系，促进卫生事业健康发展

建立具有中国特色的医药行业电子交易市场，为医药产品的生产商、分

销商和零售商提供一种全新的交易方式。这一交易方式可以使生产商和零售商通过电子交易服务商的虚拟代理直接达成购销合同，逐步将多层次、多环节的医药分销企业转变为以物流配送为主要功能的配送服务企业，从而减少中间环节，降低交易成本，提高交易效率，实现我国医药流通体系的创新。电子交易市场是具有数据准备、成交撮合、订单处理、物流配送、交易结算支持等交易服务功能的数字化交易场所。同传统的实体市场相比较，电子交易市场是组织严密、规则严谨、监管严格的新型市场形态，具有传统实体市场无法比拟的优越性。通过医药电子交易场进行医药交易，重造中国医药流通链，使医药采购在信息对称透明的环境下进行，降低虚高药价，解决老百姓的吃药难题，减轻中国医药产业的负担，增强竞争力，促进其健康发展，提高医疗机构医药采购供应的信息化水平，为中国的医疗事业体制改革和健康发展出力。

功能定位

B2B交易场是指数字化的电子交易市场，B2B医药交易场是交易平台覆盖全行业的垂直交易系统。它能够将所有具备条件的买方和卖方聚集到一个虚拟的中心交易场所，以动态价格进行医药在线交易。B2B交易场不同于一般的招标代理机构。它不从属于买方或卖方，是独立的第三方交易系统，为买方和卖方提供双向服务，并致力维护交易各方利益的均衡。B2B交易场也不同于一般的B2B电子商务系统。它是网络覆盖范围极为广泛的行业电子商务系统，是一个完全开放、公开、公平、公正的虚拟医药市场，进入这个市场的买方和卖方都是B2B交易场运营商的战略合作伙伴。

在我国医药卫生行业推广应用的B2B医药交易场系统，必须具有中国特色，符合中国医药卫生行业信息化发展战略。由于我国医药行业市场集中度低，信息化能力差，医疗机构是主导医药市场的支配力量，我国的B2B医药交易场必须体现这一国情。由独立第三方投资建设的医药电子交易市场，其功能定位可由以下四方面描述。

一、覆盖全国并与国际接轨的医药电子交易平台

医药电子交易场是搭建在医药生产企业、批发企业和医疗机构、零售企

业之间的 B2B 电子交易服务系统。该系统不具有传统实体医药市场的物理形态，但却能够提供实体医药市场的交易服务功能，是代表现代医药流通发展方向的电子交易市场。

医药电子交易场以服务、融合、共赢为宗旨，在现有医药流通法律、法规、规章的框架内为医药流通市场主体提供电子交易服务，将传统的医药交易活动数字化、网络化、合理化，成为体现公开、公平、公正、诚实信用原则的电子交易活动。

医药电子交易场是具有中国特色的医药电子交易系统。该系统的总体设计充分考虑了我国医药卫生行业信息化总体水平低、东西部地区的信息化能力存在较大悬殊的实际情况，坚持独立第三方系统的业务方向，为医药卫生行业提供数字化、网络化设施及相关服务，使不同信息化能力的客户都能采用统一的数据标准进行电子交易。

通过帮助医药生产企业建立网上代理经销体系，医药生产企业在委托配送服务的基础上，可以直接进行在线交易报价，以减少中间环节、规范流通渠道、推动现代物流配送体系的建立。

医药电子交易场提供充分竞争、规范有序的市场环境，在覆盖全国的电子商务平台上，买方可以进行集中采购、联合采购，也可以进行分散采购。采购方式可以包括招标、竞价、询价、在线浏览、在线洽谈等，医疗机构临床应用的所有品种都可以利用电子商务系统方便快捷的达成交易。

采用多种方式进行订单采集，全面支持采购订单电子化。订单生成可以采用互联网、客户端、浏览器和电话、传真等多种方式，并对所有自主进行订单采集有困难的客户提供现场服务。

电子商务平台是一个虚拟医药交易市场。这个市场没有传统市场的实体形态，却拥有传统市场无法比拟的交易功能。实体市场的交易规则是由人执行的，具有较大的主观性和随机性；虚拟市场的交易规则是由计算机执行的，具有强大的客观性和不可改变性。通过执法监督部门对电子商务系统的准入审批和交易规则的监督管理，医药交易将实现规范和有序。网上交易可以有效地强化竞争机制。无论是网上招标，还是网上竞价，所有供应商都可以按照公开、公平、公正和诚实信用的原则进行质量、服务和价格竞争。买方可以对所有供应商的报价一览无余，通过货比三家，获得质量价格比最优的医药。高度公开透明的交易过程必将带来充分的竞争，使医药的质量价格比逐步趋向合理，虚高定价得到强有力的遏制。

二、综合医药生产、购销和医疗信息的信息增值服务提供商

医药电子交易场具有强大的信息收集和处理功能，它集医药生产商的生产供应信息、物流配送商的仓储运输在途信息、医疗机构的药房需求信息和历史采购信息与一身。通过信息挖掘技术，医药电子交易场可以提供诸多信息增值服务，为医药电子交易场的参与各方提供有偿信息服务。购买者和销售商可利用的信息包括：产品目录、行业目录、价格和各种数据库。如公司目录列表，公司的简介和级别，总目录，具有产品清单和贸易参与者身份和背景的电子小册子，产品信息，库存目录，公告牌，网上信息浏览能力；搜索订单状况信息和追踪的能力；购买者预先限定供应商的能力；有关关税和运输费的数据库；有关网站和消费者服务的信息；购买者指南和新闻等。

独立第三方电子交易市场的投资者将成为医药流通领域的信息增值服务提供商，信息增值服务收入是其最主要的收入来源。

此外，B2B交易场的信息汇聚和整合功能有助于彻底解决医药流通过程的信息不对称问题。医药采购过程中的不正之风同信息不对称直接相关。买方和卖方信息不对称，买方与监督方信息不对称是滋生不正之风的根源。成熟的市场经济必然对医药交易过程提出信息对称性要求，而电子商务是实现医药交易信息对称性要求的最佳手段。电子商务的核心是数据中心系统。一个功能完整的电子商务系统，可以利用统一的数据交换技术标准、规范的会员管理体系和准入、认证制度，进行规范有序的医药信息采集、加工、发布、传递和利用。一旦在医药市场上处于主导地位的生产经营企业全部进入数据中心，医药交易过程中的“暗箱”就将被彻底打开，所有买方都将共同面对一个信息量极大丰富的医药信息平台，采用人机对话的方式进行医药交易。长期困扰我国医药流通过程的信息不对称问题将得到彻底解决。

三、实行严格会员制管理的行业自我监管的机构

独立第三方医药电子交易场实行严格的会员制管理，其目的在于明确电子交易当事人的法律责任，实现会员企业医药交易信息的数字化，确保电子交易信息真实、准确、合法、有效，在特定用户之间建立规范有序的电子交易秩序，维护医药交易当事人的合法权益和社会公众的利益。

医药电子交易场的卖方会员，是指以契约方式接受独立第三方医药电子交易场提供的互联网信息服务和交易服务的医药生产经营企业。医药电子交易场的买方会员，是指以契约方式接受独立第三方医药电子交易场提供的互联网信息服务和交易服务的医疗机构及其分支机构。会员依其医药购销市场范围的不同，可区分为全国会员和地方会员；依其购买的互联网信息服务产品的不同可区分为注册会员和高级会员。

独立第三方医药电子交易场是独立的互联网医药信息和交易服务系统，不参与医药生产经营活动，同行政机关不存在隶属关系和经济利益关系。在药监、卫生、物价、工商、信息产业等行政主管部门的监管下，遵循公开、公平、公正和诚实信用原则组织医药电子交易活动，实行严格行业自律的自我监管机构。

医药电子交易场实行严格的市场准入监管，实行市场准入制度可有效控制市场环境。虚拟医药市场由药监部门负责监督管理，市场准入的技术性和服务性工作可由药检、药剂、医疗、经济、价格及管理方面的专家组成独立的专家委员会负责。

凡首次进入医药电子交易场的企业必须向专家委员会提出准入申请，并按要求提交医药生产、经营企业许可证及营业执照等资格证明材料，以证明其身份的合法性。凡首次进入医药电子交易场的医药必须向专家委员会提出准入申请，并按要求提交产品的生产批件、物价批文等资格证明材料，以证明其合法性。通过 CA 认证（客户认证）可以确保其在医药电子交易场所发布的信息和伴随交易的可信性、完整性、不可抵赖性和访问控制。当然，医疗机构作为医药采购计划的发布者和实施者也要进行 CA 认证。此外，专家委员会应对企业提交的材料进行真实性、合法性审查，并对品种做出科学、公正的市场评价，为药监部门提出是否准入医药电子交易场的建议，提供决策。通过药监部门及其授权机构的安全认证、持有数字证书的企业及其产品，可以在医药电子交易场的商务数据中心注册，没有通过安全认证的企业及其产品不得进行入网商品注册。在国家药监部门安全认证制度开始实施前，由数据中心依据对会员企业提交的纸质证明文件的真实性、合法性认证进行入网商品注册，不能提交纸质证明文件或者其提交的纸质证明文件不能通过真实性、合法性认证的不得进行入网商品注册。

四、方便政府相关部门推行政策和监管的自动化接口

独立的第三方系统为政府主管部门的监督和管理提供了方便、快捷、有效的技术手段，提供了与政府相关部门推行政策和监管的自动化接口，可以与各级电子政务系统进行对接，为政府主管部门及医药交易各方提供电子交易监管服务，帮助政府主管部门改变对医药交易活动监管方式。药监部门负责市场准入、医药质量监督和网上医药信息服务的审验，适时监控市场行为，准确把握市场脉搏，及时提取各种市场信息，为有效地监督管理医药流通秩序提供科学的决策依据。卫生部门负责医疗机构医药采购的监督和管理的组织、协调、监督和管理，医药电子交易市场能及时、准确地为其提供与之有关的各种信息以供决策。计划部门负责医药价格的制定和监督，医药电子交易市场能为其实时掌握市场价格信息，及时调整政府定价品种的价格，为有效遏制医药的虚高定价提供准确可靠的市场依据。劳动保障部门负责“医保医药”的筛选和使用的监管，医药电子交易市场能为其提供有效的监控手段和各种准确实时的数据。经贸部门负责企业的生产、经营的协调和管理，医药电子交易市场能及时、准确地为其提供与之相关的各种信息以供决策。

服务内容

医药电子交易场具有成熟完整的商务模式，方便灵活的技术架构，从应用角度划分，医药电子交易场可分为中心数据管理、地方数据管理、成交撮合、交易结算、交易监控等五大系统。按用户划分，可分为买方、卖方、政府、中介经办机构、地方数据中心和全国数据中心六大用户体系。其目标是在行业信息数字化的基础上，建立全面覆盖我国医药卫生行业的电子交易市场，交易方式以B2B为主，其业务架构如图4-1所示。

医药电子交易场提供的服务内容有电子商务环境的提供、信息管理、会员管理和营运管理等，按其接受服务的用户不同而有所差异，下面就分别从全国数据中心、地方数据中心、中央政府机构、地方政府机构、买方机构、卖方机构和中介经办机构等七个方面介绍具体的服务内容：

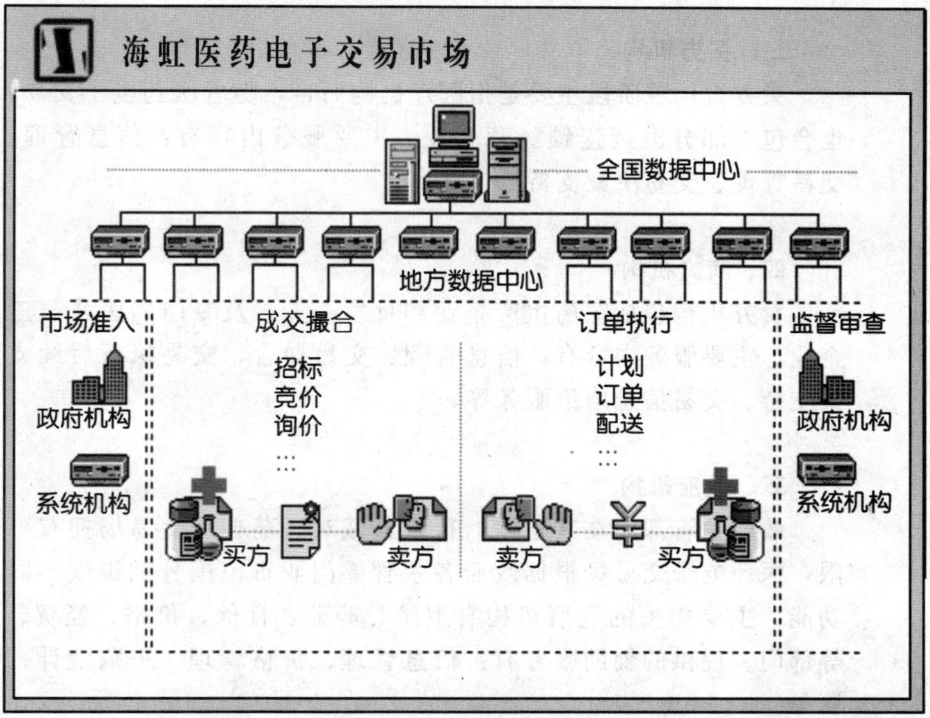

图 4-1　医药电子交易场业务概图

一、全国数据中心

全国数据中心是整个系统运行的基础，是全国范围内信息、系统运营管理的维护中心。全国数据中心具有全国范围内整个医药电子交易场的系统管理、信息管理、会员管理、运营管理和信息综合查询等服务功能。

二、地方数据中心

地方数据中心是医药电子交易场为客户提供信息服务的机构，所有网上交易行为都发生在地方数据中心支持的交易平台上。由于我国目前医疗机构医药采购活动所具有的地域性特征，地方数据中心以单一医疗机构和采购联合体为具体服务对象，将医药供应商授权代理商、经销商发布的市场信息进行标准化处理后对采购方发布。地方数据中心同时也是当地信息、系统运营管理的维护机构，具体的功能具有鲜明的地方特点。

三、买方机构

买方机构现阶段主要是指医疗机构而言，随着医药电子交易市场的发展，也会包含部分医药连锁经营企业。主要服务内容有：信息管理、交易撮合、交易管理、交易决策支持等。

四、卖方机构

卖方机构包括医药生产企业和批发企业，及专门的医药第三方物流配送企业。主要服务内容有：信息管理、交易撮合、交易执行后续支持、交易决策支持、交易信息增值服务等。

五、政府机构

政府主管部门在其管辖的行政区域对医药电子交易场拥有不同的监管权限，医药电子交易场根据政府各主管部门职责范围分别提供不同的监管服务功能。主要相关的政府机构有卫生、药监、社保、价格、经贸、纠风、工商等部门。提供的辅助服务有：信息管理、价格管理、采购统计、特别项目监管等。

六、中介经办机构

中介经办机构是指在买方的采购过程中，具体经办成交磋商活动的机构。实际上，它可能包括三类机构，首先是独立第三方电子交易场在各地的分支机构，其次是各地的医药招标中介机构，最后还有当地买方自主组织的经办机构。在系统中他们具备同样的地位和功能，接受买方的委托，并通过系统提供统一的服务，同时这些机构本身，由当地的地方数据中心通过平台提供统一的服务。

医药电子交易场的参与者和角色定位

概　述

医药电子交易场的参与者众多，有其各自的利益要求、参与方式和角色定位。

一般来说，医药电子交易场的买方主体是县及县以上人民政府、国有企业（含国有控股企业）和军队、武警部队举办的非营利性医疗机构以及实行连锁经营的医药零售企业。

医药电子交易场的卖方主体是医药生产企业和医药批发企业。医药生产企业可以通过医药电子交易场的虚拟代理，直接对医疗机构进行报价和洽谈，同时委托医疗机构所在地的医药批发企业代理配送。

医药电子交易场的运营主体是独立第三方投资举办的交易中心、其他中介代理机构和医疗机构联合组建的经办机构，以及提供专业医药物流服务的公司和结算融资服务的金融机构。

医药电子交易场的监管主体是各级政府主管部门（药监、卫生）和工商、税务等机关。

医药需求方

一、医疗机构

医疗机构是医药的决定性买主，患者只是医药的被动消费者；在医药电子商务的购销链上，医疗机构是医药电子商务运营商的最重要客户。

医疗机构的医药采购活动对于我国的医药卫生行业具有重要意义。一是医药采购是医疗机构最大的支出项目。据卫生部规划财务司《2000 年卫生事业经费决算资料》，2000 年，全国卫生部门医疗机构的医药采购支出为 820 亿元，占其支出总计的 37.6％，是医疗机构最大的支出项目。二是医疗机构是我国医药市场的最大采购主体。尽管近年来医药零售市场异军突起，市场份额与日俱增，但截止2000年，医疗机构的医药采购金额仍占医药市场总额的80%。离开医疗机构这块市场，多数医药生产企业、批发企业将无法生存。三是医药费用是患者主要的医疗费用支出项目，据卫生部规划财务司《2000年卫生事业经费决算资料》，2000年，每门诊人次平均医药费用支出37.46元，占每门诊人次收费水平的61.88%；每住院床日平均医药费用支出100.76元，占每床日平均收费水平的46%。由此可见，医疗机构的医药采购活动是关系国计民生的战略采购项目。如此重要的采购活动，迫切需要采用同国际惯例接轨的采购方式，建立同市场经济体制客观要求相适应的采购管理制度，实现采购职能的专业化、社会化、信息化，使医药采购活动变得更快、更好、更省、更健康。

另一方面，医院面对市场的竞争，为实现内部成本控制的目的，也需要透明化的药房建设，信息技术为此提供了条件。特别是现阶段，正是处在由公费医疗向社会医疗保险过渡的阶段，病人与医疗保险部门将根据各个医疗机构的服务以及医药采购的透明度状况，来决定自己选择的定点医疗单位。医院要想在即将到来的医疗服务竞争中取得有利的地位，就不能忽视在医药采购、销售中透明度方面的努力。通过高度透明有序的独立第三方医药电子交易场进行医药采购已成为医院信息化建设的一个重点方面。

未来信息化的医院具有动人的前景：医院管理者可以及时准确地掌握各个病房的统计数据，为决策提供帮助；采购部门可以实时掌握药房各种医药的“进销存”情况，系统甚至可以“预测”出一些医药的需求量；医生的医疗行为将记录在电子格式中并长期得到存储，以方便日后的监督、审查；病人的病情和诊疗记录可以记录成电子格式，患者在不同的医院就诊的时候可以方便地运用已有的信息。

因此现阶段医院采购信息化过程的实现，采用独立第三方医药电子交易场进行信息化采购，医疗机构的医药采购管理模式将得以彻底转换。其采购决策方式将由分散转变为集中，实现医疗机构医药采购决策的专业化；医药采购和销售将实行分开管理，逐步实现医药采购职能的社会化；交易过程将由人对人转换为人机对话，实现医药采购过程的信息化。医疗机构将逐步形成与社会主义市场经济体制相适应的医药采购管理制度，全面推动医院向现代医院的转型。在信息化基础上产生的新医药、医疗服务模式的医院，将会告别目前的种种不正之风的侵蚀，真正地发挥人民大众健康天使的作用。

二、医药零售连锁企业

虽然在目前医疗机构以药养医的旧体制下，医疗机构是医药市场的买方主体，但随着国家医疗制度的深化改革，医药分家的最终实现，医药零售连锁经营的进一步发展，平价药房的普及，未来医药的主要销售渠道将是医药零售连锁企业，医药零售连锁企业是医药电子交场潜在的最大客户。

医药电子商务将使医药连锁企业和零售企业方便地采购到全部价格合理、品质优良的医药，同时也使采购成本显著降低。

医药供应方

一、医药批发经营企业

在医药电子商务的形式下，医药生产商和医疗机构直接交易，批发、调拨等环节将自行消亡，传统的医药批发企业将失去了自己的立足地。但是，医药批发、调拨职能的消亡不等于商业环节的消亡，任何一个市场的商业环节不仅包括批发和调拨，还包括仓储、配送和伴随服务。医药批发企业可以根据以往已有的种种优势，选择向医药物流企业发展，转型为专业的第三方医药物流企业。专业的第三方医药物流企业是电子商务形式下进行医药流通的重要环节，他们的健康运营与发展状况对医药电子交易场的整体运作将具有重大意义。

1. 医药电子商务将使医药批发企业的作用淡出，面临整体行业业务转轨，由批发企业转变为物流企业。

2. 在目前的医药流通领域进行的医药集中招标采购模式下，规模大的医药批发企业由于其低流通成本，高信誉度，周到服务的优势，已显现出强大的竞争力，占据批发市场份额的绝大部分，而大量小型批发企业则已开始陆续退出了这个市场。医药电子交易场可以加速医药批发企业的转型，获得现代信息化条件下健康发展。

在网络经济条件下，物流系统的建设和培育与信息网络系统的建设同等重要。仓储、配送和伴随服务是物流系统的重要组成部分，需要大力培育和发展。且医药电子交易场的建设、推广、应用到成为医药流通领域的主流模式需要有一个过程，在这个过程中医药经营企业仍将发挥重要的商业作用。

二、医药生产企业

医药生产企业在医药电子商务的购销链上，是独立第三方医药电子交易场的最主要客户。医药电子交易场为医药生产行业和企业带来巨大利益：

1. 医药电子商务在医药购销领域的广泛推广应用，将极大地提高医药生产企业的信息化程度。在信息化的带动下，使医药库存量减少，生产经营成本下降，市场集中度提高，落后、过剩的生产经营能力被淘汰。在科研、生产、经营方面真正具有实力的医药生产企业，可以从医药电子商务中获得巨大好处，他们具有推动医药电子商务发展的强大动力，他们也具有雄厚的实力去实现企业信息化的进程。那些实力弱的医药生产企业在医药电子商务的环境下会遇到了致命的压力，除非他们苦练内功增加实力，否则将被其他企业兼并，或是被迫转产，最坏的结果当然是破产。那些专门依靠“暗箱操作”，依靠给巨额回扣推销劣质、假冒医药的企业，在医药电子商务的环境下将完全没有生存空间。因此，医药电子商务的推行，将使我国医药产业结构得到优化，提高医药行业的产业集中度和市场集中度，我国医药生产行业竞争力得以全面提升。

2. 医药电子商务为企业创造了一个公开、公平、公正和规范的市场竞争环境。这样的环境下，技术装备先进，生产规模大，生产成本低，产品质量优，新产品开发能力强，在国内外市场中具有强大竞争力的医药生产企业将获得更多的商机和发展机会。而技术装备落后，生产成本高，产品质量差，新品开发能力弱，依靠不正当竞争手段才能生存的医药生产企业将被市场逐步淘汰。

3. 缩短医药销售周期，降低销售成本，减轻企业负担。应用电子网络技术传递交易信息的医药电子商务，使整个交易程序简洁，操作方便、快速，具有无纸化、零距离和人机对话的特点。医药电子商务可以使厂家在销售自己的产品过程中明显降低企业的生产流通成本。

医药生产企业是电子交易市场的卖方主体，也是医药电子交易场的主要用户，医药电子商务运营商应当重视医药生产商的利益，为其提供尽可能好的服务。

医药电子商务运营商

医药电子商务运营商是独立第三方医药电子交易场的投资建设者，是医药电子交易场的日常维护和商业运营的主体。通过提供医药电子商务交易服务平台、医药信息增值服务和其他附加服务，开辟信息技术产业新的赢利点。医药电子商务运营商利用现代信息网络技术进行产业结构调整、建立符合WTO规则的医药流通体系，推动我国医药商业制度的创新，建设独立第三方医药电子交易场，为医药电子交易场的所有用户提供满意的服务。其作用可归纳如下：

- 医药电子交易场基于会员制的运作方式，明确了交易主体的法律责任，有利于维护企业的合法权益。
- 统一的电子交易平台，在全国范围内实现信息资源共享，极大地减轻企业负担；多种交易方式和全行业的市场覆盖，提供了全新的销售渠道和广阔的市场空间。
- 公开、公平、公正的交易环境，规范有序的市场秩序，代理经销关系实现在线管理，帮助企业净化市场渠道，规范营销行为；及时、准确地市场信息反馈，业务情况一目了然。
- “零门槛”上网销售医药，利用医药电子交易场提高企业信息化程度，大幅度降低企业信息化成本。
- 周到细致、方便快捷的网上交易专业化服务，使交易效率提高，成本降低。
- 强大的系统工具和完整准确的中央数据库，轻松提高客户满意度；强大的数据处理和数据分析能力，获取中介服务附加价值。
- 实时跟踪项目进展和服务过程，及时预防和处理问题，提高客户服务水平；规范的业务流程，高度个性化的客户服务系统，充分满足客户的需要。

作为一个有远见，有开拓精神的未来医药电子商务运营商，应该以网络信息技术的实际应用为出发点，充分利用政策资源进行大胆创新，寻求医药电子商务的发展应用模式，进行技术开发，经过多方实践，积累经验，并积极协助和配合政府共同创造开展医药电子商务的必要社会条件，促进医药电子商务早日登上我国的经济大舞台，提供让客户满意的互联网医药交易服务。

物流服务提供商

独立第三方医药电子交易场通过医药电子商务系统的虚拟代理，医药生产企业和进口医药一级代理商可以同医疗机构建立直接业务联系，从而创造出一种崭新的、与社会主义市场经济体制相适应的医药流通商业模式。这一模式将再造医药流通渠道，减少中间环节，净化医药市场，使医药流通中间环节的多层次、多渠道、秩序混乱、不正当竞争盛行、不良成本严重堆积的问题得以彻底解决。

医药电子交易场通过引入专业的医药第三方物流企业，实行代理配送制，解决现阶段电子商务的物流瓶颈，同时为医药物流配送企业提供一个极其广阔的市场空间。

金融支持参与方

医药电子交易场为理顺医药交易的资金链关系，确保电子支付及时，使得医药电子商务拥有良好的结算和支付环境，引入有实力的大型金融机构，为医药电子交易提供安全顺畅的电子支付，同时通过金融创新，为医药供应商、医疗机构提供多种形式的融资支持，以促进中国医药和医疗事业的发展。同时金融机构也获得了全新的业务和客户资源。

政府主管部门

政府部门是国民经济和社会信息化的领导者、规划者、规则制定者，当然也是医药电子商务的强力推动者。从整体而言，医药电子商务的全面推行，同时也将使政府工作受益。其决策依据更加科学、准确，监督管理更加及时、有效。政府主管部门在医药电子交易场中的角色定位是：

- 按照医药行业“十五”规划，建立医药流通体系，全面推进医药行业信息化；
- 有效地进行企业和医药的市场准入，遏制假劣医药和非法经营活动；
- 全面掌握医药价格信息，对医药价格进行有效调控；
- 推动医疗机构医药采购职能的专业化、社会化、信息化，有效实施医药收支两条线管理；
- 对医药流通过程进行在线监管，行政执法效率提高，成本减低；
- 利用高效信息手段，全面、及时、准确地获取医药购销活动相关各项统计数据

在公开、公平、公正的电子商务市场竞争环境下，医药生产行业将通过淘汰、重组和优化，逐渐形成新的、合理的资源配置格局，达到提升我国医药生产行业整体素质，增强国际竞争力，完成医药生产企业结构改革的政府目标；通过医药批发企业将向医药物流企业转型，实现我国政府将通过重点发展连锁经营、物流配送和电子商务大力推进流通现代化，以应对经济全球化挑战，扩大内需，拉动国民经济持续快速健康发展的政策目标；使医药流通信息不对称的现象完全改观，公开的市场环境有利于达到消除医药流通领域里腐败现象的政府目标；以及医药电子商务将带动医药企业和医疗机构的内部信息化建设，符合我国政府国民经济和社会信息化发展的战略目标之外。政府还可以通过医药电子商务系统含有的信息化、网络化的电子商务平台，全面、准确、详细、实时地了解医药流通过程中一切与监督管理相关的信息，从技术手段上帮助政府强化监督管理职能。

总之，医药电子商务是高新技术给人类带来的全新的商务模式，国际实践与国内实践证明，它已经大大地优化了资源配置的效率，极大地提高了生产率，对传统的产业链条也带来很大的冲击，我们只有充分地认识到医药电子商务的本质，作好各种准备，才能在这场新的产业革命中，立于不败之地。

医药电子交易场的标准化体系

当今世界，信息化、网络化，正成为科学技术发展的主流。我国医药行业与其他行业一样，正处于信息化建设的快速发展时期，并取得了令人欣喜的成绩，但同时医药信息化进程中也出现了一些问题。

1. 信息膨胀带来的管理问题　每个部门每天都在处理着大量的信息，而且其数量呈几何级数增长，使人感到无所适从，因为在这些信息中有一些是没有什么价值的，而有些则有很重要的价值，如何能自动处理其中的大部分信息，提取对自己有用的信息，屏蔽垃圾信息是信息膨胀带来的一个重大课题。

2. 信息共享问题　由于各部门采用相互独立的网络系统、应用系统，在部分提高了效率的同时，这些系统的相互独立性也为整体管理设置了严重障碍，它们缺乏统一的界面，没有相互连接的信息渠道，数据通常都被封存在各部门的不同数据库、主机、文件服务器上，数据之间缺少应有的关联性。这样孤立的信息对决策者的支持效率很低，所以出现虽有相关的信息系统，但很多工作还是通过手工来处理的尴尬局面。只有共享的知识才是信息时代促进发展的巨大力量，这是医药信息化进程中必须考虑的问题。

3. 信息的非结构化问题　信息的结构化就是需要让系统内的信息按照一定的排列方式方便地呈现给需要查询信息的人员。对大多数部门来说，结构化数据只占到其全部信息的一小部分。而对于决策者来说，备忘录、邮件等这些所谓的非结构化信息“死角”里可能隐藏着非常重要的信息资源。怎样使我们的信息在进入系统的时候就按一定规则来组织，或者在流转过程中提供信息提取分离、再组织的手段，使其结构严密有序，这样才可能激活那些重要的但被隐匿的信息，否则这些海量信息只能成为决策管理的翳障。

西方发达国家的经验证明，医药流通体系创新的出路在于信息化。建立覆盖全国的独立第三方医药电子交易场，是我国医药流通领域向信息化、现代化、科学化管理迈进的一个重要标志。但现阶段在医药电子交易场的建设与使用的过程中，同样存在着信息的标准化问题、信息的共享问题、信息的结构化问题，提高信息质量标准化、结构化、共享程度是医药电子交易场信息系统的生命，它作为一个集合了管理学、物流学、信息学、医药学专业知识而成的庞大交易系统，必须具有严密性、精确性、准确性、共享性、安全性，因此需要建立和完善医药电子交易场的标准化体系。它包括医药信息结构化体系、医药编码标准体系和医药信息共享的电子数据交换标准体系等。

医药信息结构化

在医药信息的组织质量上，信息的结构化程度无疑是一个很重要的指标。世界卫生组织（WHO）对基本药物政策的推广，美国等发达国家在药物信息的管理利用的成熟经验充分表明，结构化是药物信息有效管理和利用的基石。医药信息的结构化组织在我国医药电子交易场的建设中尤显重要。

所谓医药信息指医药在研究、生产、流通、使用过程中产生的信息。其中既包括法定的标准化文件，也包括研究总结资料，和其他派生信息。

所谓结构化信息（Structured Information），指信息经过分析后可分解成多个互相关联的组成部分，各组成部分间有明确的层次结构，其使用和维护通过数据库进行管理，并有一定的操作规范。

所谓非结构化信息指信息的形式相对不固定，常常是各种格式的文件。它是相对结构化信息而言的，从宏观上看也是结构化信息的一种形式。

一、医药信息结构化组织的意义

（一）对医药注册管理工作的促进作用

医药注册管理工作不是无源之水，这一技术审评过程除了要求有一批具有扎实的专业知识的审评人员，有序的管理规范，还需要足够的信息支持。这些信息包括国家医药标准、国外药典、其他权威参考信息、既往审评过的品种信息等。而这些信息大多是孤立存在的，需要审评人员花费大量时间和精力去查阅。医药信息的结构化，就是要考虑到审评工作对信息利用的要求，科学组织信息，使审评人员能够迅速查找有关信息。从而使他们能专注于审评过程而不是资料查找过程。

（二）对国家医药信息标准化的贡献

信息化的过程实际上是一个标准化的过程。没有规矩不成方圆，没有标准化的医药信息，医药管理工作始终会处于一种无序的局面，会对医药管理的各个环节造成负面的影响或成为发展的阻碍。医药信息的结构化对规范医药信息标准是一个重大的促进。

数据质量是信息成熟度的关键，这一点已经形成共识，而信息的标准化是数据质量的一个重要衡量指标。

（三）对医药产业发展的影响

信息结构化所带来的效应决不仅仅局限于信息自身管理的方便性，它对于医药产业的发展有着积极的指导意义。我国医药从研究开发到生产、流通都缺乏创新，一方面是因为投入有限，另外一方面，也有信息不畅，闭门造车的因素。

（四）适应入世后的国际间交流

随着我国入世，必然有越来越多的国际间交流与合作，如果我们没有可以对话的信息，就跟语言不通一样，我们的对外交流合作会非常被动，这一点在其他很多行业已经凸现出来，不容忽视。

二、医药结构化信息框架

医药信息结构化就是要考虑组成医药信息的各个层面，每一个层面医药信息的具体构成，以及各构成部分之间的关联关系。

（一）医药的属性信息

1. 医药编码　药物的唯一标识码（Unique Code），主要根据管理层次的需要而设定，因此医药编码工作的实质是为管理提供便利。对这一点我们在认识上有一些误区，一是容易陷入编码游戏的泥潭中，沉迷于编制一套非常漂亮的符号链，另一种情况是奢望医药编码是一万验药，可以解决所有管理问题。实际上医药编码的真正意义在于管理部门需要统筹规划哪些信息，需要管理到哪些细节，这些信息可以根据不同的使用对象加以组合利用，明确这一点是非常重要的。

2. 成份　指医药起作用的实体。对化学药物而言，成份是有明确化学结构的具体物质，其理化指标可以通过试验验证。对尚不明确具体成份的传统药物，可以根据实际研究水平定义到处方构成的各种药材（及配比）。由于大量复方制剂的存在，医药成份的管理是很重要的。

3. 药物名称　药物名称包括药物化学名称、药物通用名称、非专利药名、商品名称等，由于一药多名现象的普遍存在，药物名称的科学管理已经成为医药及医药信息管理的一个关键环节。

4. 医药类别　医药类别是根据不同的管理要求区分医药的属性，它既可以按照临床治疗作用来划分，也可以按照化学结构来划分，还可以按照管理要求来划分，如处方药与非处方药、基本医疗保险用药等。

5. 给药途径　给药途径是医药最终在患者身上使用的方式，给药途径决定了药物是全身用药还是局部用药，与治疗效果和不良反应密切相关，信息系统中应建立标准化给药途径数据。

6. 剂型　医药的物理存在形式，根据药物的稳定性和使用的方便性确定，不同的剂型有不同的使用特点，与药物的治疗效果和不良反应相关。

7. 剂量规格　最小制剂单位医药的含量，如50mg/片。

8. 包装规格　医药的最小销售单位，如100片/瓶。

（二）医药的审批信息

1. 医药审评过程中派生的信息——审评意见　医药审评工作不是一个对品种资料的孤立评价过程，而是对该药品能否用于临床、能否生产上市而进行安全性、有效性、质量可控性进行综合评估，它依赖于现有的医学技术发展水平，同时需要参考已有的审评经验，即已经审评过的同类药物。

2. 医药批件　国家医药监督管理部门审核发放的批准证明文件，是医药进行临床研究或生产上市的依据。

3. 国家医药标准　医药标准是国家对医药的质量、规格和检验方法所作的技术规定。医药标准是保证医药质量，进行医药生产、经营、使用、管理及监督检验的法定依据。医药的国家标准是指《中华人民共和国药典》和国务院医药监督管理部门颁布的医药标准。

4. 医药标签、说明书　修订后的《医药管理法》强化了我国医药的标签及说明书的管理，与国际上发达国家更趋一致，更加接近科学化和规范化的要求，从而可以更好地为用药安全有效服务。同时为医药在流通环节的监督管理创造了基本的条件，提供了法律依据，有利于医药市场的规范和医药生产企业的行为，为注册审批管理提供了可以遵循的依据。

5. 医药包装、鉴别图　用于保持医药质量和区别于其他同类药物的容器和标识。

（三）医药合理使用信息

合理用药是医药卫生工作的重要目标之一，世界卫生组织提出了合理用药的标准——安全、有效、经济。但合理用药一个重要方面就是需要有相关信息的支持，医药的合理使用涉及到医、患、护等多方，需要医药专业人员的专门指导和管理，需要患者的良好依从性，同时要考虑用药的经济性。

1. 临床研究及使用经验信息　如 PDR、Medline、Micromedex 等类似信息。其具体内容可以包括药物名称、药理作用、注意事项、不良反应、药物相互作用、给药说明、用法用量、制剂与规格等。

2. 公众用药教育信息　由于普通公众对医药信息的了解非常有限，专业资料和说明书往往还不易于为公众理解，势必造成用药上的一些误区。用药教育信息就是以科普化的语言向普通公众清楚明确地解释如何正确地使用药物，提高用药的依从性，从而保证医药的效用。一般用药教育信息包括商品名与通用名、警告信息、医药用途、怎样使用、副作用、注意事项、药物相互作用、药物使用过量如何处理、药物贮存注意事项等。

3. 药物不良反应信息　药物不良反应信息的收集、整理，指导临床用药，避免不良反应事件造成药疗事故或增加病人经济负担。我国有医药不良反应监测中心负责收集整理上市后医药不良反应的数据，但信息的利用效果还不理想。

4. 医药再评价信息　由国家医药再评价机构对医药的安全性、有效性、质量可控性进行大样本数量情况下的综合考察，分析医药的性能，保证医药的效用。

5. 医疗保险医药信息　与疾病、治疗手段相关，由于第三方付费的推广实行，医疗保险机构更关注用药的安全、有效、经济，对用药的合理性提出了更高的要求。这一概念要求把医药与疾病或治疗手段结合起来考虑。

6. 医药经济信息　医药的价格，药物经济学指标，医药生产管理研究，医药市场调研。

三、医药结构化信息的构建途径

（一）医药注册申请信息

医药注册申请是医药信息整理完善过程的一个重要里程碑。研究开发过程中的资料只能初步证明医药的安全性、有效性、质量可控性，它必须经过科学严格的技术审评之后才能为国家认可，成为权威可信的信息。

在医药注册申请阶段，申报单位提供了大量的研究资料和证明文件，这些信息经过审核、修订之后即成为可发布的信息。因此在审评阶段就可以将信息按结构化框架组织起来。

这里涉及的信息有几个方面，一是医药本身的属性信息，前已述及。一是研制单位和生产单位的信息，这主要是为了便于通讯联系和统计分析。

具体实现途径上，一是通过申报材料提交相关信息，也可以通过 Internet 向医药审评中心提交信息化建设需要收集的相关资料，医药审评的比较信息，审评专家信息。

（二）标准化信息

医药标准、说明书、包装标签等信息，这些信息具有法定性，经过主管部门审核后发布，不得随意更改，这部分信息是医药其他信息的浓缩和基础。国家对各类医药的标准化信息有明确的规定，如非处方药的说明书格式等，按照一定的结构用数据库管理起来，便于使用和更新。

（三）医药使用信息

医药的审评是建立在一定临床研究的基础上的，但有些问题依然不能在上市前发现，因此临床使用信息的收集、整理、评价工作显得非常重要。它涉及临床用药研究资料及经验总结及 ADR 报道等诸多信息。我国这一方面的信息一般都反映在医药专业杂志和国家不良反应监测系统上，但对这些信息进行再次加工整理、评价的工作开展得很少，使庞大的信息源处于零散无序的状态。这方面可以借鉴国外药物信息中心的运作方式，通过有偿数据库信息服务的方式促进信息的有效发掘和利用。

（四）医药研究、生产、流通、使用单位信息

涉及医药的各种部门和单位很多，这些信息零散地存在于其他资料中，查询、统计、分析都很费事，但他们是药学行业持续发展的基础力量，必须管理有序。这不仅是为了管理上的方便，同时也是为了更好地指导这些单位的工作。

医药编码

所谓医药编码，就是基于医药分类体系和医药目录基础上赋予某种医药以唯一的代表符号（代码），这种代码便于机读或人工识别。医药编码的符号系列可以是字母、数字或条形码等，对医药赋予统一的符号系列称为医药编码化。

一、医药编码的用途

首先，医药编码化最直接的好处是可以方便人们记忆种类各异、品名繁多的医药，简化手续，提高工作效率和工作质量，有利于计划、统计、管理等各项业务工作的开展。国外的大型连锁药店在销售过程中已普遍采用条形码，事实证明这一方式非常高效、简便，可大大减轻物流的负担，国外医药的流通费用率仅为3％～4％，远低于国内费用率，这同其广泛使用统一条形

码是分不开的。入世之后，国外医药流通业的巨头要进入国门，我们只有降低流通成本才能与之抗衡。国家提倡实行物流配送，建立供应链，在此形势下，医药编码呼之欲出。国内目前沿用的手工操作方式使流通费用居高不下，如果有了统一的条形码，医药就能很快地通过光电扫描装置识别，便于药店管理。目前国内有许多超市都各自为自己的店铺设计使用一套条形码系统，相互之间不统一也不兼容。药房的医药在进入各超市时被超市编了码，出货后的统计信息反馈回药房时，因为编码系统不同导致药房无法统计的情况时有发生。目前国内有 1500 多种医药，管理较为混乱，如能采用与国际接轨的统一编码，也算得上是我国医药流通市场的一场革命了。

其次，实行统一的标准分类编码，为医药分类标准在较大范围内通行创造条件，也为建立医药信息系统及用计算机进行医药信息流和物流的科学管理打下了坚实的基础。目前，一些发达国家已在商品分类编码标准化的基础上建立了现代化的统一商品分类编码系统和商品信息自动化管理系统，如德国联邦统一商品分类编码系统就实现了商品信息的自动化管理，避免了由于物资的重复设计、制造、采购、储存和运输所造成的浪费，从而有效地促进了物资流通和贸易，提高了工作效率，加快了资金周转。

此外，实施统一编码也有利于医药监管部门打击假冒伪劣医药，药店可通过查询购销记录确定医药的来源与流向，为追踪假冒伪劣医药铺开了一张大网。

最后，使用医药编码还有利于实现处方电子化，除了可以利用电脑检查配方禁忌，降低人工差错率外，还可在新近发展的医院信息系统（HIS）内发挥基础作用。如美国“与健康有关的联盟”最近向 FDA（美国食品与药物管理局）和 USP（美国药典委员会）发出呼吁，要求这两个部门与医药企业共同建立起一套统一的医药编码标准来防止和减少由于发生不良反应而引起的事故。此倡议得到了美国科研机构和制药厂商的广泛支持，而且早在 2000 年 8 月，美国部分专家已就此展开过一项讨论，认为医药条形码应包含三项内容：全国医药编码、批号和有效期。

二、我国医药编码的现状

（一）各自为政，亟盼统一

全国统一的医药编码在医药信息的计算机处理、物流配送等方面有重要用途，然而现状却是各自为政——无论是工商企业、医疗机构自行设计的编码，还是中国物品编码中心、总后卫生部等各种组织设计的编码，均只能在全国局部使用，相互之间并不兼容，往往是医药进入不同的连锁药店，就要印上不同的医药编码，造成信息处理和流通效率低下。医药行业各方期盼全国统一编码的早日出台。

中国物品编码中心发放的国际物品条形码（International Article Number Bar Code，简称 EAN 条形码）是国内普通商品中使用最为广泛的编码方式。由于医药商品分类比起普通商品分类要更复杂更严密一些，仅依靠中国物品编码中心的 EAN 条形码远不能满足医药在流通、使用中的信息量需求，现实需要的是一套包含有足够信息量而且分类合理的医药编码以供统一使用。

北美地区自 20 世纪 70 年代以来均广泛使用由美国统一代码委员会确定的 12 位通用产品条形码（Uniform Product Code，UPC），而全美统一使用的 10 位医药代码（NDC）就兼容于 UPC 码中，即某个医药的 12 位 UPC 码中有 10 位数是其 NDC 码。与此类似，欧洲于 80 年代成立了国际物品编码协会（简称 EAN，全称为 International Article Numbering Association），制定 13 位的 EAN 条形码，该编码兼容于 UPC 码。而欧洲地区统一使用的医药编码为 9 位条形码，也兼容于 EAN 码中。我国的中国物品编码中心是国际物品编码协会的成员之一，发放国际通用的 13 位 EAN 条形码。医药编码与普通物品编码兼容的好处显而易见，既节省了企业的开支，也节省了企业的精力。

（二）方向明确，方案待定

中国已加入 WTO，在各项工作上与国际接轨是当务之急，然而现在国内医药编码的使用情况却叫人着急。商品编码就像商品的身份证一样，EAN 条形码一旦向企业发放，在全世界都将是唯一的通行证。目前国内非处方药由于进入超市销售，已像食品等商品一样印上了条形码，但处方药则大多数仍未使用条形码。非处方药仅有两千余种，像普通商品那样使用 EAN 码尚属可行，然而对于 1.5 万多种处方药而言，其包含的信息量更大，情况也更复杂一些。编制医药编码须先进行医药分类、标准制定等各项工作，国家医药代码（State Drug Code，SDC）将印制在医药的包装盒上。国家医药代码将做到一物一码，以利于医药流通和监管。

目前，我国由医药监督管理局医药注册司牵头成立了国家医药标准编码编制工作领导小组，领导小组下设一个专家委员会和具体负责编码工作的办公室。专家委员会的职责是在国家医药标准编码编制工作领导小组的领导下，研究、制定医药编码的标准、原则和方法；审查医药标准编码；解决医药标准编码编制中的技术难题。目前医药编码工作初步方案已经出台，正报请国家药品监督管理局审核并对其中的细节加以修改，估计近期内即可获得批复，并出台国家统一的医药编码标准。至于方案的具体实施则要分批进行，先试行再全面推广，先定化学药标准，再定中成药、中药饮片标准。

三、医药电子交易场使用的医药编码体系

独立第三方医药电子交易场使用的医药编码主要依据世界卫生组织（WHO）所使用的解剖学治疗学及化学分类（Anotomical Therapeutic Chemical，ATC ）编码，并结合我国用药实际情况进行了整理。该编码将医药分为四级。第一级根据解剖学将医药分为 15 类，第二级、第三级医药分类是在第一级分类的基础上根据医药的治疗学特点分为若干亚类和次亚类，第四级为医药的化学分类。如图 4-2 所示。

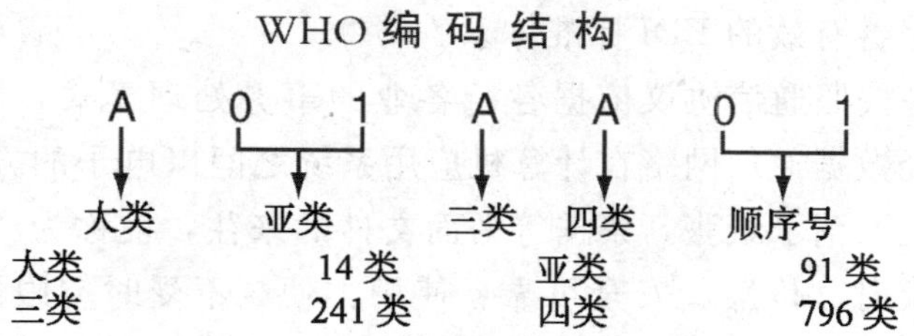

图 4-2　医药编码结构图

独立第三方电子交易场采用 WHO 四级分类的编码形式，并结合医药交易的需要，在已有的医药的属性信息基础上，加入了医药的评审信息、医药合理使用信息和医药的交易信息等编码。

如果靠个别有远见的企业独立开发医药编码，不仅投资巨大，也无助于形成行业标准进行统一运用与推广。在全面推动医药电子商务的时候，应由政府主管部门牵头，统一规划各项基础工作，完成医药分类与编码、医药企业与医疗机构组织机构代码等数据库系统的开发与建设；并作为行业标准，在全行业全面实施，为医药电子商务系统信息资源的共享奠定基础。

电子数据交换标准

随着社会信息化速度加快，社会医疗保障制度进一步完善，医药信息不再是孤立的医疗信息，其联系的范围从医院走向社会。医院的计算机与 Internet 连在一起，与政府部门的医疗保险中心连在一起。这种连接必须有严格的标准，否则，信息将无法正确传输。因此，有必要建立我国医药乃至医疗信息的电子数据交换标准体系。

独立第三方医药电子交易场数据交换的技术标准和技术操作要尽可能采用国家标准、行业标准和国际化程度较高的软、硬件系统，实现信息资源共享；应具有广泛的适用性，能够被辖区内绝大多数医疗机构和医药生产、经营企业所接受；要符合中国国情便于监管，确保市场在政府主管部门的直接监控下健康运行。为使医药电子交易场的丰富信息在医药生产商、医疗机构、物流服务商、结算支持方、政府监管部门之间共享，医药电子交易场需要与交易场的所有参与方提供信息系统接口，与之进行数据交换。因此，必须设计和建立完善有效的 EDI 标准体系。

EDI 是按照通信协议依据各行各业的事务处理模式，形成一个公认的信息标准，经数据通信网络在计算机应用系统之间以电子的方式交换商业文件。它减少甚至取消了纸张，票据等书面文件的来往，被称为“无纸贸易”。它具有快速、及时、价廉、安全可靠、使用方便，不受时空限制等诸多优点。其通信机制是在 EDI 系统上，通信双方需申请各自的信箱，通信过程就是把文件传到对方的信箱中，文件交换由计算机自动完成，用户只需进入信箱系统中自己的信箱，即可完成信息的接发收全过程。

EDI 用户将订单、发票、提货单、海关申报单、进出口许可证等日常往来的“经济信息”，按照协议，通过通信网络以标准化文件传送。报文接收方按国际统一规定支持系统，对报文进行处理，通过信息管理系统和支持作业管理以及决策功能的决策支持系统，完成综合的自动互换和处理。由于 EDI 是为了实现商业文件、单证的互通和自动处理，是计算机进程之间的自动应答和自动处理，不同于人—机对话方式的交互处理，因此文件结构、语法规则等方面的标准是实现 EDI 的关键。目前已形成两大标准体系：一个是用于北美的美国国家标准 ANSI X. 12，另一个是欧洲经济共同体制定的 UN/EDIFACT。我国已明确采用 UN/EDIFACT 标准。

数据交换标准是在电子商务发展到一定阶段，出现了大量的平台互通、互联、互操作需求时，为了达到某种程度的统一而出现的对数据交换和流程交易的规范定制。

在信息化时代，企业依靠越来越多的管理信息系统实现运营。面对五花八门的系统交互，企业首先要解决数据交换问题。开发专用接口或统一数据格式成为人们常用的办法。但是在互联网上，这些办法有很多限制。因此，定制数据交换标准的需求应运而生。1998 年，国际标准化组织 W3C 推出 XML，解决了数据交换的标准问题。

然而，这远远不能满足目前医药电子交易场的需求。电子交易场要进行运作，需要在不同商务平台之间进行对话，也就是进行 B2B 交易。实现真正的 B2B 商务，不仅涉及到企业间的数据交换，更要涉及到企业间业务流程的相互操作。

以一个简单的订单交易为例，其中包括了订单内容的传递和对订单的处理。前者属于数据交换，后者属于流程交易。当医疗机构把医药订单用基于 XML 的格式传给了其医药供应商，那么它们之间就完成了订单的数据交换。接下来，医疗机构和供应商之间对订单的应答过程构成了订单的交易流程。对于医疗机构的 HIS 系统来说，它对订单事件的处理流程可能是这样的：如果订单被承诺，它将采取某种措施；如果订单被拒绝，它将采取另外的措施。HIS 系统里，订单被承诺的形式，可以定义为供应商的确认回复，或者是供应商一定时间段内的不回复（这时系统表示默认）。如果供应商 ERP 系统对订单的处理流程跟医疗机构的 HIS 系统一样，那么流程对话完成，交易实现。然而，事实上，大部分系统间的流程规定是不一样的。如果供应商系统中约定一段时间内的不回复表示拒绝，显然，这庄交易就有不成功可能。在这种情况下，医疗机构与医药供应商之间为了实现交易，就必须彼此沟通，通过利益均衡，定出一个折中的可行的标准接口流程。

在独立的第三方医药电子交易场形式下，参与交易的已经不再仅仅局限于本地有限的几个医疗机构和医药供应商，而是散布在全国乃至世界各地的数目可观的一批医疗机构和企业。面对数量众多的异构商务平台，为满足现代相当苛刻的实时性要求，通过开发专用的接口已经不能胜任。那么，就必需建立一个基于 XML 数据交换标准的、描述企业间商务流程交易标准的框架体系。

医药电子交易场的标准基本上分为两层：底层的数据交换标准和高层的面向流程的标准。

XML 是至今为止用来做数据交换比较有效的语言之一。XML 是通过标签（Tag）来描述数据，而标签的含义是可以在 DTD 或 Schema 中事先定义的（DTD 或 Schema 是 W3C 推荐的、定义 XML 标签的标准）。因此，不同行业的人们根据自己应用数据的习惯定义了不同的标签，形成诸如 cXML、ebXML、XCBL 等一系列具有行业特性的数据描述语言。基于这些标准规范的数据，都能通过 XML 解析器（parser）相互通讯。

在数据交换层上，只要应用基于 XML 的标准数据格式，基本上就可以实现无障碍通讯。相对于数据交换的标准来说，流程交易标准的制定就困难许多。一涉及流程，就联系到企业管理和企业文化等具有惯性的东西，因此只能在同类行业中，通过利益需求的驱动来加以规范。

医药电子交易场的业务流程与运营

流程概要

医药电子交易场的业务流程可以概括为会员制审核、交易信息收集与处理、交易撮合、结算支付服务、物流服务协调、交易执行的后续支持等阶段：

在会员制审核阶段，医药电子交易场将对申请进场交易的医药供应商和医疗机构进行资质审核，对其经营情况，信用记录，交易执行的能力进行全面评估。签署相关会员协议和其他规定事宜，明确相关法责任，权利和义务，接受系列培训和相关信息系统和软件的标准化等。确保电子交易场的交易主体合法、可靠，能有效进行医药交易。

在交易信息收集和处理阶段，医药电子交易场将企业提交的资质证明文件、产品证明文件、其他有利于成交的证明文件以及企业的基本信息制作成电子文件，在电子交易系统上发布，形成卖方销售商品的在线电子目录系统。同时采集、加工医疗机构的临床用药目录和历史采购数据，形成买方采购商品的在线电子目录系统。医药电子交易场提供一个包括多种订单生成方式的订单处理系统，使医疗机构的订单处理更加方便快捷，企业的订单响应更加及时有效，考虑到不同地区医疗机构的信息化能力以及网络通讯费用问题，医药电子交易场提供浏览器和客户端两种订单生成版本，同时根据客户需要进行订单跟踪并提供现场服务，满足不同医疗机构的应用需求。

在交易撮合阶段，医药电子交易场提供了公开招标采购、邀请招标采购、公开竞价采购、邀请竞价采购、询价采购、浏览采购等成交撮合方式，各种成交撮合方式都可以集中、联合、分散的组织形式进行，使成交撮合过程更加公开透明、方便快捷。无论医疗机构、零售药店采购的品种是大额的，还是小额的；是垄断性的，还是竞争性的，都可以利用医药电子交易场撮合成交。

在结算服务阶段，医药电子交易场通过引入大型的全国性金融机构作为战略合作伙伴，对医药电子交易场的医药交易提供电子商务条件下的支付结算服务和融资支持。如果医药供应商需要，可以提供医药货款的保理服务及提供应收帐款作抵的抵押贷款等；如果医疗机构需要，可以提供基于医疗机构良好医药交易信用记录、优质医疗服务、良好经营状况的信用贷款，对医疗机构提供相当的授信额度。

在物流服务咨询阶段，电子交易场扮演第四方物流的角色，提供围绕医药配送活动的辅助信息服务，使基于电子订单的配送企业的医药配送、出票和医疗机构的验收入库、退换货等作业项目更加方便快捷的进行，协调第三方医药专业物流企业向医疗机构提供医药物流服务。专业的第三方医药物流企业是经医药电子交易场资质审核并注册成为医药电子交易场物流专门会员，能够及时可靠的提供医药物流服务的专业机构。

在交易执行的后续支持阶段，医药电子交易场将对医药交易的完整执行加以监督，确保医药交易的顺利进行。对交易主体遇到的交易执行上的困难提供必要援助，对违反电子交易场的有关规定和会员协议的行为加以惩罚，并在必要时提供法律援助和诉诸法律。使得在电子交易场进行交易的主体能够放心和有效的进行交易。

系统构成

医药电子交易场电子交易系统由如下子系统构成：

- 交易信息收集与处理子系统
- 会员服务子系统
- 交易撮合子系统
- 结算服务子系统
- 物流服务协调子系统
- 决策支持子系统
- 交易执行后续支持子系统

整体系统业务构成如图 4-3 所示。

电子交易场的进场方式——会员制

一、市场准入——资质审核

为确保医药电子交易场的安全可靠，实行严格的市场准入监管不可或缺。实行市场准入制度可有效控制市场环境，确保市场交易合法有序地进行。虚拟医药市场由药监部门负责监督管理，市场准入的技术性和服务性工作由专家委员会负责。专家委员会隶属于药监部门，由药检、药剂、医疗、经济、价格及管理方面的专家组成。

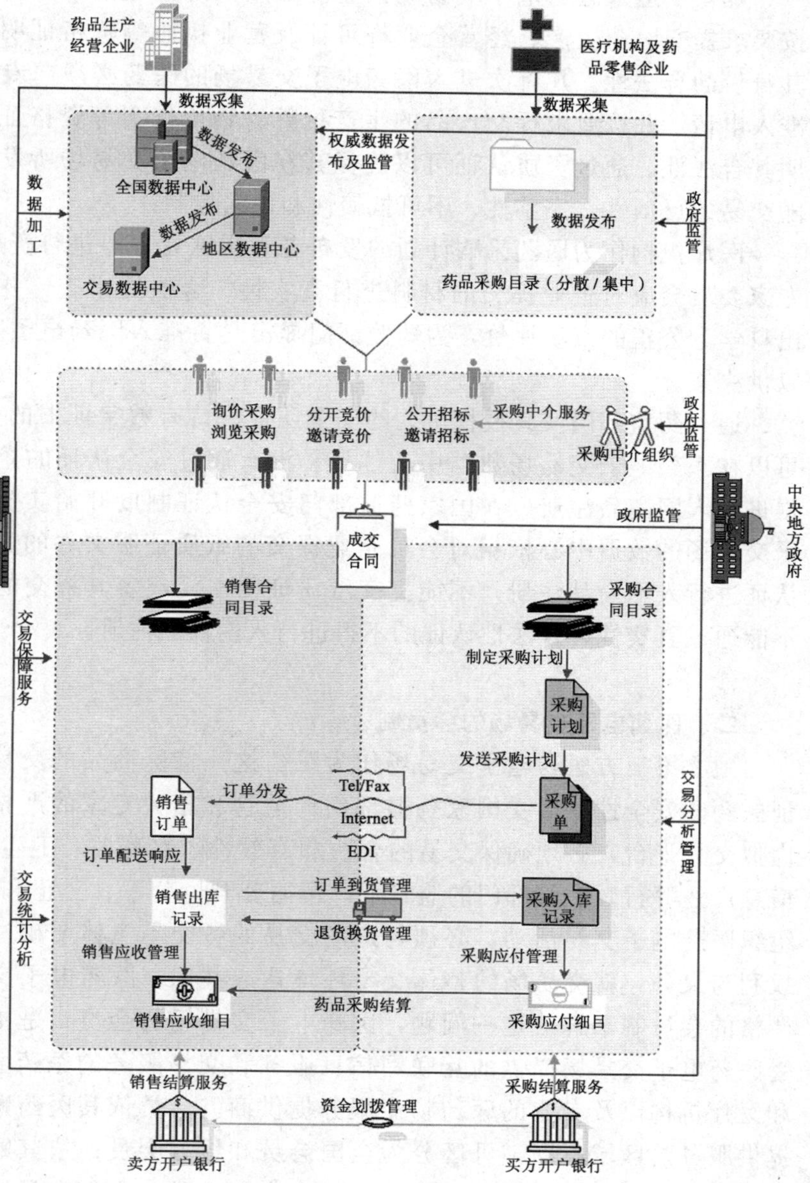

图 4-3　医药电子交易场业务系统构成图

凡首次进入医药电子交易场的企业必须向专家委员会提出准入申请，并按要求提交医药生产、经营企业许可证及营业执照等资格证明材料，以证明其身份的合法性。凡首次进入医药电子交易场的医药必须向专家委员会提出准入申请，并按要求提交产品的生产批件、物价批文等资格证明材料，以证明其合法性。通过资质认证可以确保其在医药电子交易场所发布的信息和伴随交易的可信性、完整性、不可抵赖性和访问控制。

医疗机构作为医药采购计划的发布者和实施者也要进行资质认证。此外，专家委员会应对企业提交的材料进行真实性、合法性审查，并对医药品种做出科学、公正的市场评价，为药监部门提出是否准入医药电子交易场的建议，以供决策。

通过药监部门及其授权机构的安全认证、持有数字证书的企业及其产品，可以在医药电子交易场数据中心注册，没有通过安全认证的企业及其产品不得进行入网商品注册。在国家药监部门安全认证制度开始实施前，由医药电子交易场的数据中心依据对会员企业提交的纸质证明文件的真实性、合法性认证进行入网商品注册，不能提交纸质证明文件或者其提交的纸质证明文件不能通过真实性、合法性认证的不得进行入网商品注册。

二、医药电子交易场的会员制

独立第三方医药电子交易场作为医药这一特殊商品的交易平台，除了保证医药的安全性，接受国家药监部门的监管和相关专家的严格审定外；作为虚拟交易平台，必须确保交易的合法和有效性，在药监、卫生、物价、工商、信息产业等行政主管部门的监管下，遵循公开、公平、公正和诚实信用原则，组织医药电子交易活动。必须与进场交易的各交易主体明确法律责任，界定权利与义务，就交易场的整体交易环境达成共识。医药电子交易场通过实行严格的会员制来解决这一问题，医药电子交易场的会员，是指以契约方式接受医药电子交易场提供的互联网信息服务和交易服务的医药生产、经营企业和医疗机构以及专业的医药物流服务提供商。会员依其医药购销市场范围和提供服务的区域不同，可区分为全国会员和地方会员；依其购买的互联网信息服务产品的不同可区分为注册会员和高级会员。实行会员制的目的是明确电子交易当事人的法律责任，实现会员企业医药交易信息的数字化，确保电子交易信息真实、准确、合法、有效，在特定用户之间建立规范有序的电子交易秩序。

医药供应商通过签署卖方会员协议，成为医药电子交易场的卖方会员，医疗机构通过签署买方会员协议，成为医药电子交易场的买方会员，物流服务提供商通过签署物流会员协议成为医药电子交易场专业的医药物流会员。

（一）会员的基本资质条件

- 依法取得医药生产许可证（或医药经营许可证）、营业执照的企业法人或其分支机构为卖方会员；依法取得医疗服务许可的医疗机构为买方会员。
- 商业信誉良好，在申请会员资格前两年内没有严重违法行为。
- 具有履行电子交易合同必须具备的医药供应保障能力和医药储存能力。
- 遵守医药生产经营相关法律、法规、规章。
- 承认并自愿遵守医药电子交易场的会员章程。

（二）会员享有的权利

- 享有医药电子交易场提供的基本服务。
- 要求医药电子交易场维护会员企业的商业秘密。
- 对医药电子交易场运营服务机构的业务活动提出质疑并要求解释，并对会员服务提出批评和建议。
- 按照规定程序办理会员资格注销手续。

（三）会员应承担的义务

- 遵守电子交易场依法规定的交易规则。
- 自觉接受安全保障的必要维护，确保交易的安全性和自身合法权益。
- 按照规定提交会员企业及其产品的相关数据和证明文件，并承担相关法律责任。
- 及时维护会员企业基本信息和入网商品信息，确保交易信息合法、准确、真实、有效。
- 及时确认电子订单，认真履行合同义务，自觉维护网上交易秩序。

（四）相关处罚规定

医药电子交易场对参与电子交易的会员企业的严重违法违规行为，有权进行公开披露。行政主管部门对会员企业的严重违法行为进行追究时，电子交易场将予以配合。会员企业的行为构成犯罪的，由司法机关依法追究其刑事责任。

医药电子交易场对会员企业在电子交易中的违法违规行为，视情节轻重和后果大小，可单处或并处警告、通报批评、暂停交易、强行终止交易、罚款、取消会员资格或市场禁止进入等处罚；由于该会员企业违法违规行为对另一方造成伤害的，一切责任由该会员承担。

医药电子交易场对会员企业在电子交易中的违约行为，视情节轻重和后果大小，可单处或并处警告、通报批评、支付违约金、支付赔偿金、取消会员资格或市场禁止进入等处罚。由于该会员违约行为对另一方造成伤害的，一切责任由该会员企业承担。

会员企业因医药电子交易发生争议，协商无效的，可以提请医药电子交易场进行调解或者直接依法提请仲裁或诉讼。

会员出现以下问题时，医药电子交易场中止其会员资格：

- 在电子交易过程中，多次违法违规。
- 提交虚假证明文件造成不良影响。
- 未按照医药电子交易场与会员签署的协议按时交纳有关费用。
- 根据主管部门或买方会员提供的证据，证明会员在医药电子交易场销售有质量瑕疵的医药。

交易信息收集与处理系统

一、概述

交易信息收集与处理是利用统一的数据交换技术标准、规范的会员管理体系和准入、认证制度，进行规范有序的医药信息采集、加工和传递，为医药采购特定用户提供标准的数字化信息的过程。

通过建立完善的卖方会员体系，明确了卖方机构在电子交易中的法律责任；实现了交易信息收集与处理与成交撮合的分离，使交易信息收集与处理成为医药供应商的日常工作；同时，通过对电子文件的资格预审、评审和比较，有效降低了成交撮合阶段的成本，提高了效率。

通过建立买方会员体系，明确了医疗机构在电子交易活动中的权利和职责。通过医药电子交易场客户端与医院 HIS 系统进行编码对照，完成了医疗机构临床用药目录的整理，从根本上解决了交易双方信息的不对称问题，使医疗机构在交易过程从人人对话转为人机对话，实现医药采购与管理过程的信息化。交易信息收集与处理的最终目的是实现医药卫生全行业交易信息的数字化。

医药电子交易场全国数据中心、地区数据中心和交易数据中心通过协作共同完成数据的采集和加工，数据在各级数据中心之间传递与共享，最终向特定用户的发布。交易信息收集与处理的过程如图 4-4 所示。

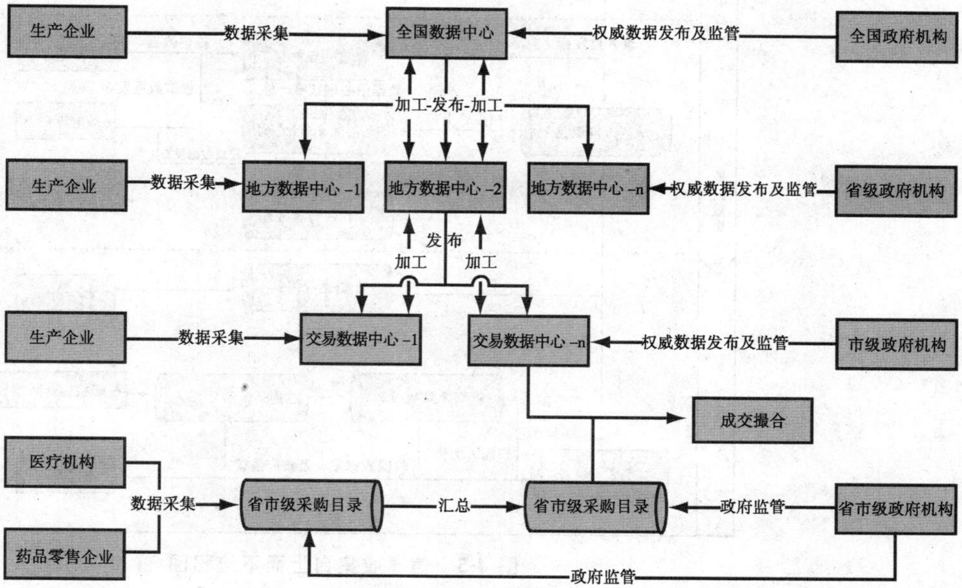

图 4-4　医药电子交易场信息收集与处理过程图

二、医药电子交易场卖方交易信息收集与处理

结合现阶段医药流通的特点，医药电子交易场的卖方数据采集的过程分两种形式：自上而下和由下而上。

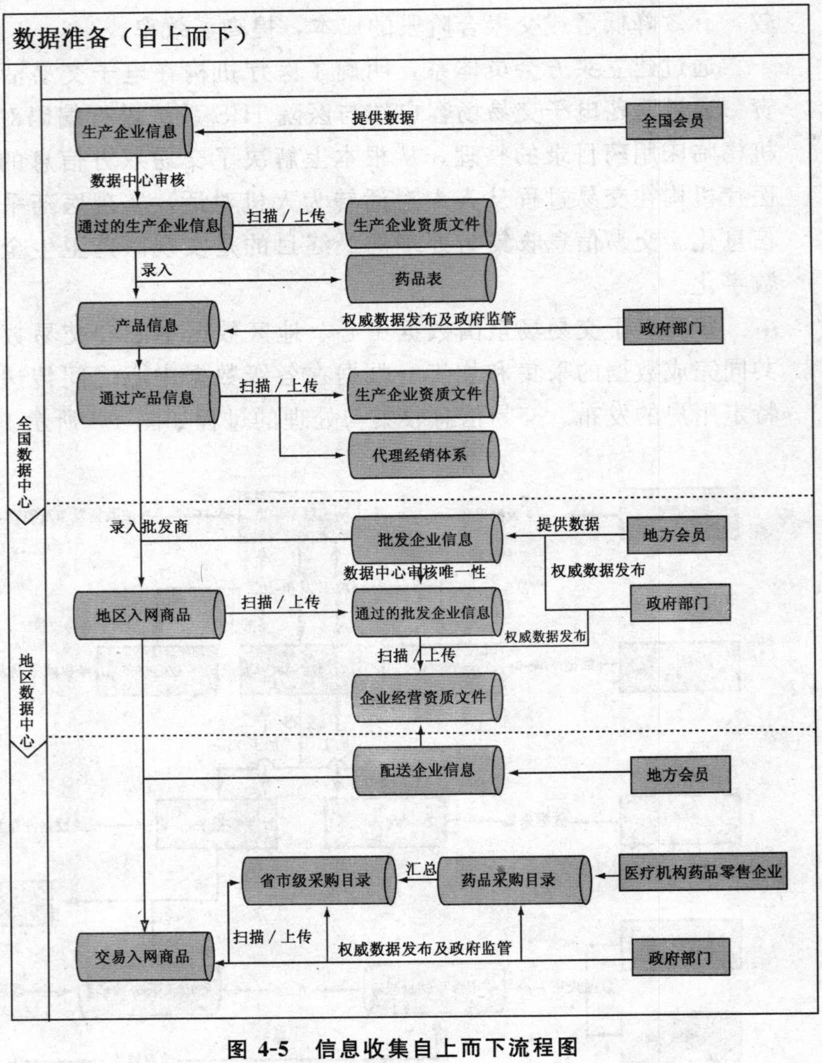

图 4-5　信息收集自上而下流程图

（一）自上而下

是指先由全国数据中心通过会员制完成会员产品资质文档级的数据采集和加工；地区数据中心通过会员制地方会员或交易数据中心通过项目完成目录级数据的整理，最终实现卖方交易数据的准备工作。

自上而下的交易信息收集与处理流程图如图 4-5 所示。

（二）自下而上

是指先由交易数据中心通过项目完成企业目录级数据的整理或先由地区数据中心通过会员制完成目录级和文档级数据的整理，再由全国数据中心通过会员制明确电子交易的法律责任。

自下而上的交易信息收集与处理流程图如图 4-6 所示。

三、医药电子交易场的数据中心

医药电子交易场的信息中心分为三级。

（一）全国数据中心

通过与企业签定全国会员服务协议，采集到医药生产企业或一级代理商及其产品的数据，数据通过加工在各级数据中心发布，供系统的特定用户使用；全国数据中心职能：制定医药编码、机构编码等数据标准，维护基础信息、医药信息，维护中央政府机构发布的权威认证信息，维护和审核产品及企业信息等。建立全国数据中心的目的是：建立生产企业的产品目录，为建立地区数据中心做交易信息收集与处理。

全国数据中心向地区数据中心和交易数据中心发布全国会员及其产品信息。

全国会员在全国数据中心注册，并按要求提供参加医药集中招标采购和网上交易所需要的证明文件；资料通过审核后，全国数据中心将其进行电子化，并向医药电子交易场的特定用户发布。

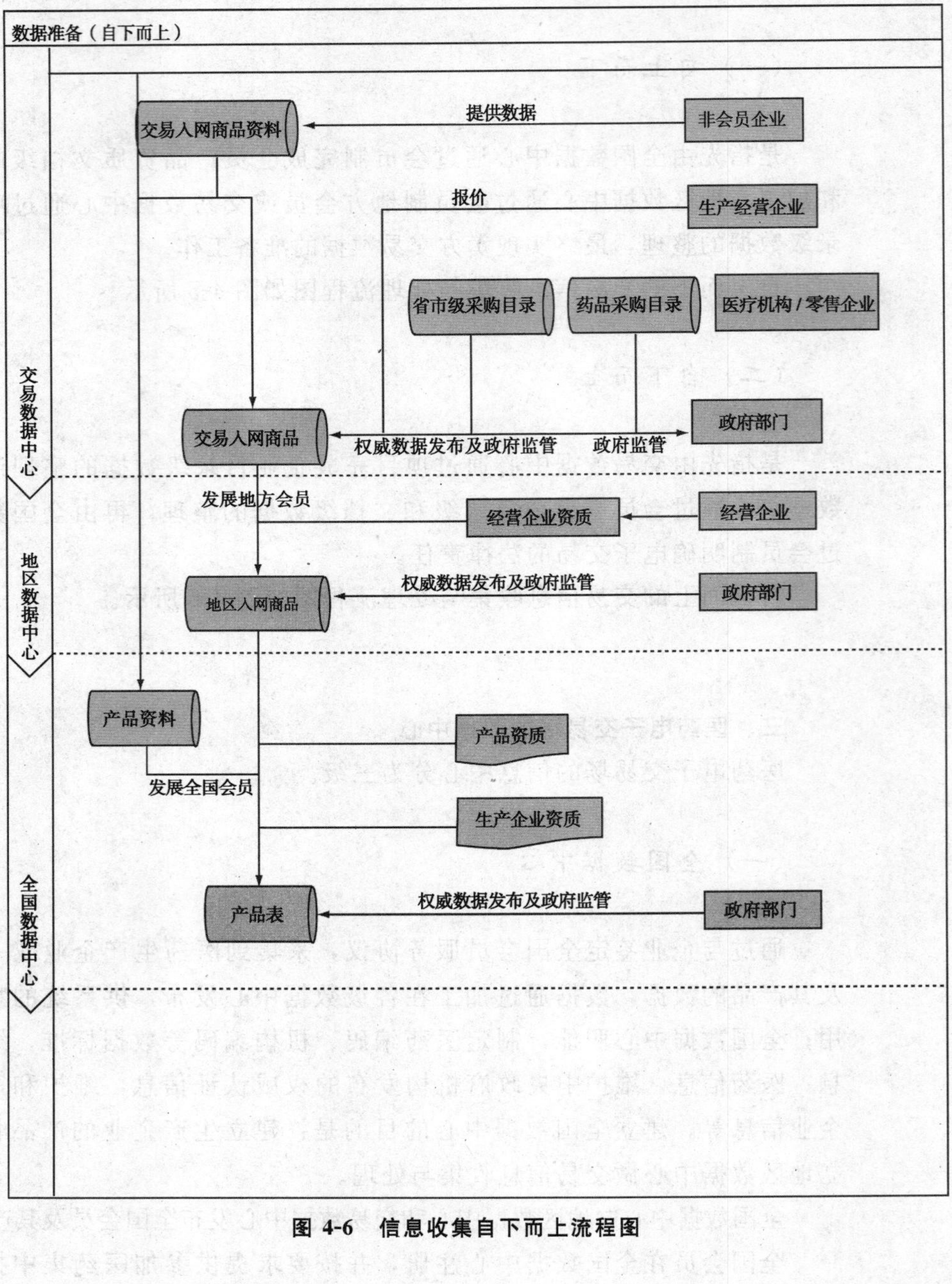

图 4-6　信息收集自下而上流程图

（二）地区数据中心

地区数据中心，通过与批发企业签署地方会员和服务协议，发展地方会员，采集本地区医药批发企业及其入网商品信息。交易信息处理后在本地区共享或在其下所属的交易中心使用。地区数据中心还有处理本地区内入网商品最新通知，管理本地区内各交易中心入网商品的职能。

（三）交易数据中心

交易数据中心，负责向特定用户提供医药网上交易所需的信息：通过地区数据中心的地方会员在交易数据中心注册自己的配送商信息，实现入网商品的交易信息收集与处理；

此外，交易数据中心还有管理本交易中心买方会员数据、处理本交易中心的入网商品最新通知的职责。

四、买方机构交易信息收集与处理

买方的交易信息收集与处理过程，就是通过预先与买方医疗机构签订买方会员服务协议，采集到医疗机构与采购相关的各类数据，经过交易数据中心的交易信息处理后，为医疗机构提供个性化采购服务的过程。

完善的买方交易信息收集与处理工作，是为买方医疗机构提供符合政策法规要求的、规范合理的采购服务的前提和保障。对全面上网采购而言，买方的采购目录准备，是项目开展的前提条件。

交易数据中心在与医疗机构签署买方会员服务协议后，就可以进行医院信息的采集。为能清晰准确地发布医疗机构的采购需求信息，帮助医疗机构选择到满意的医药、价格和供应商。需要采集的医疗机构数据和处理的信息包括以下内容：

- 医疗机构的基本信息；
- 医疗机构在前一个采购周期内的历史采购记录；
- 医疗机构的采购条件（交易规则）；
- 医疗机构的临床用药目录；
- 根据会员服务协议以及医疗机构的要求，需要发布的其他信息。

（一）医疗机构的基本信息

指医疗机构的资质以及医疗机构需要向所有供应商的发布的内容，包括：医疗机构的名称、等级、性质、病床数、地址、帐号以及联系方式等。

（二）医疗机构的临床用药目录

是医疗机构从事网上药品采购的主要依据，具体内容由医疗机构药事管理委员会审定。根据药品采购的特点，临床用药目录采集时可以分为五个部分：集中采购的药品、分散采购的药品、毒麻精放等特殊管理的药品、中草药、医疗机构自制制剂。在电子交易系统中，临床目录的采集内容主要是医疗机构进行集中采购和分散采购的药品目录。

临床用药目录包括药品的通用名、剂型、规格信息，也可以没有规格信息。

（三）医疗机构的交易规则

是指医疗机构的采购方式以及在采购过程中，向药品供应商提出的有关供应商资信、药品的回款、以及配送服务等方面的要求。为了使医疗机构的交易规则符合政策以及法律法规的要求，交易规则的具体内容可以参照《工作规范》和《文件范本》中的通用合同条款前附表，和特定的医疗机构协商确定。

（四）医疗机构的历史采购记录

指医疗机构在前一个采购周期内（一般指上一年）的药品的采购情况，这是数据采集的重点和难点，采集这部分历史数据的目的是为了充分满足医疗机构的原有用药习惯，并在以后的上网采购过程中提供数据参考。根据医疗机构所需采用的采购方式的不同和所需的采购决策支持程度的不同，历史采购记录的采集可以分为以下三种方式：

第一种方式　医疗机构全面上网采购并且需要历史采购数据在采购的决策时参考

此时，需要向医疗机构采集完整真实的历史采购记录，内容包括：药品通用名、剂型、规格包装、商品名、生产厂家、供应商、购入价、购入数量。可以采用如下的采集方式：

- 医疗机构有 HIS 管理系统和完整历史采购记录，并且愿意开放 HIS 系统与客户端建立数据联系，这时，可以通过安装客户端，通过与 HIS 系统编码对照的技术手段，来完成医疗机构历史采购记录的采集。这种方式，对有条件的地方和医院，建议实施。
- 医疗机构有 HIS 管理系统和完整历史采购记录，这时，数据的采集可以由医疗机构先将采购历史记录刻成光盘交给地方数据中心，由地方交易数据中心进行数据加工。这种方式，也是理想的推荐方式。
- 医疗机构将纸质的历史采购记录交由地方数据中心，由地方交易数据中心进行数据加工。

第二种方式　医疗机构进行全面上网采购但不需要在采购时参考历史数据

这种情况下，采集到的医疗机构历史数据，也需能够完成医疗机构电子采购目录的整理。此时，采集的内容至少要确保“药品通用名、剂型、规格包装、生产厂家”内容的准确，这样才能为医疗机构提供符合其要求的电子采购目录。

第三种方式　集中招标采购的历史采购数据的采集。医疗机构需要提供完整准确的采购计划和历史采购数据，作为编制招标文件的依据。如不能采集到医院的历史用药数据，则所提供的招标服务将不能充分考虑到医院的原有用药习惯、也不能在评标时为医院提供其历史价格与招标时企业报价的比较等服务。

交易撮合系统

一、组织形式

电子交易的组织形式包括集中、联合和分散三种。其中：

集中是指数家医疗机构联合起来委托采购代理机构进行的集中采购活动。医药电子交易场在医疗机构授权后，可以为医疗机构的项目代理提供数据服务和交易撮合服务。

联合是指数家医疗机构联合起来、自行组建经办机构进行的集中采购活动。在医疗机构授权的前提下，医药电子交易场可以为经办机构提供数据服务和撮合成交后的交易服务。

分散是指单一医疗机构独自进行的医药采购活动。医药电子交易场可以为医疗机构未纳入集中招标采购目录的医药以及虽纳入了集中招标采购目录、但通过集中招标采购活动未能成交的医药的采购活动提供数据服务和交易服务。

二、采购方式

医药电子交易场提供的成交撮合方式包括公开招标采购、邀请招标采购、公开竞价采购、邀请竞价采购、询价采购和浏览采购六种。这些采购方式都可以采用集中、联合或者分散的方式进行。其中：

公开招标，是指招标人以招标公告的方式邀请不特定的医药供应商投标的采购方式。依据《工作规范》和《文件范本》进行项目管理和运作。所有中标人都可以在参加公开招标的医疗机构开户，进行价款结算。

邀请招标，是指招标人以投标邀请书的方式邀请特定的医药供应商投标的采购方式。这一采购方式在招标的业务流程和交易规则方面同公开招标基本相同。所不同的是只有接受邀请的特定医药供应商才能成为合格的投标人，在参加邀请招标的医疗机构开户并进行价款结算。

公开竞价，是指医疗机构以竞价公告的方式邀请不特定的医药供应商报价的采购方式。参照《工作规范》和《文件范本》进行项目管理和运作。所有成交供应商都可以在参加公开竞价的医疗机构开户，进行价款结算。

邀请竞价，是指医疗机构以报价邀请书的方式邀请特定的医药供应商报价的采购方式。这一采购方式在竞价的业务流程和交易规则方面同公开竞价完全相同。所不同的是只有接受邀请的特定医药供应商才能在参加邀请竞价的医疗机构开户，进行价款结算。

询价采购，是医疗机构以询价单的方式邀请特定的医药供应商提供报价，通过评审和比较直接确定成交品种的采购方式。主要适用于新产品（包括新药和首次进入医疗机构的其他医药）的采购，也可以适用于对集中招标或者集中竞价时无人投标报价的品种的采购。

浏览采购是医疗机构通过上网查询，进行质量、价格、服务和信誉比较后，在入网商品中直接确定成交品种的采购方式。

医药电子交易场提供的上述采购方式，在一个采购项目中可以单独应用，也可以综合应用。由医疗机构自主选择采购方式。对纳入集中招标采购目录的品种可以继续进行公开招标，也可以进行邀请招标或者公开竞价、邀请竞价，确保采购过程的公开透明和充分竞争。

采购决策支持系统与信息增值服务

医药的采购是一项复杂的交易决策，决策的正确与否跟赖以决策的信息充分程度有密切关系。决策是以专门领域的知识和外部信息为背景，其任务是通过使用各种求解策略由输入信息得到一个最优解或近似最优解。医药采购的决策同样如此，一般说来，在复杂环境下的决策有三种方法：第一种方法是建立一个精确的数学模型；第二种方法是寻求专家的建议；第三种方法是建立一个决策支持系统或专家系统。在上述三种决策方法中，建立一个精确的数学模型来描述复杂环境是一种好方法。但精确的数学模型并不总是存在，而且它们也可能因涉及领域未完全可知而不能推及复杂的环境。因此，第一种方法就有局限性，一旦它不可行，另外一种好的决策方法是去寻求专家的帮助。然而，专家咨询的费用可能很高，而且在需要决策时也可能找不到专家。建立一个决策支持系统或专家系统可以很好地解决前两种方法不适应的领域。决策支持系统作为一种新兴的信息技术，能够为企业提供各种决策信息以及许多商业问题的解决方案，从而减轻了管理者从事低层次信息处理和分析的负担，以专注于最需要决策智慧和经验的工作，因而可提高决策的质量和效率。

在现阶段医药采购实行招标的情况下，各地纷纷建立专家库，医药的中标评分取决于专家的意见，此种方法取得了良好的效果，保证了招标医药的质量和药效。但专家库的建设成本很高，而且难以作到绝对保密。在医疗机构医药采购通过医药电子交易场的交易平台实行网上采购，医药电子交易场可以开发出医药采购的专家决策支持系统，提供待交易医药的药理、药效、使用方法和价格、包装储存等充分的信息，方便医疗机构的医药采购人员作决策；同时医药电子交易场通过医药信息、医疗信息、交易信息的深度加工，向医药电子交易场的广大用户提供信息增值服务。医药电子交易场的信息增值服务包括下述各项内容。

一、为医疗机构采购决策建立的决策支持系统

提供医药的信息（药理、药效、医药的使用方法，医药的价格）和与之交易的医药生产商的公开的商业信息（企业规模、研发能力、商业信用等），供采购决策使用。

二、为医药供应商医药交易建立的辅助系统

提供同类医药的总体供求状况信息，竞争对手公开的信息，与之交易的医疗机构的信息（医疗能力，历史采购记录，医药回款情况），提供网上医药营销和医药报价的咨询等。可以为医药生产企业带来如下利益：

（一）销售支持

按地区、医疗机构、医药销售汇总情况，根据需要定制医药网上销售的比较和趋势分析，有助于确定问题和机会。分析和评价以往医药的销售，以确定医药销售成功或失败的因素。有利于医药生产企业改进网上营销，医药报价谈判的策略。

（二）客户分析和市场研究，改善客户关系管理

利用统计工具来分析每天收集的交易数据，以确定各种医疗机构的采购模式，然后采取相应的营销措施，从而实现最大的利润。对于重点客户要提供更好的服务和更优惠的价格策略；对于潜在客户要进行促销以争取；对于易流失的客户要分析原因以挽回。市场研究包括：利用预测模型分析得出每种医药销售的增长模式，以便作出终止或者扩张某种医药的适当决定；企业品牌和形象的研究，以便提高企业和品牌的知名度和美誉度；分析客户满意度；市场规模和潜在规模的研究等。

（三）财务分析

按自定义的医药销售周期来进行实际费用的比较；审查过去现金流的趋势，并预测未来的现金需求量。

三、为医药物流服务商建立的服务支持系统

提供的医药物流服务需求信息，医药物流的服务优化的专家咨询建议等。

交易执行的后续支持系统

医药电子交易场不仅利用现代网络技术为医药的供求双方提供电子交易平台，还必须营造公平、公开、有序的交易环境，为医药交易的有效执行提供有力的后续支持，以确保医药交易的顺利进行。为此医药电子交易场有交易执行的后续支持系统，包括合同管理子系统，交易执行跟踪监督子系统，交易纠纷调解子系统等。

一、合同管理子系统

合同管理子系统为电子交易平台达成的交易自动生成标准格式合同，进行医药交易合同备案。合同行为是广大电子交易市场主体之间最基本的交易行为，医药的供应、配送、货款结算都要靠合同来落实。没有规范有序的合

同行为，就不会有健康的医药电子交易市场。将合同监管作为营造医药电子交易场良好交易环境的重要手段，加强对医药交易合同管理，规范合同秩序，推动会员信用体系的建立，以确保医药电子交易场的健康发展。

二、交易执行跟踪监督子系统

对医药交易的供货、配送、结算等各环节的有效执行加以跟踪监督，促进交易的完整执行，提高电子交易的效率。

三、交易纠纷调解子系统

对由于电子交易产生的纠纷进行调解，对违规违法行为及时诉诸法律途径。

- 医药电子交易场对参与电子交易的会员企业的严重违法违规行为，有权进行公开披露。行政主管部门对会员企业的严重违法行为进行追究时，电子交易场将予以配合。会员企业的行为构成犯罪的，由司法机关依法追究其刑事责任。
- 医药电子交易场对会员企业在电子交易中的违法违规行为，视情节轻重和后果大小，可单处或并处警告、通报批评、暂停交易、强行终止交易、罚款、取消会员资格或市场禁止进入等处罚。
- 会员因医药电子交易发生争议，协商无效的，可以提请医药电子交易场进行调解或者直接依法提请仲裁或诉讼。

医药电子交易场的物流配送体系

物流配送与电子商务是相辅相成、相互依存、相互促进的关系。医药电子商务的发展必需以医药市场的物流作为基础。尽管电子商务使所有的商品买卖可以在一个虚拟的空间——“网上商场”实现，但是，电子商务必须有物流作为坚实的后盾。不管是何种电子商务，都需要将网上订购的货物送到用户手里。因此，我国医药电子商务的发展，医药电子交易场能够成功建立与运转，需要有完善的医药物流配送体系做基础。

医药电子交易场的物流配送是专业的第三方物流

我国现有医药流通体系是计划经济时期形成的“大而全、小而全”的模式，在相当长的一段时间内曾为我国卫生事业的发展做出了重要贡献。但随着改革开放的不断深入以及市场经济体制的逐步完善，这一体系存在的弊病日益突出，集中表现为“渠道多、规模小、水平低、形式散、秩序乱”。为了解决上述种种弊端，在医药流通领域，我国也采取了一系列措施，但收效甚微。如近几年推行的医药集中招标采购政策，在一定程度上缓解了医药销售环节过多、药价难以控制等问题。然而，由于我国医药市场混杂、医药种类繁多以及千差万别的报价，需供两方的信息不够对称。同时，又缺乏统一的操作规范，在开展医药集中招标采购时，不可避免地会存在某些人为因素，有些地方难以实现招标投标中真正的公开、公平、公正以及诚实信用原则。所以，很难达到政策推行时的预期目标。另一方面，我国已经加入 WTO，医药市场必定要受到来自国际市场的激烈竞争。在这种形式下，我国的医药市场要直面挑战，在激烈的市场竞争中求得生存与发展，综观国内医药流通的现状以及发达国家的发展趋势，利用网络技术开展医药电子商务，无疑是我国医药市场应对入世的理想选择。医药流通通过独立的第三方 B2B 交易场来进行，可以实现医药采购的电子化自动化，使医药交易变成阳光交易。但成熟的电子商务模式需要完善的物流配送体系与之配套，医药流通领域的改革呼唤专业的医药第三方物流服务。

一、物流及第三方物流介绍

物流概念的提出最早始于二战期间美国海军后勤军需物资管理，而后被应用到产业界。它是指物质资料在生产过程中的各阶段以及从生产者向消费者的转移过程中，通过运用与之相关的自然技术和管理技术，以实现提高物资流动效率、减少全社会物资库存总成本、降低物资流动费用，并最终达到提高企业和社会经济效益的一系列物资空间位移活动。我国 20 世纪 80 年代末引入这一概念，立即形成一股物流热潮，且持续升温，从流通领域发展到生产领域、消费领域和服务领域。

第三方物流（TPL）伴随着现代企业生产经营方式的变革而产生，是相对于自营物流而言的。它指的是商品的流通不是由商品的供应方，也不是由商品的需求方，而是由独立于两者之外的第三方（社会化物流企业）来实现的活动。这种物流模式有助于生产经营企业集中精力搞好自己的主业，所以越来越受到众多企业的青睐。

二、医药市场开展第三方物流的意义

开展医药第三方物流的意义，主要表现在如下几方面。

（一）变革落后的物流体系，理顺医药市场流通机制

由于我国医药生产严重过剩，医药市场的恶性竞争以及“以药养医”的补偿机制，使得医药费用难以控制。医药流通体系沿袭计划经济时期模式，各单位自建物流体系，造成无谓的人、财、物的浪费。同时，由于缺乏政府的监督管理，医药流通领域秩序混乱，环节过多，使得各医药推销商有机可乘，鱼龙混杂，医药质量难以保证，假冒伪劣医药屡禁不止。特别是在一些偏远地区及一些管制相对薄弱的环节，非法医药市场的存在，使得本已混乱的医药市场雪上加霜。如果在医药市场开展TPL，一方面，能改变落后的物流状况，减少医药流通环节，有效遏止价格虚高，减轻患者负担；另一方面能切实肃清医药市场，理顺医药流通机制，节约人力、物力、财力，充分发挥市场的主导功能，同时也加大了政府对医药市场的监管力度，从而推动了医药流通的社会化进程。

（二）以良好姿态应对入世

加入WTO以后，各商品的关税壁垒约削减40％～60％，商品的总体贸易保护水平比加入WTO以前约下降50％～60％。与此同时，物流业的市场准入将同时得到我国各行业（包括服务业）市场的支持。我国医药市场也将不可避免地受到外来市场的严重冲击。而我国医药市场秩序混乱，仿制严重，药价昂贵，其抵御能力势必很低。为了提高医药市场的应付能力，可在医药

市场开展 TPL。这样，一方面能使本应属于医药生产厂家花费精力处理的物流活动，以合同制方式委托给第三方处理，从而使药厂能集中精力搞好自己的主业，进行医药的研制，改善医药的质量，走出靠仿制、让利、回扣和广告宣传的营销“误区”，进而有效降低医药价格，提高国内医药的竞争能力。同时，随着经济自由化、贸易全球化以及物流业市场准入政策的推行，TPL 企业之间的竞争也势必日益激化，物流服务的内涵也将不断丰富。如果我国医药市场不尽快发展自己的 TPL 企业，必定会为国外企业所占据，那么，我国医药市场所受的冲击将更为严重。如果从现在开始，我们就发展自己的 TPL，在关税壁垒逐步消除的 5 年后，我国医药市场 TPL 已较为完善，应当能从容应对入世。

（三）推动医药电子商务的发展

TPL 与电子商务是相辅相成、相互依存、相互促进的关系。医药电子商务的发展必需以医药市场的物流作为基础。尽管电子商务使所有的商品买卖可以在一个虚拟的空间——“网上商场”实现，但是，电子商务必须由物流作为坚实的后盾。不管是何种电子商务，都需要将网上订购的货物送到用户手里。因此，我国医药市场 TPL 的开展，为医药电子商务的发展提供了一个良好的环境，必将使我国的医药电子商务发生质的飞跃，使得医药电子交易场能够成功运转并造福于民。

三、我国医药市场开展第三方物流的有利条件

（一）管理理念的革新

20 世纪 90 年代以来，我国的信息技术特别是计算机技术迅猛发展，社会分工进一步细化，管理技术和思想也相应的发生了变革，出现了“供应链”、“虚拟企业”等一系列强调与外部协调合作的新型管理理念。它的出现，实现了进出物流的整合，提高了物流服务的质量，为 TPL 在我国的发展奠定了坚实的基础。

（二）网络的普及和医疗卫生领域的信息化建设

近年来，受信息化浪潮的推动，我国的网络技术高速发展，电子数据交换系统、管理信息系统等被各行各业广为使用。网络的普及形同雨后春笋，发展迅速。目前，医院信息系统的研发也日趋成熟，并在各大中型医院推广使用，且实现了与外部网络的整合。医药生产企业也纷纷实施ERP项目，提高信息化管理的水平，有些企业甚至与供销关系紧密的医疗机构实现了无缝对接，适时自动交换医药的供求信息。此外，还有很多专业的电子商务运营商在专注医药流通的信息化改造，为现阶段的医药集中招标采购提供电子化代理服务。这些为我国医药市场开展TPL提供信息化基础的有力保证。

（三）可供借鉴的其他行业中较为成熟的TPL模式

TPL概念自20世纪90年代进入中国以来，发展迅速。目前，我国已建成多家TPL企业，其中也有部分企业发展势头良好。规模日渐壮大，积累了不少经验和教训。这些宝贵的经验和教训为我国医药市场开展TPL提供了良好的基础。同时，其他行业开展TPL的模式对医药市场也具有很大的借鉴意义。

四、我国医药市场开展第三方物流的困难

（一）医药系统人士对TPL认识不够

TPL是新兴事物，20世纪90年代才被引入我国，时间较短。虽然近些年TPL在某些行业及地区已有了较大的发展，但医药界人士由于受专业局限性的影响及传统模式的囿囿，对之仍了解甚少。因此，医药市场开展TPL困难在所难免。

（二）部分中小型医院电子化建设滞后

虽然HIS系统在多数大中型医院已较为普及，但仍有部分中小型医院由

于地域偏远、经济条件差、人员素质低等因素，难以实现医院管理的信息化。而医药市场第三方物流业的开展是建立在医院 HIS 网络与外部网络整合的基础之上。可以说，没有 HIS 网络，就没有医药市场的 TPL。

（三）相关专业人士匮乏

物流学是一门年青的学科，它涉及到许多知识。目前，世界上对该学科的理论研究尚欠成熟。也正因此，我国高等院校对 TPL 专业的开设几乎是一片空白。而第三方物流业却已悄然兴起，TPL 专业人才的缺乏势必成为其发展的一个障碍，医药市场也不例外。

五、医药电子交易场第三方物流模式概述

我国现行的医药物流地域分割，客户独立，信息不畅通。为了改变这种状况，可在医药市场开展 TPL。但是，我们也应该认识到医药市场是个非常特殊的市场，并不同于其他产品市场。医药市场 TPL 企业提供服务质量的好坏，不仅关系到需方（医院）及供方（药厂），还将直接影响到广大患者的利益。所以，我国政府必须对医药市场的 TPL 企业进行合理管理、正确引导和适度监督，使物流工作健康、有序地开展。鉴于以上考虑，医药电子交易场成立专门的物流监管机构对专业的医药第三方物流实行会员制管理，为医药电子交易场的医药交易提供物流服务的专业机构必须通过电子交易场的资质审核，签署相关物流会员协议，成为医药电子交易场的物流专门会员，根据第三方物流网络覆盖程度和提供服务的地理范围不同分为全国会员和地区会员等。在业务上，物流会员具有较大程度的自主权，但要受医药监督管理局的监督和引导。物流服务商的信息通过医药电子交易场的物流协调系统提供给医药交易的双方，由医疗机构或医药生产商自主选择医药交易的物流服务商。必要时，医药电子交易场作为第四方物流服务提供商，可以为第三方物流提供业务信息服务，以便进行业务联系和技术指导。各物流服务商可通过医药电子交易场与各医院 HIS 系统、各医药生产商的 ERP 系统实现连接、整合，以便了解各医院需求情况，并及时提供专业物流服务。

医药交易场的专业医药物流可由医药批发企业转型而来

按照现代物流管理原则中供应链的管理原理，批发商必须和零售商、供应商建立伙伴关系。这种合作关系除了人与人的见面外，还需要技术和信息交流系统的支撑。如果没有这样的支撑，物流经营者对货源单位不熟悉，对下家即零售药店、医院药房信息不能有效地管理和及时配送，或配送率不能达到90%以上的话，就不可能有竞争力。然而，在中国当今的医药流通领域，能真正意识到这些方面并在尽力而为的物流经营者还很少。

做专业物流公司可能是处于亏损边缘的医药批发企业最理想的应变、图强之路，凭借其强大的信息系统跟医院、零售网点、供应商建立信息共享，为供应商、医药、零售商供货、存货提供服务；通过信息化建设和提高物流服务专业水准，成为医药电子交易场的物流会员，为医药的电子交易提供物流服务。

医药电子交易场的电子支付和融资支持体系

医药电子交易场的结算和支付系统是医药电子商务系统的重要组成部分，它是指医药供应商、医疗机构以及医药第三方物流和金融机构之间使用安全电子手段，对交易的医药或服务进行结算并及时支付，确保完整的医药电子交易顺利完成的电子支付系统和信用融资安排。即把新型支付手段，包括电子现金（E-Cash）、信用卡（Credit Card）、借记卡（Debit Card）、电子支票（E-Check）智能卡等的支付信息，通过网络安全传送到银行或相应的处理机构，来实现电子支付；对交易中形成的债权债务关系，通过金融机构的融资支持和金融的创新安排，使医药电子交易的货款支付及时顺畅。

电子支付的主要形式

在传统商务活动中，支付主要采用两种方式：一是票据支付，多用于企业的商贸过程；二是现金，常用于企业对个体消费者的商品零售过程。在电子商务环境下，传统的支付方式已不适应商务活动电子化的要求，而必须由全新的电子支付方式来代替。由于使用的传输网络、传输协议和支付程序的不同和相互组合，在实践中衍生出了各种各样的电子支付工具。如果将各种电子支付方式加以分类，可以分为因特网环境下的电子支付和非因特网环境下的电子支付。前者包括网上银行和电子货币，后者则是指自动柜员机 ATM、销售终端 POS 等。

我国电子商务支付系统的发展情况

电子商务于 90 年代初兴起于美国、加拿大等国，但在近几年电子支付才被人们普遍接受。随着电子商务的发展，各种法规也随之健全，联合国国际贸易法委员会（UNCITRAL）已经完成模型电子商务法的制定工作，为电子交易制订出统一通用的规则。另外，两大国际信用卡组织 VISA 和 MasterCard 合作制订的 SET 协议，定义了一种电子支付过程标准，其目的就是保护万维网上支付卡交易的每一个环节。SET 是专为网上支付卡业务安全所制定的标准。这几年来，我国的北京、上海、广州等信息产业发展较快的城市的信息产业部门开始了电子商务相关的研究与实践，并在 1998 年开通了自己的电子商务支付系统。

一、我国发展电子商务支付系统的现有条件

（一）法律方面

目前我国还没有有关电子商务的法规。数字签名的有效性刚得到法律的认可。我国有关部门正在考虑制订有关电子商务的规范和制度。

（二）金融业方面

用卡付款代替传统的现金付款已越来越被人们所接受，但目前还只有少数银行推出了网上银行业务。随着银行间竞争的加剧，各商业银行都把目光

投向了网络银行。可以预计一两年内绝大部分的银行都可实现网上支付。对于支付网关建设，目前各家商业银行也已达成了一定的共识。支付网关作为金融专用网和公用网之间的安全接口，有的由商业银行自己建设，也有的由多家商业银行联合共建。

（三）市场方面

出于电子商务潜在的巨大利润，商家盼望电子商务早日实现。

（四）顾客的要求

电子支付为用户提供了很大的方便，得到了用户的欢迎。但由于电子支付要用户承担一定的风险，故要顾客普遍接受电子支付还需时日。

二、支付系统体系结构选择

目前，电子商务支付系统体系结构有两种：SET结构和非SET结构。非SET结构的电子商务支付系统指使用除SET协议外的其他协议的电子支付系统。电子商务使用的支付手段可以有电子现金、电子支票、智能卡、商家或别的机构发行的购物卡、银行卡等。鉴于中国国情，现阶段大多使用非SET协议结构，使用商家或商家授权的银行机构发行的购物卡、银行卡来支付。

（一）银行卡非SET电子商务支付系统（SSL）

此类型是国内网上支付普遍采用的网上支付方法。该系统使用SSL协议，RSA加密算法、数字签名和防火墙等保证交易的安全，支付时使用的是银行发行的储值卡（借记卡）、信用卡。该方式风险较高，只要银行肯参与，该系统是可行的。该系统的主体有持卡人、商家、支付网关和发卡银行。流程为：

（1）持卡人登录商品发布站点，验证商家身份；

（2）持卡人决定购买，向商家发出购买请求；

（3）商家返回同意网上支付等信息；

（4）持卡人验证支付网关的身份，填写支付信息，将定购信息和支付信息通过 SSL 传给商家，但支付信息被支付网关的公开密钥加密过，对商家来说是不可读的。

（5）商家用支付网关的公开密钥加密支付信息等，传给支付网关，要求支付；

（6）支付网关解密商家传来的信息，通过传统的银行网络到发卡行验证持卡人的支付信息是否有效，并即时划账；

（7）支付网关用它的私有密钥加密结果，把结果返回商家；

（8）商家用支付网关的公开密钥解密后返回信息给持卡人，送货，交易结束。

该支付系统有如下特点：

（1）有银行的参与，支付网关必须得到银行的授权；

（2）商家及支付网关使用证书，支付网关为自签名的 Root CA；

（3）持卡者支付时使用的微型电子钱包是一个 APPLET 应用程序，放在支付网关的服务器上，并经过支付网关的签名认证；

（4）商家与持卡者通信用 SSL 协议，商家与支付网关通信使用 RSA 加密；

（5）持卡者必须与支付网关签约，成为其会员；

（6）支付网关与发卡行的通信可通过 POS 机拨号上银行的前置机（业务量不大时用），或走专线，用 ISO8583 等协议上银行的前置机。

（二）银行直接参与的非 SET 电子商务支付系统（类 SSL）

该系统支付信息不经商家，直接到银行站点支付，即银行直接接收处理用户的支付信息。该系统风险较小。该系统的主体有持卡者、商家和发卡银行。支付流程为：

（1）持卡者登录商品发布站点；

（2）持卡者决定购买，向商家发出购买请求，并跳转到发卡行支付站点；

（3）持卡者验证发卡行支付站点身份，通过 SSL 向发卡行传送支付信息；

（4）银行处理用户的支付信息，划账；

（5）商家定期到发卡行站点查询成交商品，送货，交易完成。

该支付系统有如下特点：

（1）银行自己建立支付站点，成为支付系统的主体；

（2）支付信息不经商家；

（3）使用 SSL 协议保证交易的安全。

（三）SET 电子商务支付系统

目前中国各商业银行推出的网上支付都可归类到以上三种支付系统，现阶段要在中国实现电子商务的网上实时安全支付，有以下难点。

（1）没有有关电子商务的法规。

（2）没有一个统一的，易于实现与各商业银行互联的支付网关。

（3）关键技术如加密技术难于保证为用户提供安全的电子支付。

（4）各商业银行在网上支付的认识上存在差异，有的银行可能不会在网上支付系统的建设上给予必要的配合。各商业银行推出的网上支付方案各不相同，如以上介绍的银行卡非 SET 电子商务支付系统、银行直接参与的非 SET 电子商务支付系统和 SET 安全电子商务系统方案，都有银行使用，必将造成开发上的重复浪费。

电子商务支付系统的安全性

电子商务支付系统的安全要求包括：保密性、认证、数据完整性、交互操作性等。目前，国内外使用的保障电子商务支付系统安全的协议包括：SSL 和 SET 等协议标准。

一、SSL 协议

安全套接 SSL 协议在网络上普遍使用，能保证双方通信时数据的完整性、保密性和互操作性，在安全要求不太高时可用。它包括：

（1）握手协议。即在传送信息之前，先发送握手信息以相互确认对方的身份。确认身份后，双方共同持有一个共享密钥。

（2）消息加密协议。即双方握手后，用对方证书（RSA 公钥）加密一随机密钥，再用随机密钥加密双方的信息流，实现保密性。

由于他被 IE，NETSCAPE 等浏览器所内置，实现起来非常方便。目前的

B2C 网上支付大多采用这种办法。利用招商银行提供的网上支付接口可以很方便的实现基于此协议的网上支付。

SSL 使用加密的办法建立一个安全的通信通道以便将客户的信用卡号传送给商家。它等价于使用一个安全电话连接将用户的信用卡通过电话读给商家。

虽然 SSL 握手协议可以用于双方互相确认身份，但实际上基本只使用客户认证服务器身份，即单方面认证。由于支付过程中商家可掌握客户的信用卡号，这一协议不能防止心术不正的商家的欺诈，这是 SSL 协议所面临的最严重的问题之一。另外由于加密算法受到美国加密出口的限制，浏览器和 Web Server 都存在所谓的“512/40”的问题。即 DES 对称加密为 40 位，RSA 加密为 512 位。加密强度偏低使 B2C 的 SSL 协议难于推广到有更高要求的 B2B 领域。

二、SET 协议

SET 是实现在开放的网络（Internet 或公众多媒体网）上使用付款卡（信用卡、借记卡和取款卡等）支付的安全事务处理协议。它的实现不需要对现有的银行支付网络进行大改造。该协议的 1.0 版本于 1997 年 5 月 31 日发布。

SET 规定了电子商务支付系统各方购买和支付消息传送的流程。可见，电子商务支付系统的交易三方为：持卡人、商家和支付网关。交易流程为：

（1）持卡人决定购买，向商家发出购买请求；

（2）商家返回同意支付等信息；

（3）持卡人验证商家身份，将定购信息和支付信息安全传送给商家，但支付信息对商家来说是不可见的（用银行公钥加密）；

（4）商家验证支付网关身份，把支付信息传给支付网关，要求验证持卡人的支付信息是否有效；

（5）支付网关验证商家身份，通过传统的银行网络到发卡行验证持卡人的支付信息是否有效，并把结果返回商家；

（6）商家返回信息给持卡人，送货；

（7）商家定期向支付网关发送要求支付信息，支付网关通知卡行划账，并把结果返回商家，交易结束。

安全电子交易使用的安全技术包括：加密（公开密钥加密、秘密密钥加密）、数字信封、数字签名、双重数字签名、认证等。它通过加密保证了数据的安全性，通过数字签名保证交易各方的身份认证和数据的完整性，通过使用明确的交互协议和消息格式保证了互操作性。由于它实现起来比较复杂，每次交易都需要经过多次加密、HASH 及数字签名，并且须在客户端安装专门的交易软件。因此现在使用该协议的电子支付系统并不多。目前中国银行的网上银行是基于 SET 的支付方式。

医药电子交易场的电子支付体系

根据中国电子支付系统的现状，结合医药电子交易场自身的特点，医药电子交易场的电子支付体系采用以下两种支付方式。

一、电子支票（E-check）支付

电子支票是一种借鉴纸张支票转移支付的优点，利用数字化网络传递将钱款从一个账户转移到另一个账户的电子付款形式。这种电子支票的支付是在与商户及银行相连的网络上以密码方式传递的，多数使用公用关键字加密签名或个人身份密码（PIN）代替手写签名。用电子支票支付，事务处理费用较低，而且银行也能为参与电子商务的商户提供标准化的资金信息。

具体到医药电子交易场，采用电子支票支付的形式是指支付信息在国际互联网络上进行传输，即采用电子资金转账（Electronic Fund Transfer，EFT）或网上银行服务（Internet Banking）方式。所谓 EFT，是指医疗机构在网上采购医药后，通过其银行内账户之存款，将货款以资金划拨方式付给医药供应商之银行，这种方式是将传统的银行转账应用到公共网络上进行的资金转账，可直接在网上进行。但鉴于确保安全的考虑，仍须有若干验证机制（Verification Infrastructure）及公钥/私钥（Public/Private Key）以及公钥认证机构 CA（Certification Authority）等机制配合，以维护信息，避免被窜改伪造。电子资金转账可以通过以下两种方式具体实现。

（一）电话支付（Telephone Bill）

是指医疗机构通过给按键电话输入关键信息而对银行发出支付指令，从

其存款账户上向特定的医药供应商进行支付。金融机构提供给医疗机构每月进行电子交易的银行清单。

（二）电脑银行（PC banking）

是指医疗机构通过计算机及其连接的网络，发出资金划拨的指令。银行的电子支付程序允许医疗机构通过电脑查询账户信息，并在账户间进行转账。

二、专用协议方式支付

在医药电子交易场发展买方会员、卖方会员和物流会员时，与医疗机构、医药供应商、医药物流服务签署会员协议的同时，签署专用的电子支付协议。在医疗机构、医药供应商、医药第三方物流和电子支付服务供应商之间采用一种专用加密协议，把金融机构提供的医药交易的专用信用卡账号转化为密码。由电子支付服务供应商向医疗机构、医药供应商等免费提供客户端软件。这种软件自动地通知医疗机构把电子订购表格发送给医药供应商，让医药供应商填写姓名和信用卡号码，再通过这种软件译成密码发送给医疗机构。由于采用这种具有加密功能的软件及特殊的服务器，医药供应商无法从医疗机构的支付数据中得到信用卡账号的任何信息，保证了支付信息的安全性。

医药电子交易场的融资支持体系

传统的医药交易，医院给医药供应商的正常回款期为三个月，但回款期延长甚至拖欠成为坏账的现象时有发生，给医药企业的经营带来沉重负担，资金周转危机严重。医药电子交易场作为医药交易的革新模式，在医药交易的及时结算上也必须有所创新，以解决医药交易回款难的问题，保证医药电子交易的顺畅。医药电子交易场通过引入有实力有远见的金融机构，对医药交易的各方提供多种形式的融资支持，对理顺医药交易的资金链关系，促进医药生产企业和医疗机构的发展有重要作用。

与医药电子交易场结成紧密战略伙伴关系的金融机构可以为医药交易各方提供以下三种形式的融资支持。

一、为医药供应商提供应收账款保理业务

医药供应商可以将医药销售形成的对医疗机构的债权以一定折扣率变现卖给金融机构，由金融机构发挥专业优势向医疗机构协调应收账款。

二、为医药供应商提供医药销售货款做抵的抵押贷款

医药供应商可以将医药销售应收账款进行抵押，获取金融机构提供的抵押融资。

三、为医疗机构提供信用融资

基于医疗机构医药电子交易信用记录的状况，为医疗机构的现代化建设投资提供一定的授信额度。

医药电子交易场的安全保障和政府监管

医药电子交易场的安全保障机制

电子商务尚是一个机遇和挑战（风险）共存的新领域，从传统的基于纸张的交易方式向电子化的交易方式转变的过程中，如何保持电子化的交易方式与传统方式一样安全可靠，是人们关注的焦点，也是电子商务全面应用的关键问题之一。尽管电子商务的前景非常诱人，但它面临的一个主要的障碍就是如何保证传输数据的安全和交易对方的身份确认，即电子商务的安全保障机制。用户对电子商务活动安全性的需求，以及可使用的网络安全措施，主要包括在如下几方面：

1. 确定通信中的交易伙伴的真实性　常用的处理技术是身份认证，依赖某个可信赖的机构（CA）发放证书，双方交换信息之前通过CA获取对方的证书，并以此识别对方；安全电子交易（SET）规范为在Internet上进行安全的电子商务提供了一个开放的标准。

2. 保证电子单证的秘密性，防范电子单证的内容被第三方读取　常用处理技术是数据加密和解密，包括对称密钥加密技术和非对称密钥加密技术，单证传输的安全性依赖于使用的算法和密钥长度。

规范内部管理，使用访问控制权限和日志，以及敏感信息的加密存储等。当使用 WWW 服务器支持电子商务活动时，应注意数据的备份和恢复，并采用防火墙技术（有专家建议直接采用物理分割 WWW 服务器和内部网络的连接）保护内部网络的安全性。

随着电子商务的发展，安全问题更加重要和突出，要想解决好这个问题，必须由安全技术和标准作保障。安全是一个“相对的”词汇，电子商务的发展促使对安全技术进行不断探索研究和开发应用，以建立一个安全的商务环境。要保证电子商务安全可靠，首先要明确电子商务的安全隐患、安全等级和采用安全措施的代价，再选择相应的安全措施。

一、电子商务的安全要素

（一）有效性

电子商务以电子形式取代了纸张，那么如何保证这种电子形式交易信息的有效性则是开展电子商务的前提。电子商务作为交易的一种形式，其信息的有效性将直接关系到个人、企业或国家的经济利益和声誉。因此，要对网络故障、操作错误、应用程序错误、硬件故障、系统软件错误及计算机病毒所产生的潜在威胁加以控制和预防，以保证交易数据在确定的时刻、确定的地点是有效的。

（二）机密性

电子商务作为交易的一种手段，其信息直接代表着个人、企业或国家的商业机密。传统的纸面交易都是通过邮寄封装的信件或通过可靠的通信渠道发送商业报文来达到保守机密的目的。电子商务是建立在一个开放的网络环境（如 Internet）上的，维护商业机密是电子商务全面推广应用的重要保障。因此，要预防非法的信息存取和信息在传输过程中被非法窃取。

（三）完整性

电子商务简化了交易过程，减少了人为的干预，同时也带来维护交易各方商业信息的完整、统一的问题。由于数据输入时的意外差错或欺诈行为，可能导致交易各方信息的差异。此外，数据传输过程中信息的丢失、信息重复或信息传送的次序差异也会导致交易各方信息的不同。交易各方信息的完整性将影响到交易各方的交易和经营策略，保持交易各方信息的完整性是电子商务应用的基础。因此，要预防对信息的随意生成、修改和删除，同时要防止数据传送过程中信息的丢失和重复并保证信息传送次序的统一。

（四）可靠性

电子商务可能直接关系到交易双方的商业交易，如何确定要进行交易的交易方正是进行交易所期望的交易方，这一问题则是保证电子商务顺利进行的关键。在传统的纸面交易中，交易双方通过在交易合同、契约或交易单据等书面文件上手写签名或印章来鉴别交易伙伴，确定合同、契约、单据的可靠性并预防抵赖行为的发生。这也就是人们常说的“白纸黑字”。在无纸化的电子商务方式下，通过手写签名和印章进行交易方的鉴别已不可能，因此，要在交易信息的传输过程中为参与交易的个人、企业或国家提供可靠的标识。

二、电子商务的安全技术

为了满足电子商务的安全要求，电子商务系统必须利用安全技术为电子商务活动参与者提供可靠的安全服务，主要包括：鉴别服务、访问控制服务、机密性服务、不可否认服务等。鉴别服务是对交易方的身份进行鉴别，为身份的真实性提供保证；访问控制服务通过授权对使用资源的方式进行控制，防止非授权使用资源或控制资源，有助于交易信息的机密性、完整性和可控性；机密性服务的目标为电子商务参与者信息在存储、处理和传输过程中提供机密性保证，防止信息被泄露给非授权信息获得者；为交易的双方提供不可否认的证据，为解决因否认而产生的争议提供支持。

各种电子商务安全服务都是通过安全技术来实现的。电子商务使用的主要安全技术包括：加密、数字签名、电子证书、电子信封和双重签名，防火墙等。

（一）加密技术

加密技术是电子商务采取的基本安全措施，交易方可根据需要在信息交换的阶段使用。加密技术分为两类，即对称加密和非对称加密。

在对称加密方法中，采用相同的加密算法并只交换共享的专用密钥（加密和解密都使用相同的密钥）。如果进行通信的交易方能够确保专用密钥在密钥交换阶段未曾泄露，那么机密性和报文完整性就可以通过这种加密方法加密机密信息和通过随报文一起发送报文摘要或报文散列值来实现。因此，对称加密技术存在着在通信的交易方之间确保密钥安全交换的问题。此外，对称加密方式无法鉴别交易发起方或交易最终方。数据加密标准（DES）由美国国家标准局提出，是目前广泛采用的对称加密算法，主要应用于银行业中的 EFT 领域。DES 的密钥长度为 56 位。

在非对称加密体系中，密钥被分解为一对，即公开密钥或专用密钥。公开密钥（加密密钥）通过非保密方式向他人公开，而专用密钥（解密密钥）由生成方加以保存。公开密钥用于对机密性的加密，专用密钥则用于对加密信息的解密。专用密钥只能由生成密钥对的交易方掌握，公开密钥可广泛发布，但它只对应于生成该密钥的交易方。交易甲方生成一对密钥，公布公开密钥；交易方乙得到该公开密钥，使用该密钥对机密信息进行加密，然后发送给交易甲方；交易甲方再用自己保存的专用密钥对加密后的信息进行解密。交易方只能用其专用密钥解密由其公开密钥加密后的任何信息。RSA 算法是非对称加密领域内最为著名的算法。

（二）数字签名

数字签名是非对称加密技术的一类应用。它的主要方式是：报文发送方从报文文本中生成一个 128 位的散列值（或报文摘要），并用自己的专用密钥对这个散列值进行加密，形成发送方的数字签名；然后，这个数字签名将作为报文的附件和报文一起发送给报文的接收方；报文接收方首先从接收到的原始报文中计算出128位的散列值（或报文摘要），接着再用发送方的公开密钥来对报文附加的数字签名进行解密。如果两个散列值相同，那么接收方就能确认该数字签名是发送方的。通过数字签名能够实现对原始报文的鉴别和不可否认性。

ISO/I电子商务JTC1已经起草有关的国际标准规范。该标准的题目是“信息技术安全技术带附件的数字签名方案”，它由概述和基于身份的机制两部分构成。

（三）电子证书

数字签名是基于非对称加密技术的，存在两个明显的问题：第一，如何保证公开密钥的持有者是真实的；第二，大规模网络环境下公开密钥的产生、分发和管理。由此，证书签发机构（Certificate Authority，CA）应运而生，它是提供身份验证的第三方机构，由一个或多个用户信任的组织实体构成。CA核实某个用户的真实身份以后，签发一份报文给该用户，以此作为网上证明身份的依据。这个报文称为电子证书，包括：唯一标识证书所有者（即交易方）的名称、唯一标识证书签发者的名称、证书所有者的公开密钥、证书签发者的数字签名、证书的有效期及证书的序列号等。电子证书能够起到标识交易方的作用，是目前电子商务广泛采用的技术之一。常用的证书有：持卡人证书、商家证书、支付网关证书、银行证书和发卡机构证书等。微软公司的Internet Explorer和网景公司的Navigator都提供了电子证书的功能作为身份鉴别的手段。

（四）电子信封

电子信封是为了解决传送更换密钥问题而产生的技术，它结合了对称加密和非对称加密技术的各自优点。发送者使用随机产生的对称密钥加密数据，然后将生成的密文和密钥本身一起用接收者的公开密钥加密（称为电子信封）并发送；接收者先用自己的专用密钥解密电子信封，得到对称密钥，然后使用对称密钥解密数据。这样，保证每次传送数据都可有发送方选定不同的对称密钥。

（五）双重签名

在实际商务活动中经常出现这种情形，即持卡人给商家发送订购信息和自己的付款账户信息，但不愿让商家看到自己的付款账户信息，也不愿让处理商家付款信息的第三方看到订货信息。在电子商务中要能做到这点，需使用双重签名技术。持卡人将发给商家的信息（报文 1）和发给第三方的信息（报文 2）分别生成报文摘要 1 和报文摘要 2，合在一起生成报文摘要 3，并签名；然后，将报文 1、报文摘要 2 和报文摘要 3 发送给商家，将报文 2、报文摘要 1 和报文摘要 3 发送给第三方；接收者根据收到的报文生成报文摘要，再与收到的报文摘要合在一起，比较结合后的报文摘要和收到的报文摘要 3，确定持卡人的身份和信息是否被修改过。双重签名解决了三方参加电子交易过程中的安全通信问题。

（六）防火墙技术

网络防火墙技术是一种用来加强网络之间访问控制和防止外部网络用户以非法手段进入内部网络、访问内部网络资源、保护内部网络操作环境的特殊网络互联设备。它对两个或多个网络之间传输的数据包，按照一定的安全策略来实施检查，决定网络之间通信的权限，并监视网络的运行状态。防火墙系统的实现技术主要分为分组过滤（Packet Filter）和代理服务（Proxy Service）两种。

分组过滤技术是一种基于路由器的技术，由分组过滤路由器对 IP 分组进行选择，允许或拒绝特定的分组通过。通过防火墙系统中分组过滤路由器对特定端口 IP 分组的禁止，可以防止黑客利用不安全的服务对内部网络进行攻击。

代理服务技术是由一个高层的应用网关作为代理服务器，接受外来的应用连接请求，进行安全检查后，再与被保护的网络应用服务器连接，使得外部服务用户可以在受控制的前提下使用内部网络的服务。同样，内部网络到外部的服务连接也可以受到监控。应用网关的代理服务实体将对所有通过它的连接作出日志记录，以便对安全漏洞检查和收集相关的信息。使用应用网关的高层代理服务实体有以下的优点：①隐蔽信息，内部受保护子网的主机名称等信息不为外部所知；②日志记录，便于网络安全管理；③可以由应用网关代理有关服务，进行安全控制。

目前，比较完善的防火墙系统通常结合使用两种技术。代理服务可以大大降低分组过滤规则的复杂度，是分组过滤技术的重要补充。

三、医药电子交易场的安全机制

交易主体在基于互联网的企业间商务活动过程中，需要在数据传输、身份识别和网络系统安全等方面得到保护，医药电子交易场提供全面的安全措施，使医疗机构、医药供应商在运用电子商务手段进行医药交易时获得安全保障。医药电子交易场的安全机制主要包括：

（一）软件级

1. 强身份认证　医药电子交易场除通过用户名和口令，对每一步操作都进行检测，从而保证操作人员身份确认外，还提供了第三方 CA 认证机构系统，以确保交易双方合法身份的真实性。

2. 大表单加密　通过对交易过程中产生的各种表单进行基于 SSL 和 LDAP 的传输加密和认证，确保数据的保密性、准确性、真实性和完整性；并实现服务器端个体识别和客户端个体识别，从而很好的防止数据被他人盗取。

3. 操作完整记录　系统设定完整的用户操作日志，记录客户在系统的每一步工作，已备检查。同时通过基于第三方 CA 认证体系的数字签名功能，实现客户在关键业务操作中的不可抵赖。

（二）系统级

1. 安全监控系统　专业的安全专家制定全面的安全策略，并通过专业的安全检测系统，由专人进行 24 小时系统安全检测，随时发现系统可能遇到的攻击，并作出相应的对策。

2. 性能监控系统　通过专业的性能检查系统，由专人进行 24 小时的全方位系统性能监控，从数据库访问到应用计算以及 WEB 相应的各种性能。随时发现系统可能发生的性能瓶颈，并作出相应的调整。

3. 冗余、备份系统　通过系统级的设置以及借助专业软件的支持，实行系统应用和数据实时的冗余备用，并定时进行在线的数据备份，全面保证系统随时的备用支持和灾难后的迅速恢复。

（三）硬件设备

1. 提供硬件防火墙系统，用以抵抗网络攻击。
2. 建立备用网络线路，保证网络连接 24 小时的通畅。
3. 交易中心机房按照电信级安全机房的规格建设，保证 24 小时的网络监控和持续的不间断电源，优秀的网络工程师 24 小时运营维护，从而保证平台的正常运行。

医药电子交易相关法律责任的界定

电子商务是 20 世纪 90 年代才出现的新生事物。这种影响全球的新经济模式与传统商务相比有诸多优越性。目前，在我国电子商务的热潮中，尽管各厂商纷纷推出五花八门的解决方案，政府有关部门也已将电子商务列入本部门的信息化计划之列。然而有关电子商务的讨论往往都集中在技术层面和实施方案，但当前急需解决的除了电子商务技术范围和管理体制问题外，电子商务的立法配套则是一个主要问题，急需建立和完善电子商务法规体系的软环境，对电子交易导致的各种法律关系和法律责任能够明确界定，对于电子商务的进一步发展至关重要。

一、我国电子商务立法现状与问题

目前，我国电子商务立法仅有《中华人民共和国合同法》（以下简称《合同法》）中第 11 条关于书面形式包括“数据电文”及第 33 条关于当事人采用数据电文订立合同可以“要求签订确认书”的规定。前者确认了电子合同的合法性，后者涉及电子合同生效的要件。另外，《合同法》第 16 条、第 26 条、第 31 条规定了电子合同要约的生效时间、承诺的生效时间及合同成立地点。

但是，仅有以上规定，电子合同仍无法操作。

1. 联合国国际交易法委员会在拟订《电子商务示范法》(以下简称《示范法》)的过程中，曾考虑到各国法律对传统交易形成的规定，建议采用“功能等同法”赋予电子商务与传统商务同等的法律地位和效力。但我国拟订《合同法》有关条款时，把这种“功能等同法”演变为“形式等同法”，与《示范法》有关条文不相适应。

2. 电子合同归入“书面形式”之后引起的第一个问题是电子签名的价值。其表现形式是通过计算机网络，借助数据信息完成的，可以是数字或是符号，与手书签名没有内在联系。但我国《合同法》避开了电子签名问题，提出另一办法，即“签订确认书”。这实际是绕开了必须有确定身份的“电子签名”的问题，签订确认书并不能使电子合同完成签字人或依赖方认证的要求，电子合同也根本无法摆脱手书签名法律的束缚。

3. 电子合同归入“书面形式”后引起的又一问题是电子证据的效力。电子证据在诉讼中能否被法院采纳为证据，我国《合同法》没有规定。按现行法规，书面形式的证据必须是有形的书面文件(包括合同、单据)，而且必须是“原物”。而电子证据使用的是磁性介质，其打印出来的书面形式充其量也仅是复印件而已，这样所有的电子证据都可能失去效力时，电子交易就会失去法律保护。

4. 电子合同归入“书面形式”的第三个问题是电子认证及标准。我国没有对电子证据、电子签名政策做出法律规定，又由于电子合同的“书面形式”引发一系列问题后，发生了电子商务纠纷，法官认证的标准和依据只能是传统交易法律的规定，而在传统交易法律根本不能运用于电子商务这一新的交易方式的情况下，法定的自由裁量权便可能无限制的扩大，电子商务的法治就可能成为空话。

二、医药 B2B 交易场的法律责任界定

目前，我国用以规范电子商务活动的主要法律或法规是《中华人民共和国电子商务管理条例》，其遵循的原则：一是具有普遍性和超前性；二是具有国际性和统一性；三是具备随动性。

《中华人民共和国电子商务管理条例》的运用范围包括电子合同的效力、电子支付及金融管理、税收与保险、网络管理与信息安全保护、电子证据与

电子签名的法律认定、政府的强制性措施及审查机制、市场准入规则、知识产权保护、消费者合法权益的保护、司法的国际管辖和国际协助等。

医药电子交易场是B2B形式的电子商务，在医药电子交易场中进行的交易行为除了受我国其他法律的保护和约束外，主要应遵照《中华人民共和国电子商务管理条例》进行法律责任的界定，交易纠纷也依此来调解，违约和违法行为将由此得到追究。医药电子交易场有关各方的法律责任如下：

（一）政府主管部门

负责成立电子认证审查委员会，对电子认证行业的标准进行开发、制定或修改，并且负责对各认证机构进行审查、确认、颁证，对其采用的密码、标准进行规范。

（二）医药电子交易场运营商

为其他经营主体的网上交易提供平台的独立第三方，应采取必要的技术手段和管理措施保证网站的正常运行。接受工商行政管理部门的监督管理，并履行以下义务：

1. 提供必要、可靠、完整的经营环境与服务；
2. 维护网上交易秩序。发现违法行为时，及时制止并向有关行政管理部门报告；
3. 按规定参加网站的年度检验；
4. 要求交易人进行在线身份注册，可以根据交易记录向社会推荐诚信度较高的经营者，但必须要求被推荐的经营者提供其合法的主体资格证明并予以核实。
5. 出现交易纠纷时，有义务向司法机关或行政管理机关提供被推荐者的主体资格证明，否则应承担连带法律责任。
6. 将交易机会和交易情况如实告知当事人各方；
7. 妥善保管当事人交付的样品、预付款等财物；
8. 按照约定为当事人保守商业秘密；
9. 记录交易成交情况，并至少保存两年。

（三）医药供应商

利用交易平台从事医药交易或信息发布活动不得从事以下行为：

1. 侵犯他人对医药所享有的注册商标专有权；

2. 侵犯他人的商业秘密；

3. 侵犯他人的隐私权和名誉权；

4. 擅自使用他人的企业名称或姓名；

5. 擅自使用知名医药所特有的名称、包装、装潢，或与知名医药近似的名称、包装；

6. 销售假冒和伪造的医药；

7. 在发布的商业信息中含有诽谤、恐吓和骚扰等内容；

8. 在信息的传递过程中发送蓄意毁坏、恶意干扰、秘密截取或侵占任何系统数据和信息资料的电脑程序；

9. 使用虚假电子邮件地址，在发送人身份或信息来源等方面误导其他交易人。

（四）医疗机构

利用交易平台从事医药采购或信息发布活动不得从事以下行为：

1. 侵犯他人的商业秘密；

2. 侵犯他人的隐私权和名誉权；

3. 在信息的传递过程中发送蓄意毁坏、恶意干扰、秘密截取或侵占任何系统数据和信息资料的电脑程序；

4. 使用虚假电子邮件地址在发送人身份或信息来源等方面误导其他交易人。

医药电子交易场的交易各方产生纠纷可以由工商行政管理部门依法进行调解；造成损失的可以申请仲裁提起诉讼的方式要求赔偿；严重违法行为将受到法律的严惩。

医药电子交易场的政府监管

医药是很特殊的商品，关系到千万人的生命健康安全，对医药交易实行严格的监管不可或缺，政府相关部门如医药食品监督管理局和卫生行政部门一直对医药监管很严格。在电子商务条件下，更需要加强医药交易的监管，保证医药的质量，维护广大患者的切身利益。

医药电子交易场为政府主管部门的监督和管理提供了方便、快捷、有效的技术手段。为政府监督管理部门提供医药电子交易全过程的监督、分析平台，各部门都能各负其责，各行其政，从而使医药交易在公开、公平、公正、透明的环境下进行规范、有序的运作。

一、药监部门

负责市场准入、医药质量监督和网上医药信息服务的审验，适时监控市场行为，准确把握市场脉搏，及时提取各种市场信息，为有效地监督管理医药流通秩序提供科学的决策依据。

二、卫生部门

负责医疗机构医药采购的监督和管理，尤其是负责集中采购的组织、协调、监督和管理，医药电子交易场能及时、准确地为其提供与之有关的各种信息以供决策。

三、物价部门

负责医药价格的制定和监督，医药电子交易场能为其实时掌握市场价格信息，及时调整政府定价品种的价格，有效遏制医药的虚高定价提供准确可靠的市场依据。

四、劳动保障部门

负责“医保医药”的筛选和使用的监管，医药电子交易场能为其提供有效的监控手段和各种准确实时的数据。

五、经贸部门

负责企业的生产、经营的协调和管理，医药电子市场能及时、准确地为其提供与之相关的各种信息以供决策。

医药电子交易场的赢利模式

对赢利模式的关注源于互联网的飙起，由于大量互联网企业严重亏损，甚至看不到赚钱的“钱景”，才引起人们对新经济企业赢利模式进行思索和研究。医药电子交易场作为新经济的条件下发展的业务模式，赢利模式是必须加以思考和研究的问题。没有赢利模式、或者赢利模式不清晰，赢利模式缺乏环境适应性，独立第三方主导的医药电子交易场将很难持续健康地发展。

关于赢利模式

所谓赢利模式是指企业在市场竞争中逐步形成的企业特有的赖以赢利的商务结构及其对应的业务结构。企业的商务结构主要指企业外部所选择的交易对象、交易内容、交易规模、交易方式、交易渠道、交易环境、交易对手等商务内容及其时空结构。企业的业务结构主要指满足商务结构需要的企业内部从事的包括科研、采购、生产、储运、营销等业务内容及其时空结构。业务结构反映的是企业内部资源配置情况，商务结构反映的是企业内部资源整合的对象及其目的；业务结构直接反映的是企业资源配置的效率，商务结构直接反映的是企业资源配置的效益。

任何企业都有自己的商务结构及其相应的业务结构，但并不是所有企业都赢利，因而并不是所有企业都有赢利模式。

赢利模式分为自发的赢利模式和自觉的赢利模式两种。前者的赢利模式是自发形成的，企业对如何赢利，未来能否赢利缺乏清醒的认识；企业虽然盈利，但赢利模式不明确不清晰，其赢利模式具有隐蔽性、模糊性、缺乏灵活性的特点。后者，也就是自觉的赢利模式，是企业通过对赢利实践的总结，对赢利模式加以自觉调整和设计而成的，它具有清晰性、针对性、相对稳定性、环境适应性和灵活性的特征。

在市场竞争的初期和企业成长的不成熟阶段，企业的赢利模式大多是自发的，随着市场竞争的加剧和企业的不断成熟，企业开始重视对市场竞争和自身赢利模式的研究。

赢利模式的五要素

研究企业赢利模式，有必要借助有效的分析手段，企业赢利模式分析和设计的五个要素是：利润源、利润点、利润杠杆、利润屏障、利润家。几乎所有企业的利润模式都是以某一、两个要素为核心的各要素不同形式的组合。

利润源是指企业提供的商品或服务的购买者和使用者群体，他们是企业利润的唯一源泉。利润源分为主要利润源、辅助利润源和潜在利润源，好的企业利润源，一是要有足够的规模，二是企业要对利润源的需求和偏好有比较深的认识和了解，三是企业在挖掘利润源时与竞争者比较而言有一定的竞争优势。

利润点是指企业可以获取利润的产品或服务，利润点反映的是企业的产出。好的利润点一要针对明确客户的清晰的需求偏好，二要为构成利润源的客户创造价值，三要为企业创造价值，有些企业有些产品和服务或者缺乏利润源的针对性，或者根本不创造利润。

利润杠杆是指企业生产产品或服务以及吸引客户购买和使用企业产品或服务的一系列业务活动，利润杠杆反映的是企业的一部分投入。

利润屏障是指企业为防止竞争者掠夺本企业的利润而采取的防范措施，它与利润杠杆同样表现为企业投入，但利润杠杆是撬动“奶酪”为我所有，利润屏障是保护“奶酪”不为他人所动。

利润家是企业内对企业如何赢利，具有极强的敏感和预见性的人，他往往是企业家本人，也许是企业家的盟友，或许是职业经理人。

成功赢利模式的特点

由于各行业宏观和微观经济环境处于不断变化的状态中，没有一个单一的特定赢利模式能够保证在各种条件下都产生优异的财务结果，企业需要选择一个适合自己的赢利模式。没有一个始终正确的赢利模式，但成功的赢利模式至少具有 3 个共同的特点。

首先，成功的商业模式要能提供独特价值。有时候这个独特的价值可能是新的思想；而更多的时候，它往往是产品和服务独特性的组合。这种组合要么可以向客户提供额外的价值；要么使得客户能用更低的价格获得同样的利益，或者用同样的价格获得更多的利益。

其次，成功的赢利模式是难以模仿的。企业通过确立自己与众不同的风格，如对客户的悉心照顾、无与伦比的实施能力等，来建立利润屏障，提高行业的进入门槛，从而保证利润来源不受侵犯。好的商业模式是很难被人模仿的。

第三，成功的赢利模式是脚踏实地的。脚踏实地就是实事求是，就是把赢利模式建立在对客户行为的准确理解和假定上。比如说，企业要做到量入为出、收支平衡。这看似不言而喻的道理，要想年复一年、日复一日地做到，却并不容易。现实当中的很多企业，不管是传统企业还是新型企业，对于自己的钱从何处赚来，为什么客户看中自己企业的产品和服务，乃至有多少客户实际上不能为企业带来利润、反而在侵蚀企业的收入等关键问题，都不甚了解。这样不切实际的“商业模式”，在.com狂热的时候，简直数不胜数。

总之，成功的赢利模式必须能够突出一个企业不同于其他企业的独特性。这种独特性表现在它怎样界定顾客、界定客户需求和偏好、界定竞争者、界定产品和服务、界定业务内容吸引客户以创造利润。优秀的赢利模式是丰富和细致的，并且它的各个部分要互相支持和促进；改变其中任何一个部分，它就会变成另外一种模式。

医药电子交易场的收入来源

医药电子交易场为医药供应商、医疗机构的医药交易提供电子化的平台，并保证电子商务的物流配送、电子支付和安全保障等完善的交易环境，有效的解决了中国医药流通的现代化发展问题。医药电子交易场有其独特的价值，也找到了适合自身特点的成功的赢利模式。医药电子交易场的收入来源主要有：

一、医药交易中介费收入

医药电子交易场投资建立医药电子交易平台，作为医药交易的撮合者，可以根据医药交易的成交金额收取一定比率的交易中介费，主要向医药供应商收取，这是医药电子交易场主要的收入来源。

二、会员费收入

医药电子交易场实行会员制管理，需要耗费大量的成本进行自我监管以保证交易的真实合法。为此医药电子交易场可以向买方会员（医疗机构）、卖方会员（医药供应商）、物流会员（专业医药第三方物流）定期收取固定额度的会员费。

三、信息增值服务收入

医药电子交易场有强大的信息收集和处理系统，并有着全部的医药交易记录。可以对医药交易信息进行深度挖掘，提供多种形式的信息增值服务，指导医药供应商更好的进行医药生产和经营，帮助医疗机构正确有效的采购医药等。通过提供有效的信息增值服务，收取相关费用，医药电子交易场可以成为专业的医药交易信息增值服务提供商。

四、第四方物流服务收入

医药电子交易场通过组织经过严格资质审核的专业的医药第三方物流会员，为医药交易提供完善的物流服务。医药电子交易场作为第三方物流的组织和协调者，扮演了第四方物流的角色，提供了第四方物流的信息协调和咨询的服务，可以向第三方物流收取咨询费用。

五、网络广告收入

医药电子交易场作为覆盖全国医药行业的交易平台，有为数众多的医药专业用户，这是医药生产企业和医药展示自己的最好舞台。医药电子交易场可以为医药生产企业提供医药的网络广告服务，收取广告收入。

六、交易终端销售收入

为实现有效的电子交易，医药电子交易场需要为医药供应商、医疗机构和第三方物流等开发专用的交易终端设备和软件，并对电子交易场的用户进行专业培训。医药电子交易场可以通过销售和安装交易终端获取部分收入。

总之，医药电子交易场成功建立和运营需要经营者的坚持、胆识和创新，借鉴国内外成功的电子商务赢利模式特点，结合自身的优势和特点，创造适于自己的长期稳定的赢利模式，走上可持续发展的大道，从而真正为中国的医药流通改革作出贡献。

第 5 章

医药电子交易场的技术体系

随着电子计算机和网络通信技术的进步，电子商务的应用正在向纵深发展，其技术体系也日臻完善。医药电子商务的技术体系既包括计算机和网络的硬件、软件技术本身，也包括电子商务中一系列应用技术问题。

本章首先介绍我国医药电子商务技术体系的发展历程，各发展阶段的特点；然后以海虹医药电子商务系统为原型，完整的描述了一个独立第三方医药电子交易场的系统结构，各子系统功能，主要数据结构、处理流程以及系统配置等。

我国医药电子交易场技术体系的演进历程

从全国层次来看，中国的网络化程度比较低，但是，对于医药这个特殊的行业来讲却不是如此。由于各级政府的支持和要求，医药行业的网络化走在了中国其他行业的前面。

在短短的几年里，中国医药行业的电子商务系统走过了两个阶段，并向更高的阶段迈进。如图 5-1 所示，这几个阶段的系统同时具备以下共同特点：

1. 由于网络信息的完整性和及时性，收集和处理医药信息的时间和成本可以大大降低；

2. 将分散进行的医药采购活动进行科学、合理的整合，从而降低成本，减少费用；

3. 使市场参与者了解瞬息万变的商情，做到有的放矢，缩短采购和储存周期，尽可能地避免市场风险；

4. 通过严格的准入机制规范市场行为，确保医药质量和临床用药安全有效；

5. 政府部门的监管和调控较为方便。

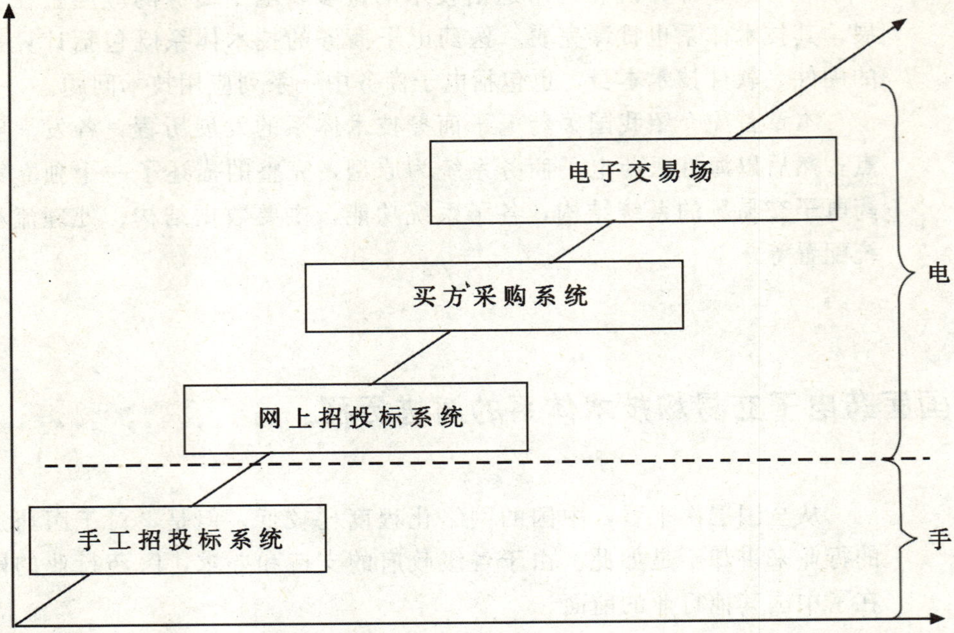

图 5-1 我国医药行业流通技术体系演进图

第一阶段 网上招投标系统

一、网上招投标系统概念

网上医药招投标系统是指在互联网上利用电子商务基础平台提供的安全通道进行医药招标全过程进行系统管理、监控和查询的电子商务技术系统。

这个系统提供的功能包括招标信息的公布、标书的发放、应标书的收集、投标结果的通知以及项目合同或协议的签订的完整过程。建立这样一整套功能完备的 B-B（企业-企业）、B-G（企业-政府）的网上招投标系统，不仅能够满足市场的需求，而且将有力地推动电子商务向深度和广度发展。

二、医药招标采购技术系统的建立

医药招投标系统实现上报、审批、招标、开标、评标交易全过程的信息化运作，减少了中间环节和人为因素，全面提高了医药招标工作的效率和透明度，实现了传统医药招标方式与现代网络信息技术的成功融合。

Internet 是一种高效便捷、低成本、覆盖全球的通讯工具，是一个近乎无限增长的信息资源库。网上医药招标采购就是充分利用 Internet 这一现代电子网络技术对医药招标采购的全过程实行计算机网络管理，以实现医药招标采购工作更加规范化、透明化、自动化，更加有利于有效的监督和审计，提高工作效率，降低成本。建立技术系统过程和操作如下：

（一）网站建设与维护

由于整个招标采购的过程均在 Internet 网上进行，因此网站的可靠运行和安全就至关重要。比如要有自己性能良好的服务器，关系数据库的支持如 Oracle，Sybase，DB2，Access 等；采用一些网络新技术如 ASP（Active Server Pages）技术，多媒体技术等，编程采用先进可靠的软件（如 DHML）。在网站安全方面应配备“防火墙”，保护网站不被病毒感染，防御外来的恶意攻击；采用 ID 地址过滤和双重密码保护网站数据，对数据库信息进行加密；双服务器异地备份网站数据，定期测试和维护网站系统。

（二）制定网上医药招标采购管理办法和工作规范

网上医药招标采购的各种行为必须符合《暂行办法》和《工作规范》的各项要求，招标中介机构再结合网络的特点制定工作实施细则，特别是对医药集中招标采购当事人怎样进行网上认定，集中招标采购程序的网上实施过程，网上怎样进行评标和怎样进行网上采购等进行具体的落实。这些实施细则应得到有关部门的认可，并可以在负责招标的网站上查阅或下载。

（三）组建评标委员会并制定评标委员会工作实施细则

评标委员会由药学、临床医学等方面的专家组成。评标专家根据《工作规范》的要求产生。首先是根据参与招标的医院药学副高以上、医学正高以上职称的人员组建专家库，该数据库的所有人员均对外公布，可以在网站上查询或下载，接受评议，与投标人有利害关系的评标专家不得进入评标委员会，已经进入的应当更换。在开始评标前24小时内根据编制的计算机特定程序（如药学专家人数不低于专家总人数的50%，专家总人数应为9～25人单数等）由计算机随机抽取产生。网络技术部门负责具体的实施过程，相关数据在网站服务器上有完善的保密记录。评标委员会的工作必须坚持科学评估、集体决策、质量优先、价格合理，遵循公开、公平、公正和诚实信用原则，依据有关法规，维护集中招标采购当事人的合法权益；坚持按照招标文件确定的标准和方法，对投标记录进行评审和比较，没有纳入招标文件的标准和方法，不得作为评标的依据；坚持为满足医院的临床用药需要服务，充分考虑各级各类医院的用药差异，满足不同人群的用药需求。根据《文件范本》的要求制定定量评价、定性评价和综合评价的具体实施办法。所有评价要素量化后形成的指标体系，应全面反映医院对医药采购的本质要求，对社会和所有投标人公开，可以在网站上查询或下载。

（四）建立网上医药招标采购单位的电子档案

档案包括单位识别号码、单位法定名称、法人代表、注册地址、通讯地址、邮政编码、联系电话、传真号码、单位基本情况（如单位等级、病床数、门诊量、年医药购买金额、医药使用的品种数等有关资料）、登陆初始密码、开户银行等多种资料，部分资料在该网站上公开，投标者可从该网站上查阅或下载。

（五）制定医药招标采购目录及计划采购数量

医药招标采购的目录由卫生负责部门编制，纳入目录的医药均使用通用名，包括含该通用名为主要成份的所有不同商品名医药及剂型、规格。这样可提供一个相对公平的竞争环境，防止中标医药被其他同类品种替代。确定了招标目录后，再由参加招标采购的医院根据医院用药情况提交本单位上一年度医药采购历史资料，并在该目录中选定或增加新的品种，提出计划采购的数量。通过电子邮件或直接登陆网站选取等多种方式传递给网站。招标的品种及各医院计划采购数量均对外公布，可从网站上查询或下载。

（六）制定招标文件

根据《工作规范》和《文件范本》的要求制定具体的招标文件并通过报刊、信息网络或其他媒介发布招标公告。招标文件包括招标邀请函，投标须知，投标函，投标承诺，医药质量承诺书，评标原则，医药招标目录及计划采购数量等。这些文件均在网上公开，投标者可以在网站上查阅或下载。

（七）建立投标系统

将招标的品种及计划采购数量在网站上发布后，愿意参与投标的供应商可以登陆该网站进行临时注册，注册时需要对招标文件提出的实质性要求和条件（电脑会自动给出提示）做出肯定性答复并对自己填报材料的真实性负责进行承诺才可进行注册。

经投标系统，通过了资格审查的投标者及其品种可在网站上正式注册，并通过电子邮件或其他方式通知投标者其什么品种已通过资格审查，可以正式投标了。投标时，投标者登陆网站，选取供应商后，电脑即给出已经获资格审查通过的品种及本次招标采购的计划采购量，投标者可一一进行投标，投标结束后，投标者必须输入密码，方可传给网站保存，该密码经过计算机程序特别处理后除了投标者本人知道外，包括网站在内的所有其他人员均不得知晓。投标人在投标截止日期前可以对投标进行补充、修改或者撤回已提交的投标。

（八）建立开标、评标与询标系统

投标结束后，由委托招标代理机构主持，在指定的时间和地点，在卫生局或公证处的监督下，邀请所有投标人参加并由投标人代表签名报到以证明其出席。在开标、评标系统支持下，所有投标者在电脑上自己输入密码打开标书，然后由计算机自动完成数据处理并对外公布，再将汇总结果交评标委员会讨论。评标委员会依据评标原则和评标委员会工作实施细则，分不同品种及各种级别在电脑上对投标医药进行评判、比较并打分，最后根据打分结果，由计算机根据编制的特定程序对投标医药进行统计判断产生中标候选品种。在产生争议的情况下，由评标成员投票表决。当投标者少于三家时，采取议标的方式决定供货方，若没有一个招标人符合中标条件时，则为废标，表示招标失败。评标委员会完成评标后，由计算机直接打印出评标报告，由全体评标成员签字后报卫生局。评标报告包括：项目基本情况，评标委员会成员名单，开标记录，投标品种一览表，废标情况说明，评标标准和方法，评标积分一览表，中标候选品种和替补中标品种，需要澄清、说明的事项。在中标通知书发出前，中标候选品种应严格保密，任何人不得对外泄露。

（九）建立中标品种的确认系统

中标候选品种确定后，各医院登陆网站，在中标品种确认系统的支持下，根据医院的用药情况从中标候选品种中选择各医院所需要的品种即为中标品种，代理机构根据各医院的选择，由网站计算机统计出所有中标品种，通过电子邮件或打印出中标通知书通知投标者，同时将中标结果在网上公布并通知未中标的投标人和物价局。投标者可从该网上查阅或下载。

（十）公证

由公证处对招标的整个过程及结果进行公证，并在网上发布公证词。

（十一）建立合同系统

根据中标结果和依据《文件范本》的约定，计算机会自动生成规范的合同，由医院与中标者签订，合同签订后由计算机自动完成医院与供货者及供货品种的配对。

（十二）合同的网上履行

首先由医院库房管理员登陆网站，输入密码进入计划制定功能，选取医药品种（这些品种已经由计算机根据签订的合同自动生成）并填写采购数量，发送给网站；药剂科主任登陆网站后，输入密码对采购的品种和数量进行审核和修改，只有经过药剂科主任同意后的采购计划才能发送给相应的供货单位。经药剂科主任确认后，计算机可根据签订的合同自动将采购计划发往相应的供货单位。供货单位收到该采购计划后，由业务员处理该计划，经供货单位负责人审核后，进行医药配送，医院收到医药后，由库房管理员进行品种、质量及数量的核对并在网上确认后，完成整个交易过程。

三、网络医药招投标系统组成

系统包括：

- 招标系统
- 投标系统
- 开标系统
- 评标系统
- 中标系统
- 签约系统

四、系统特点

（一）集中的信息资源管理利用

在政府实行集中招标采购的过程中，有关产品的信息及产品供应商的信息，无疑是最核心的信息。长期以来，我国产品名称不规范、产品及机构的计算机编码不全面、不统一，所有这些，都给大规模的政府集中招标带来了巨大的困难，如果没有规范化的大型产品信息库和机构信息库，集中招标采购最多就只能处理几百个品种，并且处理速度慢、效率低。集中的中央信息库使招投标系统拥有全面的产品生产企业和产品经营企业的统计信息，拥有全面的产品信息，所有这些资料，将为评标委员会提供宝贵的辅助决策依据。

地方数据库，集中了各地交易中心进行医疗机构医药采购交易服务和医药生产经营企业会员服务的实时数据，并随时与国家权威机构公开批露的权威信息核对，以保证数据的真实有效。

（二）方便经济的招投标无纸化操作

通过中心数据库的全面应用，医药电子交易市场服务的医疗机构和医药生产经营企业在医药采购活动中，可以方便快捷的实现信息沟通和资源共享。可以作到投标人的基本信息和证明文件一次提交，极大的降低了企业的运作成本，提高了交易效率。

（三）高效方便的客户端辅助系统

将原先由手工操作的计划、制单、审批、验收、统计等具体医药采购行为，通过用户端系统程序自动完成，把医疗机构、医药零售企业的医药采购人员从繁杂的事务性工作中解放出来，提高医药采购活动的工作效率。

（四）全面及时的监控手段

充分保证电子交易市场运行的及时有效，在维护购销双方的合法权益的基础上，为相关行业主管部门提供高效的监控手段，加强监管力度，达到净化市场、规范医药流通秩序的效果。

在政府的监管下，按照《工作规范》和《文件范本》的要求设计网上交易业务流程，可以确保医疗机构医药集中招标采购项目管理符合质量优先、价格合理、公开、公平、公正和诚实信用原则。

（五）系统安全性高

招标采购平台在安全方面实现了以下几点：

- 信息的保密性：信息在传输过程和存储中不被他人窃取。招标采购平台应该拥有优越的保密性，任何人无法在没有密码的情况下对标书进行解密，杜绝了各种串通招标投标行为。
- 信息的完整性：接收到的信息与发送的信息完全一致，在传输过程中没有遭到破坏。
- 信息的不可否认性：发送方不能否认已发送的信息，接收方不能否认已收到的信息。
- 保证交易者身份的真实性。

（六）市场准入严格

通过药监部门及其授权机构的安全认证、持有数字证书的企业及其产品，可以在电子商务数据中心注册，没有通过安全认证的企业及其产品不得进行入网商品注册。在国家药监部门安全认证制度开始实施前，由数据中心依据对会员企业提交的纸质证明文件的真实性、合法性认证进行入网商品注册，不能提交纸质证明文件或者其提交的纸质证明文件不能通过真实性、合法性认证的不得进行入网商品注册。凡被各地卫生行政部门纳入医药集中招标采购目录的入网商品，在进行上网注册时须提交《医疗机构医药集中招标采购和集中议价采购文件范本》（以下简称《文件范本》）规定的资质证明文件和产品证明文件。数据中心将把会员企业提交的证明文件加工制作成电子文件，在全国交易中心共享，无须重复提交纸质证明文件。

总之，网络进行的集中招标采购的主要特点是体现在和传统的招标区别的基础上，如表 5-1 所示。

表 5-1　网上集中招标与传统招标的区别

传统招标	网络招标
招标管理工作中大量人工重复性工作，易产生人为错误。	管理工作网络化，重复性工作自动完成，准确高效。
依靠传统方式发布招标信息和各种通知，无法保障及时准确性。	智能发布系统，将信息迅速通知投标方，方便快捷。
招标管理工作纸质标书，手工投标	电子标书、网络化投标
手工进行评分过程中的计算、统计工作，准确性低	自动准确完成可量化评分的计算和统计，准确性高
历史数据存档、查询困难，缺乏汇总分析	提供汇总分析能力、易于查询，规范化计算机管理，极方便检索、浏览、统计、打印、跟踪各种信息。
评标依据无统一标准，整个竞标过程透明度不高，不易于监督控制。	信息公开透明，易于监督管理。公正、公开、公平的招标流程，提高交易透明度，减少流通环节、提高流通效率。
人对人的交易方式，中间环节多，采购成本高，周期长，受时间和地域限制。	提供企业间直接的 B2B 交易平台；24 小时不间断的交易服务，不受地域限制的广泛交易范围。提高采购效率，降低采购成本，缩短采购周期。
安全认证无可靠保障。	完整、严密、可行的安全认证，有效防止假冒、伪劣产品进入交易过程。

第二阶段 买方采购系统

一、买方采购系统概念

随着网络技术的发展，现有的技术已经可以为作为买方的医院提供更多的交易和服务方式。而且，在整个医药的流通环节中，医院的地位是举足轻重的。这个时候，系统的核心便逐步的过渡到以医院为主导地位的交易方式。

买方采购系统是医药集中招标采购的主要实现方式。这一实现方式能够协助医疗机构按照专业化、社会化、信息化的要求，改革传统采购模式，建立新型采购制度。

医药集中招标采购是买方采购系统的核心运作模式。利用买方采购系统进行集中招标采购，同样可以实现集中招标采购的无纸化运作，并以此为基础实现电子订单和电子支付，从根本上改变我国的医药流通方式，实现医药集中招标采购的政策目标。

二、系统功能特点

买方采购系统主要是建立在与招投标系统的区别基础上的。主要体现在以下几个方面：

（一）服务对象

- 买方采购系统的买方主体是县及县以上人民政府、国有企业（含国有控股企业）和军队、武警部队举办的非营利性医疗机构以及实行连锁经营的医药零售企业。
- 买方采购系统的卖方主体是医药生产企业和医药批发企业。医药生产企业可以通过买方采购系统的虚拟代理，直接对医疗机构投标报价，同时委托医疗机构所在地的医药批发企业代理配送。
- 买方采购系统的运营主体是拥有系统的交易中心、其他招标代理机构和医疗机构联合组建的经办机构。
- 买方采购系统的监管主体是各级政府主管部门。

（二）采购方式

根据现行医疗机构医药集中招标采购政策，医疗机构临床用药是通过集中、联合和分散的方式分别进行采购的。医疗机构可以同交易中心签订长期合作的委托代理协议，将集中、联合和分散进行的采购项目全部委托给交易中心，实行全面上网采购。

如前所述，买方采购系统提供的成交撮合方式包括公开招标采购、邀请招标采购、公开竞价采购、邀请竞价采购、询价采购和浏览采购六种。这些采购方式都可以采用集中、联合或者分散的方式进行。买方采购系统提供的上述采购方式，在一个采购项目中可以单独应用，也可以综合应用。

在目前情况下，依据《工作规范》的规定，以公开招标为主。进行 2～3 轮公开招标后，由医疗机构重新选择采购方式。对纳入集中招标采购目录的品种可以继续进行公开招标，也可以进行邀请招标或者公开竞价、邀请竞价，确保采购过程的公开透明和充分竞争。

招投标系统和买方采购系统的主要区别如表 5-2 所示。

表 5-2　招投标系统和买方采购系统的主要区别

	招投标系统	买方采购系统
服务对象	买方代理	买方，卖方
组织形式	集中	集中、联合和分散
全面上网采购	没有	是
采购方式	单一招标	公开招标采购、邀请招标采购、公开竞价采购、邀请竞价采购、询价采购和浏览采购
安全认证	完整、严密、可行	完整、严密、可行

第三阶段 电子交易场系统

一、电子交易市场概念

电子交易市场是具有数据准备、成交撮合、订单处理、结算支持等交易服务功能的数字化交易场所。同传统的实体市场相比较，电子交易市场是组织严密、规则严谨、监管严格的新型市场形态，具有传统实体市场无法比拟的优越性。利用这一数字化的市场空间，医疗机构、医药零售企业可以全面上网采购，医药生产企业、批发企业可以全面上网销售，政府主管部门可以全面上网监管，从而全面实现我国医药流通方式的数字化、网络化和智能化。

二、系统主要功能构架

- 数据准备子系统
- 会员服务子系统
- 成交撮合子系统
- 订单处理子系统
- 结算服务子系统
- 交易监管子系统
- 物流配送子系统

三、系统功能特点

与买方采购系统相比，电子交易市场的技术体系有大部分特征相同的情况下，有一些自己的特点，如表 5-3 所示。

表 5-3 买方采购系统与电子交易市场的区别

项目	买方采购系统	电子交易场
性质	买方代理	独立第三方系统
是否会员制	不一定	是
数据覆盖范围	部分覆盖	数据标准全行业覆盖
物流	不提供	物流控制和提供
结算	不提供	网上结算
终端接入		终端无缝接入
监管	政府监管	政府监管

主要特点说明如下：

（一）独立第三方系统

由第三方提供的服务平台进行交易，交易时交纳一定佣金或者中介费即可。独立第三方电子交易市场服务的对象无论是买方还是卖方都没有限制；同行政机关和医药交易各方不存在隶属关系和经济利益关系，可以接受买方和卖方的双向委托，为买方和卖方提供双向服务。

（二）会员制

利用会员服务体系进行企业及其产品信息的数字化，实现数据准备与成交撮合的分离。系统搭建的全国数据中心、地区数据中心和交易数据中心，可以为所有医药生产企业、批发企业、配送企业和医疗机构提供数据采集、加工和发布服务。

通过建立完善的卖方会员体系，明确了卖方机构在电子交易的法律责任；实现了数据准备与成交撮合的分离，使数据准备成为医药供应商的日常工作；同时，通过对电子文件的资格预审、评审和比较，有效降低了成交撮合阶段的成本，提高了效率。

通过建立买方会员体系，明确了医疗机构在电子交易活动中的权利和职责。通过系统客户端与医院 HIS 系统进行编码对照，完成了医疗机构临床用药目录的整理，从根本上解决了交易双方信息的不对称问题，使医疗机构在交易过程从人人对话转为人机对话，实现医药采购与管理过程的信息化。

（三）覆盖全行业的数据标准

信息指供各级数据中心采集、加工医药及企业等信息时使用的基础编码数据及其分类信息。信息由全国数据中心负责采集、加工和发布，各级数据中心共享使用。但是，在有原始资料转化成为信息和数据时，需要依据一定的数据标准。这里的编码主要包括国家编码、省份编码、城市编码、县、县市编码、剂型代码。

最终的结果是在一个电子交易市场中的数据标准应该覆盖全行业的数据标准，这样的话可以使医院的 HIS 系统和医药企业的 ERP 系统进行便利的转换和对接。

（四）终端无缝接入

在整个医药的流通过程中，医药的结算和物流配送始终是一个难点，这个与我国的医疗体制有关。在这个系统中，这个问题从技术上已经解决。电子交易场为交易的双方提供了便利的结算和物流配送功能。

走到这一步，电子交易市场的基本功能已经全部具备。这个时候，客户就可以便利的通过自己手中的终端，直接和医药生产厂商进行沟通。

技术体系描述

主要技术特点

一、分布式系统部署

医药作为一种特殊商品，它的商务过程要求快捷、安全、可靠。电子交易系统采用分布式的系统结构，最大限度地减少系统的不稳定性。详细情况如图 5-2 所示。

电子交易系统需要有一个全国数据中心，根据系统发展需要，将逐步在我国的一些中心城市建立同步数据中心。

电子交易系统的地区数据中心可以设在省会城市、自治区首府所在城市和直辖市，根据需要也可增设在市场容量较大的其他城市，考虑到系统对稳定性的需求，地区数据中心可以短时间脱离中央数据库自主运行。

电子交易系统的交易数据中心主要设在市、地级以上城市，直接为医疗机构和零售企业提供交易数据服务。交易数据中心的设立主要考虑批发企业、配送企业在医疗机构的开户情况及其配送服务业务覆盖半径。

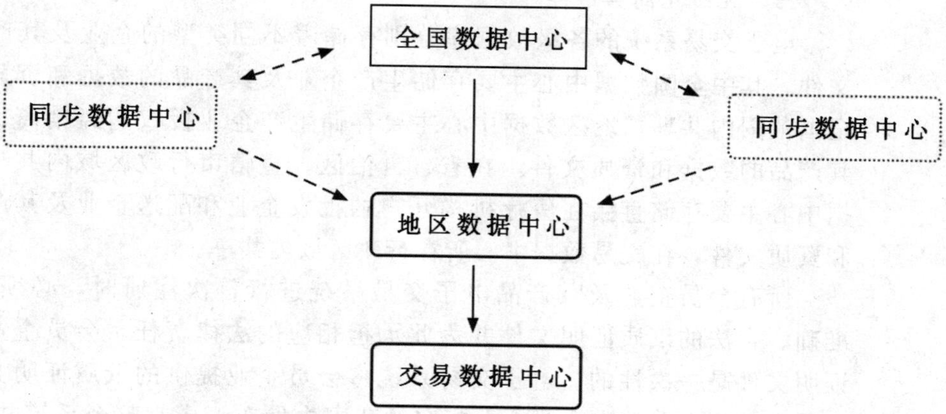

图 5-2　分布式系统部署示意图

二、分层式三级数据发布

医药生产企业的医药销售活动一般要面对全国市场，绝大多数医药批发企业的销售活动只能在区域市场内进行。考虑到医药配送的效率问题，电子交易系统实行三级数据库分布，对入网商品数据实行限制性发布。

在全国数据中心发布的主要是生产企业医药数据，也包含部分跨省市经营的医药批发企业的医药数据。具有这种数据发布权限的企业，我们称为全国会员。在全国数据中心发布的医药数据，只有通过各地的地区数据中心进入交易数据中心后才能进行交易。

在地区数据中心发布的是由生产企业授权的地区经销商、代理商或生产企业地区办事处的医药数据，这些数据被限制在该地区交易中心所在行政区范围内发布，具有这种数据发布权限的企业，我们称为地方会员。在地区数据中心发布的医药数据，可以根据地方会员规定的范围，在本行政区内所有交易数据中心发布。

在交易数据中心发布的是负责医药配送的批发企业或配送企业的医药数据。建立全国数据中心和地区数据中心，都是在为建立交易数据中心进行数据准备。凡是进入交易数据中心的入网商品信息，都是可交易的医药信息。

医疗机构、零售企业可以直接点击交易数据中心发布的入网药品，生成医药订单。

三、无纸化商务过程

电子交易系统的各级数据库分别存储着不同类型的企业及其产品的数据文件。其中全国数据中心主要存储生产企业及其产品的数据和资质文件，在全国范围内共享；地区数据中心主要存储生产企业授权的经销商、代理商及其产品的数据和资质文件，在省、自治区、直辖市行政区域内共享。交易数据中心主要存储直接在医疗机构开户的批发企业和配送企业及其产品的数据和资质文件，在交易数据中心所在行政区域内共享。

所有会员企业及其产品电子交易系统进行首次注册时，必须提供真实、准确、合法的纸质证明文件并为此承担相应的法律责任。会员企业提供纸质证明文件是一次性的。电子交易系统将会员企业提供的纸质证明文件加工成电子文件后，可以在会员企业指定的范围内发布，成为整个系统共享的数据。加上各种加密数据交换和订单确认过程，电子交易系统基本可以实现医药交易的无纸化运作。

四、可选择性的多种成交模式

针对医药流通领域存在的问题，我国政府主管部门长期致力于整顿和规范医药流通秩序。从 2001 年 11 月起，开始在全国非营利性医疗机构全面推行医疗机构医药集中招标采购。电子交易系统严格按照《医疗机构医药集中招标采购工作规范（试行）》《医疗机构医药集中招标采购和集中议价采购文件范本（试行）》和其他政策规定，结合医药集中招标采购活动的实际需要，在交易系统中集成了多种成交模式，供采购方自主选择。医疗机构可以在集中、联合或者自主的条件下，利用电子交易系统进行公开招标采购、邀请招标采购、公开竞价采购、邀请竞价采购、询价采购或者浏览采购。医疗机构可以根据当地卫生行政部门的要求或本单位的采购习惯，选择采用其中的一种或多种采购成交模式进行医药采购活动。多种采购模式的组合可以最大限度地满足政府主管部门和医疗机构的医药采购需求。

五、模拟现实商务活动的作业方式

众所周知，中国有着世界上最为复杂的医药流通体系，在短时间内完成医药流通商业模式的创新是不可能的。电子交易系统基本保留了医药流通过程中相对合理的交易习惯，在系统中模拟了这些交易习惯的作业方式，以满足各种层次、各种类型的市场主体进行医药交易的需要。

六、方便快捷的订单处理系统

与众多 B2B 方式的商品交易相似，由于医药有效期的严格控制以及临床用药的周期性和习惯性要求，医疗机构医药采购更加适合一次合同成交、反复订单补货的采购模式，所以交易过程中的订单处理是一项经常性工作。电子交易系统为购销双方提供了界面友好的订单处理系统，便于用户进行订单制作、审批和确认，同时还提供了强大的统计分析功能。

七、功能强大的客户端软件

由于我国网络通讯费用较高，即使在发达地区也难以做到多数医疗机构和医药企业专线上网。在今后一个较长的时期内多数用户都将采用拨号上网方式。电子交易系统考虑到这一现实，特别配备了与系统完全兼容的离线客户端操作系统。它可以直接接入医疗机构的 HIS 系统和医药企业的 ERP 系统，通过上网与系统服务器进行同步数据转换。既节约系统资源，又能够为用户大量节约通讯费用。

医疗机构的客户端可以进行与 HIS 的数据转换、库房管理、采购目录制作和审批、订单制作、审批、发送等。卖方用户的离线客户端系统可以进行销售数据准备、代理、经销系统的建立与维护、订单处理等。

八、便利的网上结算和物流控制

在招投标阶段，结算和物流基本上与招投标无关。这样做，不仅使企业享受不到网上结算和物流控制带来的及时、准确和成本低的好处，同时，也不利于政府对医药流通行业进行全过程的监管，达不到使医药行业流通透明的目的。此外，也不利于为买方和买方提供交易平台的第三方中介的中介费用的收取。由于招投标和结算是两条线，第三方中介收取手续费是凭借在招投标中的成交额来按照一定的比例来收取。但是，根据我国的医药招投标有关政策规定，医药的招投标只是招投标医药的品种和价格，不确定招标的数量。这样，第三方中介的手续费的收取也成了问题。如果这种情况不加以改变，那么会严重的损害第三方中介的利益。

我国的医药流通行业情况比较复杂，医药的经销商众多，而且层次不齐。所以，实现全在线物流管理是存在一定困难的。但是，并不意味着不可能实现。这个系统为交易的双方提供了比较实际的第四方物流的功能。

系统构成

从应用角度划分，系统可分为数据准备、会员服务、成交撮合、订单处理、结算服务和政府监管等六大系统。按用户划分，可分为买方、卖方、政府、中介经办机构、地方数据中心和全国数据中心六大用户体系。本文主要从应用角度加以介绍。

电子交易市场系统由如下子系统构成：

- 数据准备子系统
- 会员服务子系统
- 成交撮合子系统
- 订单处理子系统
- 结算服务子系统
- 政府监管子系统

一、数据准备子系统

数据准备是利用统一的数据交换技术标准、规范的会员管理体系和准入、认证制度，进行规范有序的医药信息采集、加工和传递，为医药采购特定用户提供标准的数字化信息的过程。

数据子系统构建了医药电子交易所必需的基础数据体系，它包括了买卖双方交易所需的电子目录，权威机构发布的认证数据库，并提供了外部数据的接口标准。

通过建立完善的卖方会员体系，明确了卖方机构在电子交易的法律责任；实现了数据准备与成交撮合的分离，使数据准备成为医药供应商的日常工作；同时，通过对电子文件的资格预审、评审和比较，有效降低了成交撮合阶段的成本，提高了效率。

通过建立买方会员体系，明确了医疗机构在电子交易活动中的权利和职责。通过系统客户端与医院 HIS 系统进行编码对照，完成了医疗机构临床用药目录的整理，从根本上解决了交易双方信息的不对称问题，使医疗机构在交易过程从人人对话转为人机对话，实现医药采购与管理过程的信息化。

具体的框架图如图 5-3 所示。

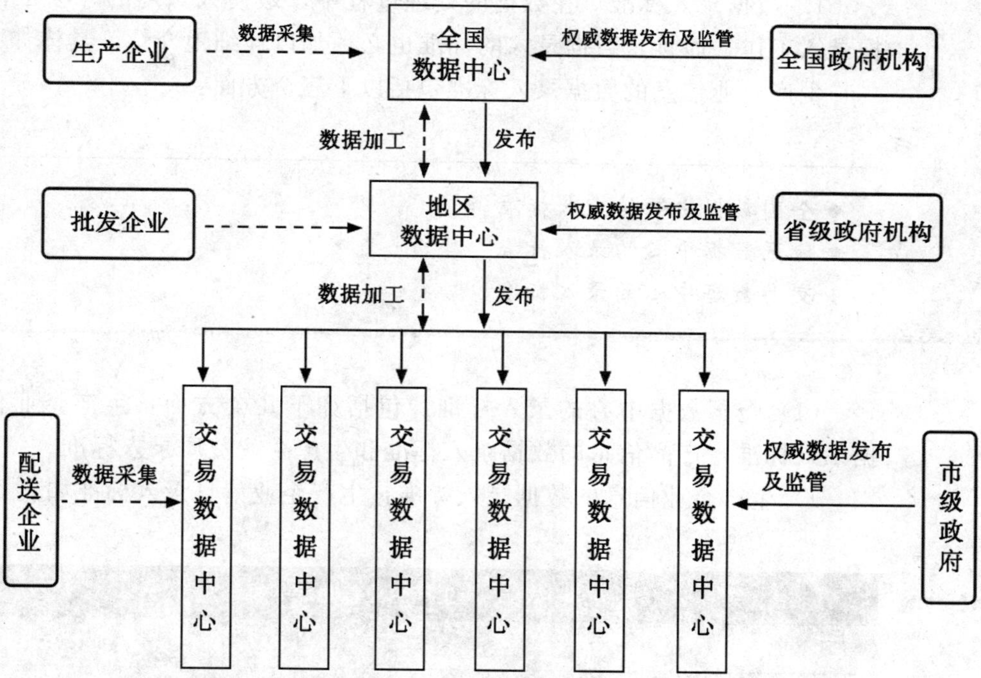

图 5-3　数据准备框架图

该部分的主要内容如下：

- 卖方数据准备
  - 卖方数据录入标准
  - 全国数据中心
  - 地区数据中心
  - 交易数据中心
- 买方数据准备
  - 数据采集
  - 数据加工

（一）卖方数据准备

1. 数据录入标准　在数据的处理过程中，最使人头疼的一项工作就是数据录入工作，而且，数据录入的标准也必须加以详细地介绍。具体如下：

生产企业信息的数据录入标准包括以下三个方面：

- 全国数据中心的录入标准
- 地区数据中心的录入标准
- 交易数据中心的录入标准

（1）全国数据中心的录入标准：包括如下几个方面：生产企业信息的数据录入标准，产品信息的数据录入标准和生产企业资质录入标准。

1）生产企业信息的数据录入标准：生产企业信息录入标准如表 5-4 所示。

表 5-4　生产企业信息录入标准

字段名称	字段解释
是否会员	是否会员，通过会员服务系统确定
会员类型	会员类别：全国、地方，通过会员服务系统确定
企业类型	企业类型：生产、批发、配送（选择）
企业名称	生产企业营业执照上的名称
企业编码	生产企业代码
曾用名	企业更名前名称或企业重组前部分企业名称
企业简称	生产企业名称的六字简称
拼音简称	生产企业简称拼音首字母大写
五笔简称	生产企业简称五笔首字母大写
法定代表人	营业执照上的法定代表人名称

（续表 5-4）

字段名称	字段解释
纳税人登记号	增值税纳税申报表中的税号
开户银行	生产企业在开户银行的开户名称
开户账号	生产企业的开户银行名称
开户名称	生产企业在开户银行的开户账号
注册地址（原单位地址）	营业执照上的单位详细地址（注册地址）
邮政编码	生产企业所在地的邮政编码（显示）
企业电话	生产企业联系电话（显示）
企业网址	生产企业的网址（显示）
所在国家	生产企业所在国家（选择）
所在省、自治区、直辖市	生产企业所在省、自治区、直辖市（选择）
所在市、地、州	生产企业所在市、地、州（选择）
上年销售额	增值税纳税申报表中的全年销售额
生产、经营范围	生产许可证上的生产范围与营业执照上的经营范围
备注	备注说明内容

2）产品信息的数据录入标准：产品信息录入标准如表 5-5 示。

表 5-5　产品信息录入标准

字段名称	字段解释
是否会员产品	通过会员服务系统确定
医药编码	医药信息的代码
医药名称	医药通用名称
生产企业编码	生产企业代码
生产企业名称	医药生产企业名称
产品编码	由医药编码与生产企业编码组成
商品名	SDA 批准的特定企业使用的商品名称

(续表 5-5)

字段名称	字段解释
拼音简称	商品名拼音首字母大写
五笔简称	商品名五笔首字母大写医药规格
单位转换比	医药最小销售单元与最小使用单元比值
处方药	医药分类情况
国家基本药物	
国家基本医疗保险医药	国家基本医疗保险医药类别
批发价	
零售价	国家计委最高零售限价
单位	最小销售单位
中包装	
大包装	
来源国	产品生产企业所在国
批准文号	产品生产批准文号
进口医药注册证号	
质量层次	产品的质量层次
是否专利	是否专利保护医药
专利保护日期	
是否新药	该产品是否新药
新药类别	
原料来源	
原料质量层次	
中医院急诊必备中成药	
中药保护品种	
是否委托加工	
一级总代理编码	
一级总代理名称	
备注	

3）生产企业资质录入标准：生产企业资质标准图片部分如表 5-6 所示。

表 5-6　生产企业资质标准（图片部分）

字段名称	字段解释
交易中心	会员企业所属交易中心（选择）
卖方会员编码	生产企业代码（关联）
卖方会员名称	生产企业营业执照上的名称（自动完成）
营业执照	生产企业营业执照（图片）
许可证	生产许可证（图片）
GMP 证书	生产企业所有 GMP 证书（图片）
配送协议	送货承诺（图片）
其他资质文件	其他相关资质文件（图片）

图片描述字段部分，营业执照（单份单图）如表 5-7 所示。

表 5-7　生产企业营业执照（单份单图）的描述字段

字段名称	字段解释
经营范围	生产企业营业执照上的经营范围
营业执照注册号	营业执照上的注册证号
营业期限	
年检有效期	
年检有效日期	年检有效终止日期

生产许可证（单份单图）如表5-8所示。

表5-8 生产企业营业执照（单份单图）的描述字段

字段名称	字段解释
生产范围	生产许可证上的生产范围
许可证号	生产许可证上的许可证号
有效截止日期	生产许可证有效结束日期

GMP证书（多份多图）如表5-9所示。

表5-9 GMP证书（多份多图）的描述字段

字段名称	字段解释
证书编号	GMP证书号
认证范围	认证剂型或车间
有效截止日期	证书有效终止日期

配送协议（多份多图）如表5-10所示。

表5-10 配送协议（多份多图）的描述字段

字段名称	字段解释
企业名称	企业名称（显示）
配送企业编码	医药配送企业代码（关系）
配送企业名称	医药配送企业名称（自动完成）
配送医药	被配送的医药
有效起始日期	配送协议有效开始日期
有效截止日期	配送协议有效结束日期
备注	备注说明事项

备注：不同地区配送协议不可互相查看。

其他资质文件（多份多图）如表 5-11 所示。

表 5-11　生产企业其他资质文件（多份多图）的描述字段

字段名称	字段解释
企业名称	企业名称（显示）
备注	备注说明事项

产品资质部分，图片如表 5-12 所示。

表 5-12　产品资质部分（图片）

字段名称	字段解释
交易中心	产品资质录入平台（选择）
产品编码	产品代码（关联）
医药名称	医药通用名称（自动完成）
商品名	医药商标名（自动完成）
生产企业名称	医药生产企业名称（自动完成）
剂型	医药剂型（自动完成）
单位	医药最小销售单位（自动完成）
规格	医药规格（自动完成）
单位转换比	医药最小销售单元与最小使用单元比值（自动完成）
GMP 证书	该产品 GMP 证书（图片）
原料来源证明	该产品原料来源证明材料（图片）
物价批文	该产品物价批文（图片）
企业内控标准	该产品企业内控标准（图片）
药检报告（进口）	进口医药药检报告（图片）
不良反应监测报告	产品不良反应监测报告书（图片）
专利证书	专利证明材料（图片）
生产批件	该产品生产批件（图片）

（续表 5-12）

字段名称	字段解释
中药保护品种（国产）	中药保护品种证书（图片）
药检报告（国产）	产品检验报告书（图片）
产品质量标准	产品检验所依质量标准（图片）
产品说明书	产品说明书（图片）
进口医药注册证（进口）	进口医药注册证书（图片）
包装材质说明	有关产品的包装材料的说明性文件（图片）
其他资质文件	其他资质文件（图片）

图片描述字段部分，GMP 证书（多份多图）如表 5-13 所示。

表 5-13 GMP 证书（多份多图）图片的描述字段

字段名称	字段解释
医药名称	医药通用名称（自动完成）
证书编号	GMP 证书号（选择）
认证范围	认证剂型或车间
有效截止日期	证书有效终止日期

原料来源证明（多份多图）如表 5-14 所示。

表 5-14 原料来源证明（多份多图）的描述字段

字段名称	字段解释
医药名称	医药通用名称（自动完成）
原料生产厂家	原料生产厂家（关联）
原料质量层次	原料所属质量层次（选择）

物价批文（多份多图），如表 5-15 所示。

表 5-15　物价批文（多份多图）的描述字段

字段名称	字段解释
批文号	物价批文的文件号
批发价	物价批文上该医药的批发价
零售价	物价批文上该医药的零售价

新药证书（单份多图），如表 5-16 所示。

表 5-16　新药证书（单份多图）的描述字段

字段名称	字段解释
医药名称	医药通用名称（选择）
证书号	新药证书编号
有效开始日期	新药证书有效开始日期
有效截止日期	新药证书有效结束日期

企业内控标准（多份多图），如表 5-17 所示。

表 5-17　企业内控标准（多份多图）的描述字段

字段名称	字段解释
医药名称	医药通用名称（自动完成）
执行标准	医药生产所依内部标准
备注	备注说明事项

口岸药检报告（多份多图），如表 5-18 所示。

表 5-18 口岸药检报告（多份多图）的描述字段

字段名称	字段解释
医药名称	医药通用名称（自动完成）
供样单位	供货企业名称
检验部门	检验产品的部门
报告日期	

不良反应监测报告（多份多图），如表 5-19 所示。

表 5-19 不良反应监测报告（多份多图）的描述字段

字段名称	字段解释
医药名称	医药通用名称（自动完成）
备注	备注说明事项

专利证书（多份多图），如表 5-20 所示。

表 5-20 专利证书（多份多图）的描述字段

字段名称	字段解释
国别	专利证书颁发国家（选择）
医药名称	医药通用名称（自动完成）
专利权人	专利所有人
专利保护起始日期	证书有效开始日期
专利保护截止日期	证书有效终止日期

生产批件（单份多图），如表 5-21 所示。

表 5-21　产品生产批件（单份多图）的描述字段

字段名称	字段解释
医药名称	医药通用名称（自动完成）
商品名	
批准文号	

中药保护品种（单份多图），如表 5-22 所示。

表 5-22　中药保护品种（单份多图）的描述字段

字段名称	字段解释
医药名称	医药通用名称（自动完成）
中药保护品种号	中药保护品种号码
有效开始日期	证书有效开始日期
有效截止日期	证书有效终止日期
备注	备注说明事项

药检报告（多份多图），如表 5-23 所示。

表 5-23　药检报告（多份多图）的描述字段

字段名称	字段解释
医药名称	医药通用名称（自动完成）
供样单位	医药供货企业
检验部门	检验产品的部门
检验结论	检验结果
报告日期	检验时间

产品质量标准（单份多图），如表 5-24 所示。

表 5-24 产品质量标准（单份多图）的描述字段

字段名称	字段解释
医药名称	医药通用名称（自动完成）
执行标准	医药生产所依质量标准

产品说明书，如表 5-25 所示。

表 5-25 产品说明书的描述字段

字段名称	字段解释
医药名称	医药通用名称（自动完成）
备注	备注说明事项

进口医药注册证，如表 5-26 所示。

表 5-26 进口医药注册证的描述字段

字段名称	字段解释
医药名称	医药通用名称（自动完成）
进口医药注册证号	进口医药注册证号码
发证日期	进口医药注册证颁发日期
有效截止日期	证书有效终止日期

包装材料说明，如表 5-27 所示。

表 5-27 产品包装材料说明的描述字段

字段名称	字段解释
医药名称	医药通用名称（自动完成）
包装材质	医药内包装（选择）

其他资质文件，如表 5-28 所示。

表 5-28　产品其他资质文件的描述字段

字段名称	字段解释
备注	备注说明事项

（2）地方数据中心录入标准：参照全国数据中心的录入标准提出地方数据中心录入标准和交易中心数据录入标准。

地方入网商品的标准数据格式为：

通用名＋商品名＋剂型＋规格包装＋生产企业＋质量层次＋经销企业＋零售价

地方入网商品信息的数据录入标准，如表 5-29 所示。

表 5-29　地方入网商品信息的数据录入标准

字段名称	字段解释
产品编码	
医药名称	
商品名	
生产企业名称	
剂型	
规格	
单位	
单位转换比	
中包装	
大包装	
质量层次	

（续表 5-29）

字段名称	字段解释
批发企业编码	
批发企业名称	
零售价	
价格来源	
维护类型	该入网商品维护企业的单位类型
商品状态	

（3）交易数据中心录入标准：地方入网商品的标准数据格式为：

通用名＋商品名＋剂型＋规格包装＋生产厂＋质量层次＋经销商＋零售价＋供应价＋配送商

交易入网商品信息的数据录入标准，如表 5-30 所示。

表 5-30 交易入网商品信息的数据录入标准

字段名称	字段解释
产品编码	
医药名称	
商品名	
生产企业名称	
剂型	
规格	
单位	
单位转换比	
中包装	
大包装	
质量层次	
批发企业编码	
批发企业名称	
配送企业编码	

（续表 5-30）

字段名称	字段解释
配送企业名称	
零售价	
价格来源	
供应价	
竞价标志	是否允许竞价
中标标志	是否中标商品
维护类型	该入网商品维护企业的单位类型
商品状态	

2. 全国数据中心　通过与企业签订全国会员服务协议，采集到医药生产企业或一级代理商及其产品的数据，数据通过加工在各级数据中心发布，供系统的特定用户使用；全国数据中心职能：制定医药编码、机构编码等数据标准，维护基础信息、医药信息，维护中央政府机构发布的权威认证信息，维护和审核产品及企业信息等。建立全国数据中心的目的：建立生产企业的产品目录，为建立地区数据中心做数据准备。

具体的流程图如图 5-4 所示。

具体的功能如下：

（1）基础信息的维护：基础信息指供各级数据中心采集、加工医药及企业等信息时使用的基础编码数据及其分类信息。基础信息由全国数据中心负责采集、加工和发布，各级数据中心共享使用。

主要包括国家编码、省份编码、城市编码、县、县市编码、剂型代码。

（2）权威认证信息的维护：此部分信息是由国家相关行业主管部门提供，通过整理并与电子交易系统中机构信息和产品信息进行关联，从而保证电子交易市场信息的真实合法。全国数据中心负责维护的是中央政府发布的权威认证信息。主要有 GMP 数据、GSP 数据、医药质量公告数据、中药保护品种数据、行政保护公告数据、国家计委价格数据、国家基本医疗保险用药数据和 OTC 医药数据。

（3）生产企业（一级代理商）及其产品数据维护：全国数据中心通过与企业签订全国会员协议，发展全国会员，采集到生产企业或一级代理商及其

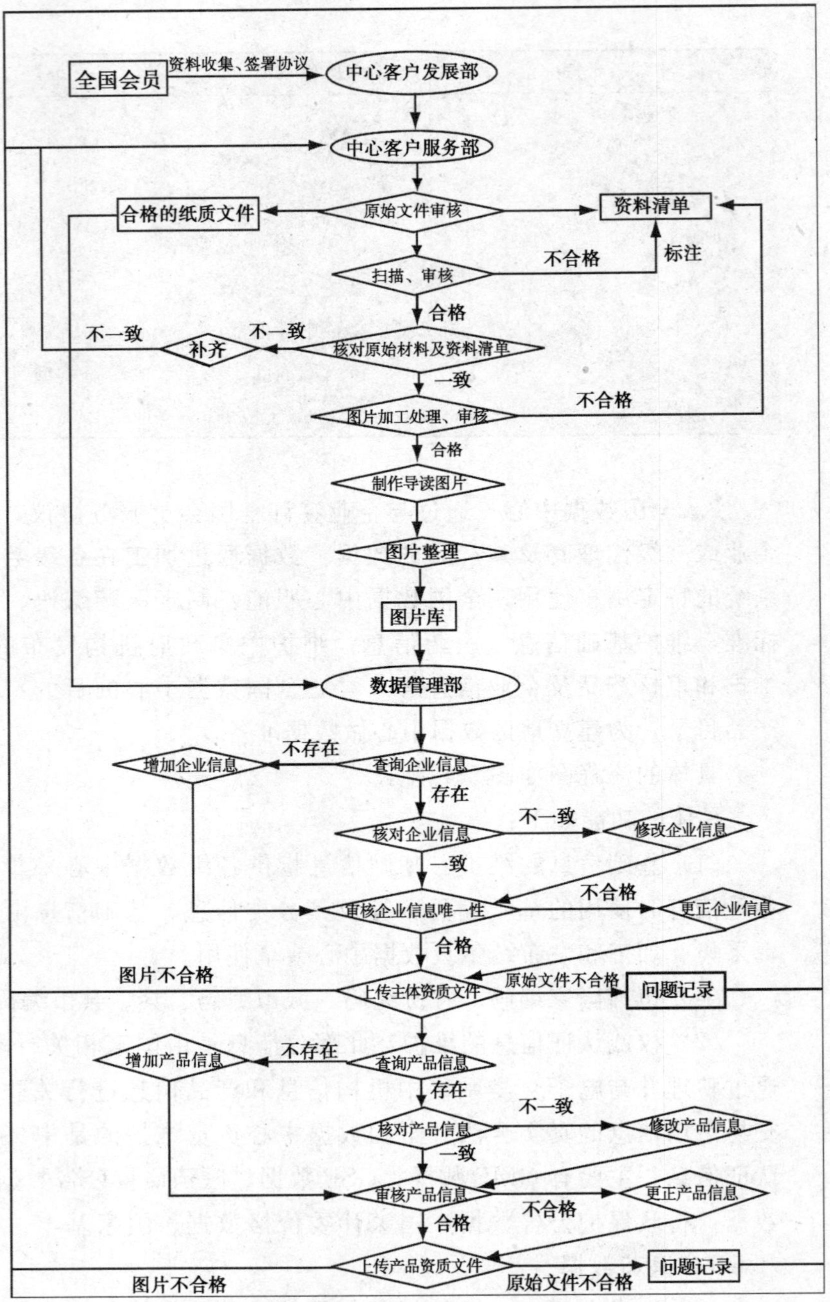

图 5-4 全国数据中心流程图

产品数据，将其基本数据和资质文件进行电子化处理后，上传到电子交易系统中央数据库，供各级数据中心之间进行共享使用。

通过对会员企业的基本信息及资质文件的日常维护，基本保证了信息的完整、准确及有效性，并确保上传的资质文件清晰可辨。已过期或无效的资质文件将被删除，并通知会员补交。

（4）企业数据与产品数据的审核：通过地区数据中心或交易数据中心自下而上采集的企业及产品数据，全国数据中心将对数据进行审核，审核的主要目的是确保数据在系统中的唯一性，及标准编码。审核通过后的数据在各级数据中心共享。

通过发展全国会员，全国数据中心将逐步完成自下而上采集数据的合法性及电子文档制作。

（5）发出入网商品最新通知：入网商品最新通知是全国数据中心通过对产品的审核、监控地方入网商品质量的一个重要手段，当全国数据中心对某产品的准确性提出质疑或发现某条产品数据错误时，会向正在使用此产品的入网商品发出通知，提出改正或删除数据建议或要求。

（6）信息发布：全国数据中心向地区数据中心和交易数据中心发布全国会员及其产品信息。

全国会员在全国数据中心注册，并按要求提供参加医药集中招标采购和网上交易所需要的证明文件；资料通过审核后，全国数据中心将其进行电子化，并向电子交易系统的特定用户发布。

全国会员产品通过其销售代理体系中的地方会员，在地区和交易数据中心注册入网商品，可参加当地举行的集中招标采购和网上交易，并使用电子文件参与评审过程；在地方集中招标等采购活动中，如全国会员产品的销售代理体系中没有地方会员为其预先注册为入网商品，可使用授权的方式，指定特定的投标人，使用电子文件参与评审过程。

全国会员企业需提供的主体资质（加盖企业红章）：

- 企业营业执照（复印件）
- 医药生产许可证（复印件）
- 企业更名文件
- 增值税纳税报表（复印件）
- 代理经销体系（可提供）

全国会员企业需提供的产品资质（加盖企业红章）：

- 医药生产批件
- 产品说明书（原件）
- 质量标准
- 专利证书或GMP证书
- 原料药的生产批件及质量标准

为加快收集企业数据，减轻企业负担，在得到企业的许可后，也可以采取以下这种方式：

第一阶段：签署全国会员协议，收取基本资质（营业执照、生产许可证、产品说明书〈原件〉、产品信息表）

第二阶段：各交易中心留存的、尚在有效期内的其他资质，通过企业许可后，转全国数据中心制作电子文件或由交易中心直接制作成电子文件后发布。

发布全国会员电子文件必需的文件：

- 全国会员协议
- 参加医药集中招标采购和网上交易所需的证明文件（企业主体部分、产品部分、配送商部分及必需的其他文件和证明材料）
- 产品的销售代理体系

3. 地区数据中心 地区数据中心，通过与批发企业签署地方会员和服务协议，发展地方会员，采集本地区医药批发企业及其入网商品信息。数据加工后在本地区共享或在其下所属的交易中心使用。地区数据中心还有处理本地区内入网商品最新通知，管理本地区内各交易中心入网商品的职能。

具体的功能如下：

(1) 地方入网商品准备：地方入网商品数据准备的标准流程：地区数据中心通过发展地方会员，采集医药批发企业资质证明文件和经销产品信息汇总表，数据经加工后，在本地区数据中心或其所属特定交易中心发布。

地方会员需要提交的材料：

- 生产企业授权书
- 经营企业营业执照
- 医药经营企业许可证
- 更名证明文件
- 增值税纳税申报表
- 代理销售产品信息汇总表
- 配送商体系（如可提供）
- 产品说明书

根据现阶段各地区交易数据的特点，地区入网商品的准备也可以通过以下方式来完成：

第一阶段：通过本地区所属交易数据平台的交易数据的汇总形成地区入网商品数据。

第二阶段：通过地方会员的发展，将这些数据的合法化手续完成。

(2) 本地区医药批发（配送）企业基本信息及地方会员的资质：在本地区进行医药销售活动的医药批发企业的信息，由地区数据中心维护。地区数据中心应将本地区内所有批发企业维护到数据库中。

地区数据中心负责发展地方会员，并依据数据中心的统一标准，组织人员完成地方会员企业及其产品资料的录入、扫描、制作与上传工作；对其基本信息与资质文件进行日常维护，保证基本信息的完整、准确和资质文件的有效性，并确保上传资质文件的清晰、有效。对已过期或无效的资质文件应及时删除，并通知企业补交并及时上传。

(3) 入网商品最新通知的处理及对其所属交易中心入网商品的管理：地区数据中心须指定专人对入网商品最新通知进行日常维护，对通知内做出积极响应，将错误入网商品数据删除（注意从垃圾箱内彻底删除）或修改为正确数据。最终保证所有已发送的入网商品最新通知处于已阅读状态，所有错误入网商品数据均作相应处理。

4. 交易数据中心　交易数据中心，负责向特定用户提供医药集中招标采购和网上交易所需的信息：通过地区数据中心的地方会员在交易数据中心注册自己的配送商信息，实现入网商品的数据准备。

此外，交易数据中心还有管理本交易中心买方会员数据、处理本交易中心的入网商品最新通知的职责。

（二）买方数据加工

首先，以集中招标采购数据的加工来说明数据加工的过程。

依据工作规范和文件范本的要求，按照统一的数据标准，对医疗机构提供的历史采购数据进行加工，形成以下的信息：

- 以通用名发布的规范的集中招标采购医药目录，内容包括医药通用名、剂型、规格。
- 参加本次招标医疗机构的历史最高购入价、最低购入价、加权平均购入价，作为专家评标时对投标价格的参考依据。
- 通过汇总数据形成本次招标采购各品种的参考采购数量。

数据加工的流程图如图 5-5 所示。

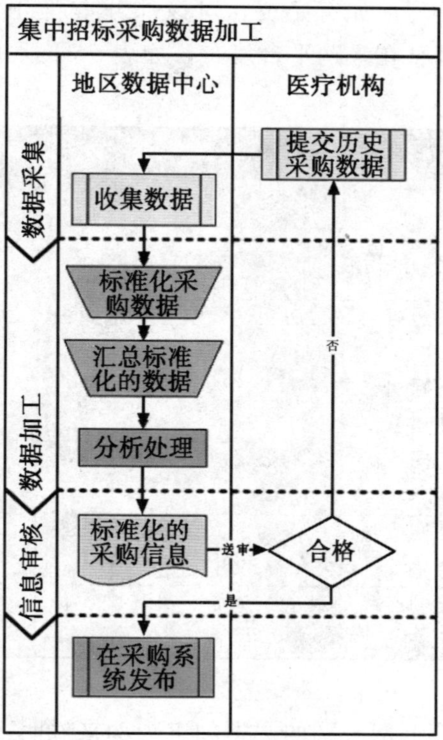

图 5-5　数据加工的流程图

流程说明：

数据加工的主要工作是标准化处理。标准化的过程是将医疗机构的历史采购记录与中央数据库中医药、产品数据逐一对应的过程。但对于已经实施招标的医药，则不需要标准化的过程，只需要直接处理采购数量和采购价。

（1）在标准化过程中，对于数据库中没有的企业或产品数据，可通过向地方会员采集生产企业资质或医疗机构采购产品说明书，完成该类采购数据的标准化。

（2）这种标准化的过程目前应采取技术手段和手工相结合的方式进行。

（3）数据标准化后，应汇总所有医疗机构的历史采购记录数据，按表5-31

四个方面，对数据进行汇总分析（应由技术手段完成）。

（4）将汇总分析形成的采购信息，提交医疗机构审议，对其中不合格的部分，重新进行处理，如有必要，对该部分重新进行数据采集。最后将汇总合格的采购历史信息在采购平台发布，如表5-31所示。

表5-31　采购历史信息发布内容

信息类型	基本内容	用　途
临床用药目录	医药通用名、剂型、规格与包装	作为确定集中招标采购范围的依据
产品采购目录	医药通用名、剂型、规格与包装、生产厂家、质量层次、采购价	为医疗机构确定采购品种提供参考
采购数量	不同规格的医药采购数量（按照最小使用单位统计）	作为编制医药需求一览表的依据
	不同产品的采购数量（按照最小包装统计）	
购入价	不同质量层次医药的最低购入价、最高购入价以及加权平均购入价	作为评标和定标的依据
	不同产品的最低购入价、最高购入价以及加权平均购入价	

其次，以全面上网采购的数据加工为例来说明：

全面上网采购的数据加工

根据医疗机构的采购要求，进行数据加工。对采购历史数据进行加工，主要形成如下的信息，供医疗机构使用：

- 医疗机构的临床用药目录（送审稿）：内容包括医药的通用名、剂型、规格及包装
- 采购产品目录　内容包括医药通用名、剂型、规格和包装、生产企业、质量层次
- 采购数量　分为按医药通用名统计的采购数量（以最小使用单位计）和按产品统计的采购数量
- 购入价　分为按医药通用名计算的不同质量层次的平均购入价（以最小使用单位计）和不同产品的平均购入价

数据加工的流程图如图 5-6 所示。

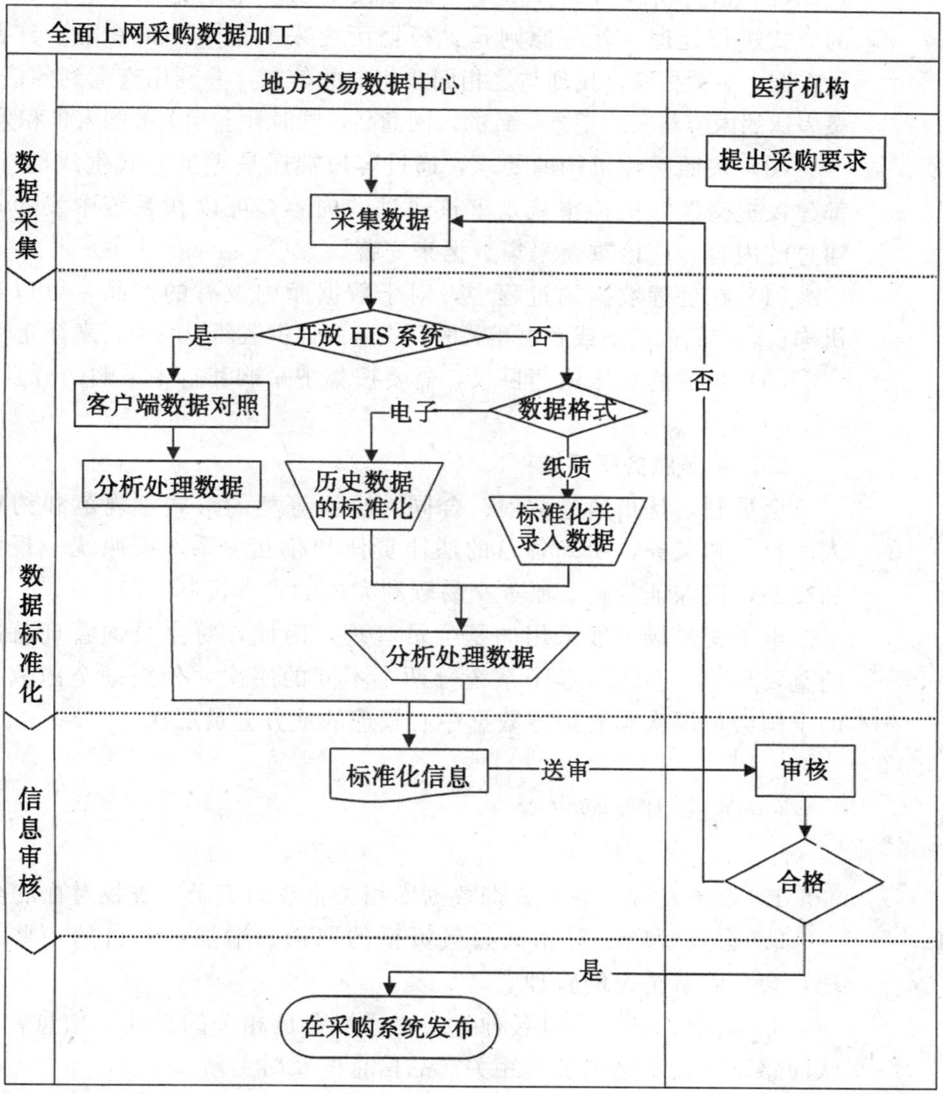

图 5-6　数据加工的流程图

流程说明：

(1) 医疗机构可以开放 HIS 系统，通过客户端，与采购系统连接。这样数据加工主要在客户端中进行。主要过程为：将 HIS 系统中采购目录与地方交易中心的入网商品建立对应关系，然后按照医疗机构的要求处理历史采购数据；

(2) 医疗机构可以提供电子或纸质的历史采购记录。这样数据就用手工的方式进行处理。处理原则是：根据历史采购记录中的企业、产品信息，通过查询中央数据库，找到与之相同或相似的信息，并利用查询到的信息，生成一条表达的内容与采购记录一致的入网商品，同时补上相关的购入价和采购数量。

(3) 按照医疗机构的要求，通过客户端还是手工方式生成的标准化信息，都建议提交医疗机构审核，审核通过的内容，可以在系统中发布；审核没有通过的内容，应该重新采集数据来完善。

(4) 在处理数据的过程中，对于数据库中没有的产品，可以通过从医疗机构获取产品说明书或者由相关医药供应商提供医药说明书，来补充产品信息。

(5) 生成的临床用药目录，需要按集中采购和自主采购的分别标明。

二、会员服务子系统

会员制，是指通过章程、合同、协议等契约形式，规范和约束交易当事人的权利和义务，明确各自的法律责任和相互关系，按照统一规则进行管理和交易，以保证货物、服务交易顺利完成的管理机制。

电子交易场一般采用的是会员管理，因此，对会员的管理就成为系统中的重要环节。会员服务子系统分两个不同的层次，分别是全国数据中心管理的全国会员层次和有地方数据中心管理的地方会员层次。

（一）全国数据中心

1. 会员发展　通过查询数据库相关企业的记录，查找潜在的会员。

2. 会员管理　对相关会员资格的取消、增加，会员的一些基本信息管理，会员收费情况的管理。

3. 会员关怀　通过各种方式，通知会员相关的新闻、信息，增加会员的认同感。并提示会员及其相关产品信息的及时更新。

（二）地方数据中心

该功能和全国数据中心具有的功能一致，只是作用的范围不同，地方数据中心的这部分功能主要是针对本地方交易平台所属的区域性会员，进行相应的维护、管理工作。

三、成交撮合子系统

成交撮合子系统是利用庞大的标准化数据基础，为特定的医疗机构和医药供应企业提供基于网络化、电子化和人机对话的合同磋商的过程。成交撮合子系统建立一个基于网络和人机对话的交易撮合平台，实现医药卫生行业公开、公平、公正的采购环境。

在这个系统中，提供如图 5-7 所示的六种成交撮合方式：

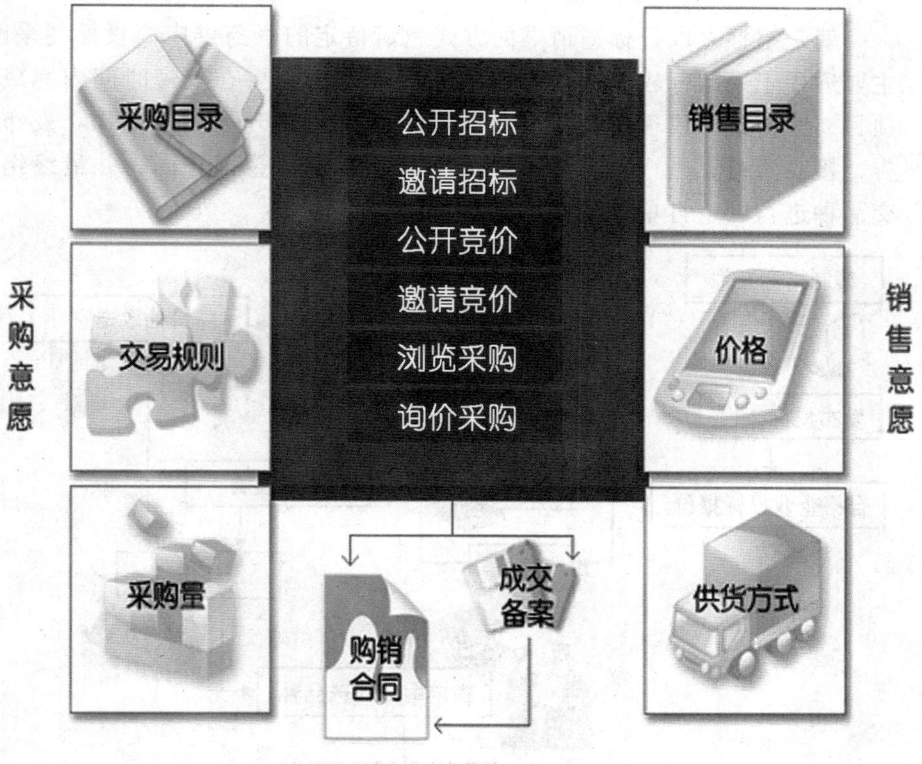

图 5-7　六种成交撮合方式

（一）公开招标

就是招标人以招标公告的方式邀请不特定的医药供应商投标的采购方式。主要适用于临床普遍应用、采购批量或金额大、能够形成充分竞争的品种。医药招标代理机构接受招标人委托，组织开展招标工作，发布招标公告、接收资料、进行数据准备、组织专家评审、签订合同、并最终组织将成交品种进行网上订单处理。

（二）邀请招标

就是招标人以投标邀请书的方式邀请特定的医药供应商投标的采购方式。主要适用于采购标较小、潜在投标人较少或者需要在较短时间内完成的采购项目。医药招标代理机构接受招标人委托，组织开展招标工作，发布招标公告、接收资料、进行数据准备、组织专家评审、签订合同、并最终组织将成交品种进行网上订单处理。

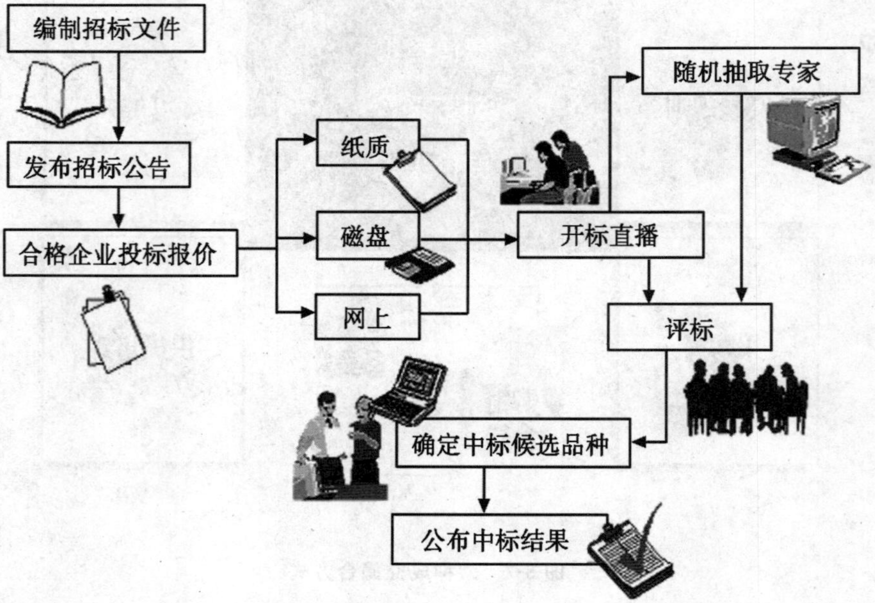

图 5-8　招投标简明流程

公开招标和邀请招标的招投标流程如图 5-8 所示。本系统的招投标模块是严格按照招投标法和医药集中招标采购工作规范规定的流程，提供了一个业内最严谨和最完备的医药招投标系统。同时，利用所建立的庞大数据基础，可以大大提高招投标过程中的数据准备效率，从而有效的改善以往招投标项目周期问题。

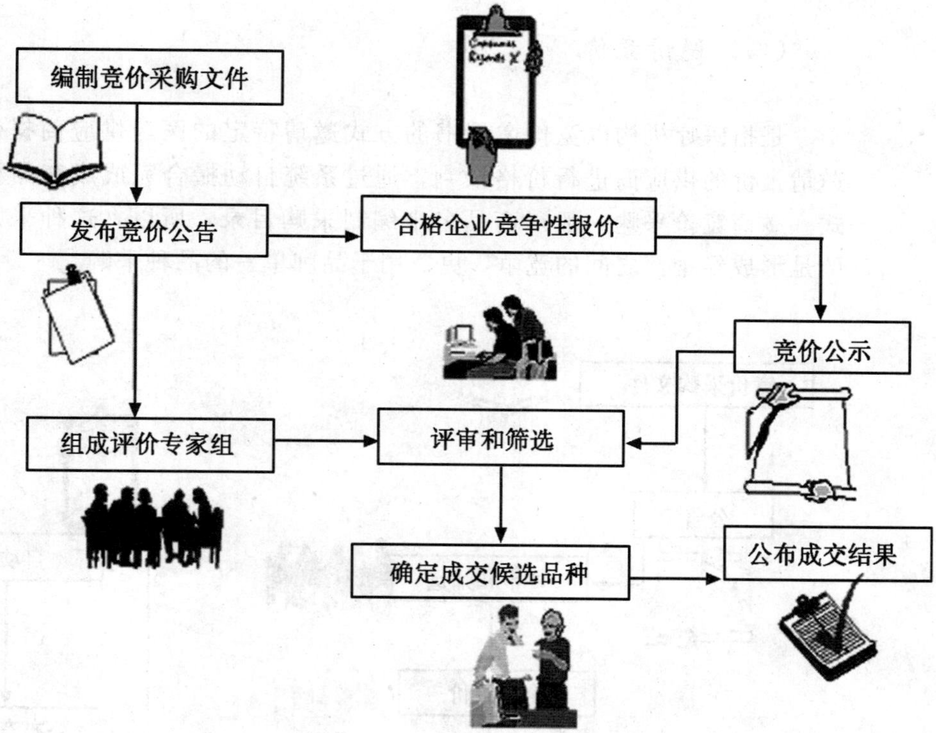

图 5-9　公开竞价流程

（三）公开竞价

公开竞价通过编制基于医药通用名的采购目录，通过公开发布竞价公告的方式，邀请不特定的医药供应商参加竞价的采购方式。医药采购人自行组织或委托代理机构组织开展竞价采购工作，发布竞价公告、接收资料、进行数据准备、组织专家评审、签订合同、并最终组织将成交品种进行网上订单处理。

公开竞价流程如图 5-9 所示。公开竞价在流程上与招投标有很多类似之处，是一种比较严谨的采购方式，但由于流程的可重定义性，以及报价过程的公开性和自主性，为操作上可以提供更多简便的方式，可以有效的提高操作的便捷性。

（四）邀请竞价

是指医疗机构以竞价邀请书的方式邀请特定的医药供应商提供报价，并邀请报价的供应商进行价格谈判，通过系统自动撮合完成成交品种的采购方式。邀请竞价采购一般以商品名来编制采购目录，所以，这种采购方式更多的是形成经销商之间的竞争，更适用于品牌单一的品种采购。

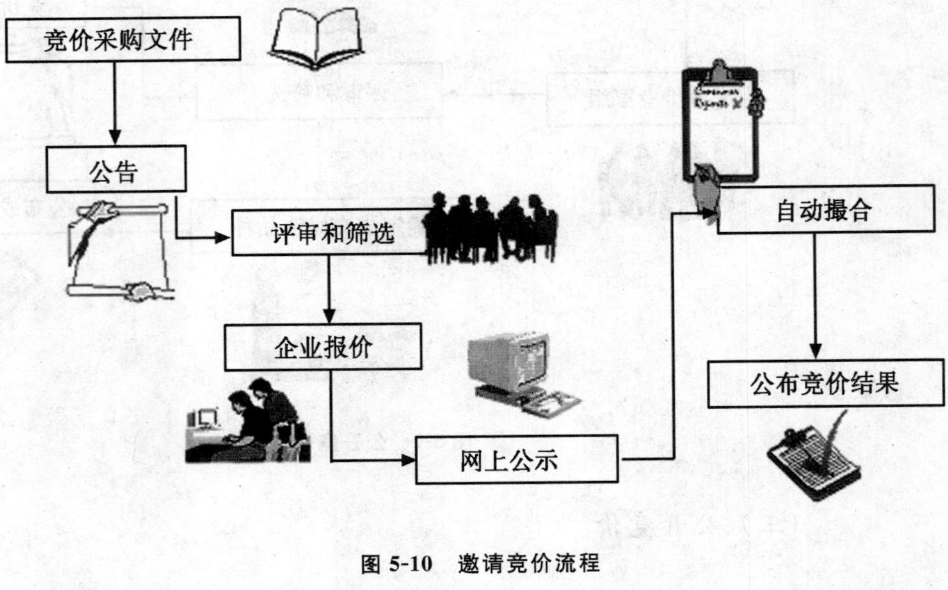

图 5-10 邀请竞价流程

邀请竞价流程如图 5-10 所示。本系统中的邀请竞价是以商品名为基础，通过品牌筛选和供应商筛选，建立商品名的竞价采购目录，这样可以使得同一竞价品种是同质的，也就是排除了同一品种的质量差异，为自动撮合提供了基础。在这个系统中的邀请竞价中提供了几十种组合的竞价公示策略，可以为改善竞争格局提供更多的选择；并提供了 6 条自动撮合规则，这些规则允许用户自行设置撮合的优先规则，可以根据所采购品种、供应商竞争的情况运用不同的规则组合，从而获得更加有效地竞价结果。

（五）询价采购

询价采购是指医疗机构以询价通知的方式邀请特定的医药供应商提供报价，通过评审和比较，直接确定成交品种的采购方式。询价采购是买方发起的一种主动采购模式，体现了更多的买方主动性，适合于买方有明确采购标的的医药采购行为。

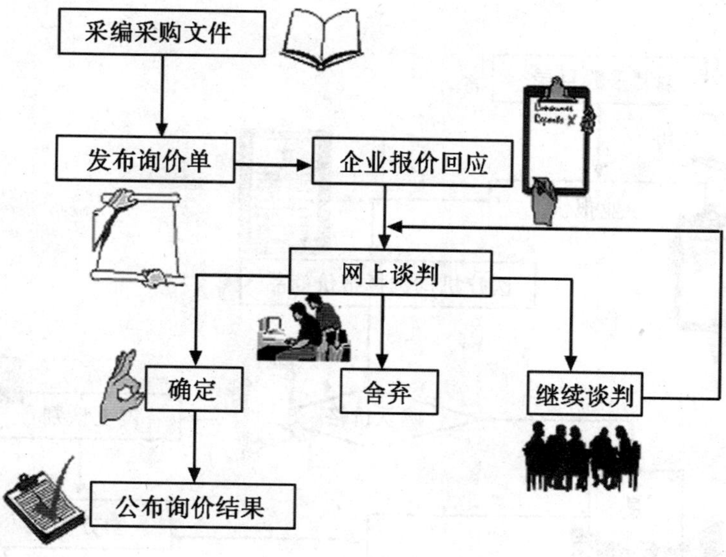

图 5-11　询价采购流程

询价采购流程如图 5-11 所示。系统所提供的询价采购既可以按通用名，也可以按商品名进行询价；除了能够支持单品询价外，还可以支持打包询价。利用本询价系统，可以充分利用海虹医药花费多年时间构筑的基础数据库，可以联系到更多的供应商，使得买方在采购过程中更加主动。

（六）浏览采购

浏览采购又称货架采购，即将医药供应商所提供的商品进行挂网，由医疗机构自主进行选择的采购方式。这种采购方式类似于超市，采购方可以根据自己的需要随时在挂网的商品中进行查找，认为合适的商品，就可以直接进行采购。这种采购方式比较适合于新药和采购量较小的品种采购。

浏览采购流程如图 5-12 所示。在系统中浏览采购不仅提供了标准的浏览采购模式，而且还与询价采购进行了有机的融合，可以针对卖方的报价进行还价，从而提高浏览采购的有效性。同时，在系统中实现了浏览采购与订单的结合，即买方用户可以在制定的过程中就选择货架商品，从而减少用户的操作次数。

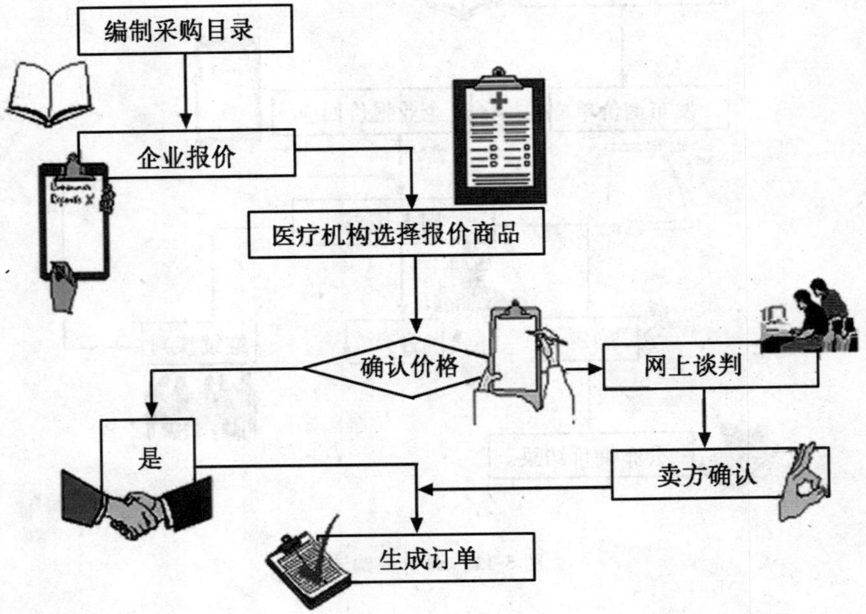

图 5-12　浏览采购流程

四、订单处理子系统

订单结算系统为买卖双方提供了一个便捷网上交易的平台，包括了从采购计划生成，到供应商送货处理，采购方到货接收，最终的资金结算，以及退换货的处理。整个业务流程如图 5-13 所示。

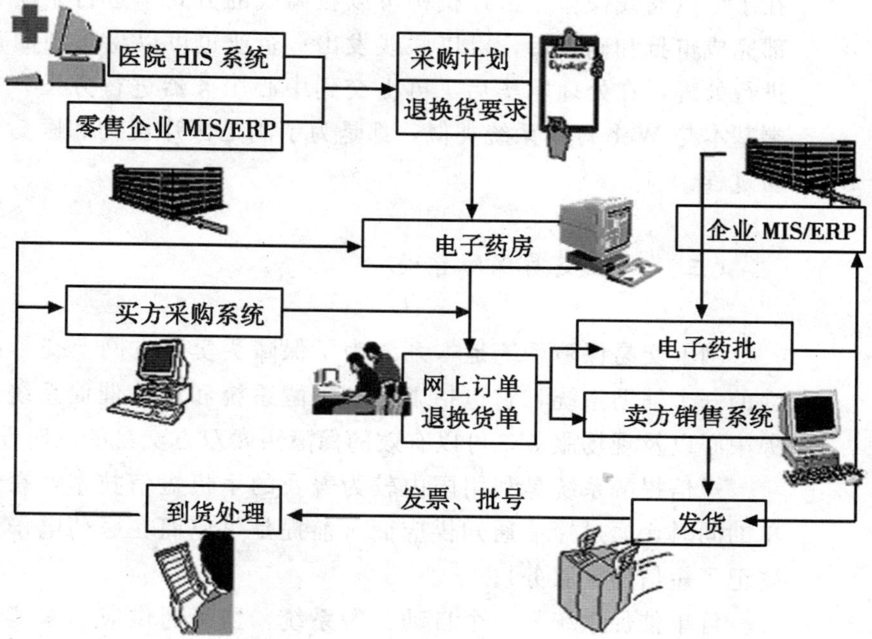

图 5-13　订单结算流程

系统不仅提供了 Web 形式的操作方式，也提供了基于客户端的操作模式，对于有条件的医疗机构和企业，还可以和其实现内部系统的对接。

（一）Web 订单系统

Web 订单系统是本系统中的一个重要组成部分，是在线操作的最佳方式。Web 订单系统提供了方便的制单功能，系统将根据供应商的不同，在第一时间将采购单自动拆分成多个订单，并发送给相应的供应商，供应商可以在最短的时间内直接对订单进行发货处理，从而有效的保障医疗机构的采购需求。

（二）客户端系统

客户端系统是本订单计算系统中的另一个重要组成部分，其最大的优势在于可以离线操作。医疗机构可以在离线的方式下进行采购计划编制，在内部完成审批和确认后，可以联线发出；企业也可以将收到的订单下载到本地进行处理，在处理完毕后，再提交到中心服务器进行分发。在功能上，客户端基本与 Web 订单系统类似，都是为了满足医疗机构和医药供应商的网上交易过程。

（三）网上交易保障系统

网上交易保障系统是本系统为了保障买卖双方网上交易的顺利进行所建立的一个辅助系统。它包括了短信提醒系统和订单催促系统，并结合客户服务中心以及现场服务，可以有效的保障买卖双方交易的及时性和准确性。

短信提醒系统是利用国内较为普及的手机短信技术，在医疗机构发出订单的同时，通过短信通知供应商（前提是供应商在医药电子商务系统中注册登记了短信提醒服务）。

订单催促系统是一个自动预警系统，当医药供应商未能在规定的时间内完成对订单的响应的时候，系统将自动提醒客户服务中心的业务人员，要求及时通知医药供应商，以保障医疗机构临床用药的需求。

（四）终端接入

终端接入是系统提供的一个外部接口，它定义了一系列的基于 XML 数据交换的接口标准和接口方法，能够实现和异构系统更广泛的对接。在接入方式上，买卖双方的系统可以与本系统提供的客户端系统进行对接，也可以直接和 Web 订单系统进行对接。依据用户所使用的不同系统，选择不同的对接方式。

实现系统对接的最大好处是能够减少用户的多次操作工作，提高业务运转的效率。但在实现对接后，也会对业务操作带来一些限制，如用户不能随意变更编码标准，而需要按照一个严格的流程实现编码标准的变更。

五、结算服务子系统

系统构建了中央结算系统，可以自动计算应收应付，对医药交易活动中的资金信息进行清晰的管理。同时，结算系统提供对银行支付网关的接口，在有条件的地区可以开展网上的资金结算服务。

六、政府监管子系统

政府监管系统是医药电子交易场系统提供给主管政府部门，用于监控和管理医药电子交易场的一套电子政务解决方案。政府部门可以通过该系统，对医药电子交易场进行全程的监控，包括准入控制、过程管理、统计分析、宏观调控等等。

政府监管系统提供了从中央政府到省级政府和地市级政府的三级监管体系，并按照不同政府部门的不同权利，分别赋予了不同的监管对象和监管功能，整体包括下列各功能。

（一）准入控制

各级医药监督部门可以登陆到全国数据中心、地区数据中心和交易数据中心，能够审核和控制所有进入医药电子交易场的所有医药销售机构和可供销售的医药信息。通过这种事前的准入控制，相当于在医药交易领域构建了一个安全的防火墙，能够将假冒伪劣医药和不合格的医药供应商阻挡在交易场之外，从而净化了医药交易市场。准入控制如图 5-14 所示。

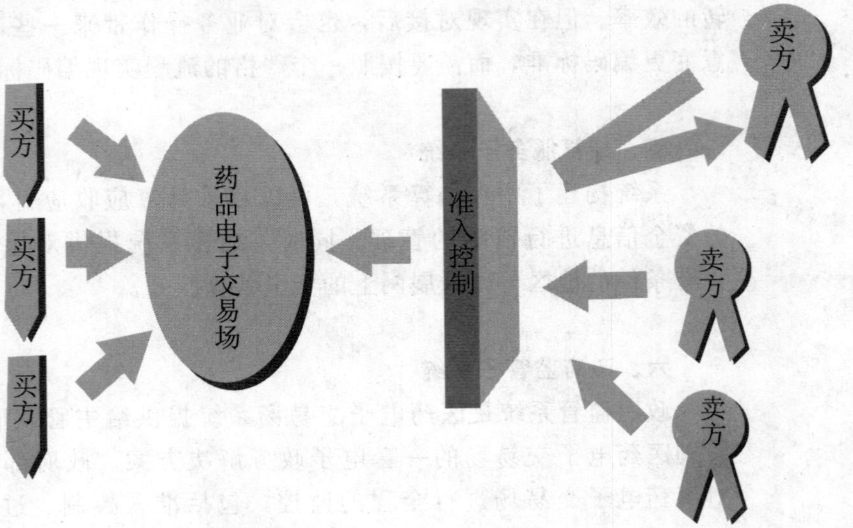

图 5-14　准入控制图

（二）过程监控

随着医疗卫生体制改革的深入发展，政府主管部门的职责更多的向过程控制发展，以确保医药采购行为的过程合法。而通过医药电子交易场系统，各级政府，特别是当地卫生主管部门可以实时监控到每一项成交活动的全过程。无论是招标、竞价还是询价和浏览采购。

这种过程的监控，可以使得政府主管部门有效的掌握每一次成交撮合活动的整个过程，任何一项有悖于规定流程活动都能够被及时发现，使得政府主管部门的管理能够做到保障这种商业活动是在一个合法的框架下展开。

● 统计分析
●宏观调控

1．地方政府机构　这里介绍的功能是电子交易系统对政府主管部门提供的服务功能，但不是对每个部门分别提供的服务功能。各主管部门可以根据其职责范围，拥有不同的权限。所有监督管理功能的作用范围是其管辖的行政区域。主要相关的政府机构有卫生、药监、社保、价格、经贸、纠风、工商等部门，功能结构见图 5-15。

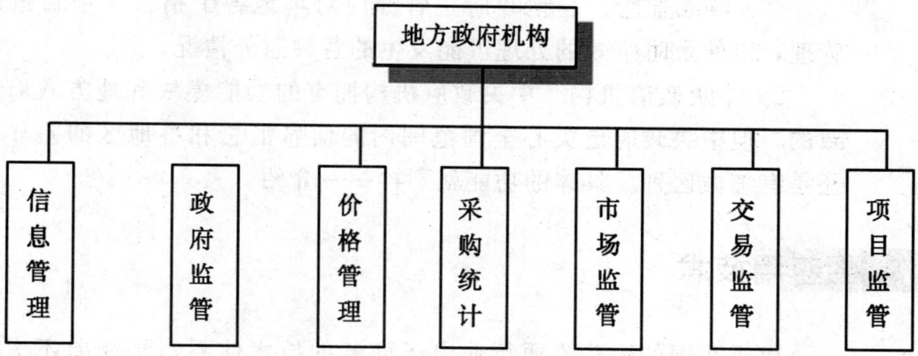

5-15　功能结构图

（1）信息管理：

用户信息管理：用户自身相关信息的维护。

行政区集中采购目录：本行政区集中采购目录管理。

（2）政府监管：

投诉处理：对本地会员企业的投诉进行处理。

公示栏：对本地方市场内医药、厂家的各种处罚、表扬和相关政策在此公告。

（3）价格管理：当地政府主管部门对本地相关种类的医药进行价格限定的一个备案管理，以便随时查询、修改。

（4）采购统计：当地政府主管部门按医疗机构、采购品种、采购金额和让利金额四个方面进行汇总统计，具体的如采购品种还可以细分，以得到更详细、精确的数据。

（5）市场监管：当地政府主管部门对本地市场内入网生产企业、入网批发企业、入网商品、医院交易商品和临床用药目录的信息及时查询、浏览，并可能依据具体的情况做出相应处理。

（6）交易监管：交易监管就是当地政府主管部门对本地在网上发生的交易行为，在几个方面进行数据查询、汇总，以得到相关机构所需的数据。在本功能中现提供医疗机构订单查询、交易分类汇总、医疗机构付款率、平均送货天数、订单响应率和采购价位系数等多种方法，具体每一个，还可以根据条件进行细分，以得到更具体、更有针对性的数据。

（7）项目监管：当地政府主管部门对本地各个招投标项目进展实时察看管理，以便及时有效的处理可能发生的各种意外情况。

2. 中央政府机构　中央政府机构拥有的功能模块和地方政府机构基本一致的，但中央政府更关心全国范围内的信息汇总和各地区的差异。因此二者还是有细微区别。具体的功能就不再一一介绍。

主要应用技术

由于我国的医药流通行业电子商务的技术体系水平相差不大，但是也略有区别。这里，以我国医药流通电子商务系统比较规范的北京海虹控股公司为例介绍。

一、系统开发架构

海虹医药电子商务系统采用最流行的用户界面、业务逻辑和数据库三层体系结构，具有极强的灵活性，能够适应企业各种业务逻辑，减轻客户端、服务器端的负载，解决了跨平台、传输不可靠的等问题，从而成为医药电子商务系统开发和建设的首选技术方案。其基本架构见图 5-16 所示：

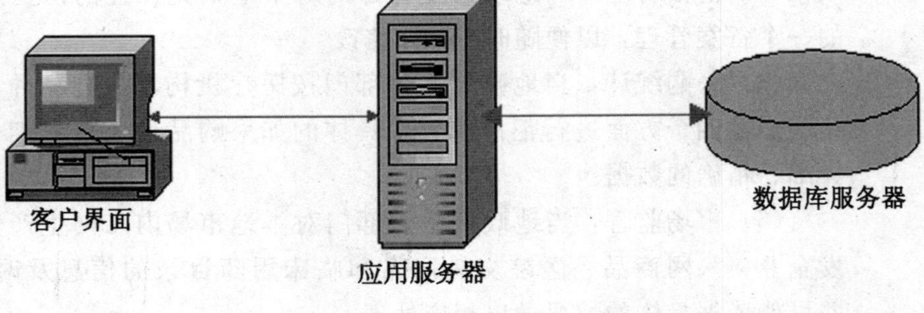

图 5-16　基本架构图

具体在系统客户界面采用标准的纯浏览器界面，保证了客户的零门槛使用，业务逻辑采用 Microsoft IIS＋ASP＋COM＋解决方案，即保证了系统的性能，又充分体现了系统的灵活调整。后台数据库采用了 Oracle8i 企业级数据库。下面将进行进一步的介绍。

（一）开发构架：ASP＋COM＋

ASP＋COM＋是目前国际上最成熟的、使用最广泛的电子商务构建技术，由 Micrsoft 公司推出的 Web 应用程序开发技术，其主要功能是为生成动态的、交互的 WEB 服务器应用程序提供一种功能强大的技术，获得 IBM、HP、ORACLE、BEA 等世界级龙头 IT 厂商的全力支持，目前在全世界已有千万名程序人员进行系统开发。ASP＋COM＋具有简单、易用以及与 Windows 操作系统良好集成等特性。

（二）ORACLE8i 数据库

采用目前世界上最先进、使用最广泛的电子商务数据库 Oracle8i 数据库作为后台数据库。该数据库具有非常高的安全数据管理、事务处理和数据仓储能力，功能强大、稳定、Web 集成性好等特点，在银行、邮电、电力等系统广泛应用，能够提供完整的解决方案。

（三）应用服务器（Application Server）

一般采用目前最流行的 Microsoft IIS 作为应用服务器。该应用服务器具有高可靠性，易于管理，拥有包括数字认证、服务器加密系统、传输层安全性等众多特性来保证其安全，与 ASP 一起使用能够完全结合，快速满足商业应用。

二、系统运行环境

（一）硬件环境及操作系统

一般能够运行在多种常用的硬件环境和操作系统平台之上，系统拓扑结构如图 5-17 所示。

- 服务器和操作系统：
  - IBM 小型机 RS6000 系列；
  - Intel x86 系列的服务器；
- 客户机
  - PC 兼容机，操作系统为中文 Windows 95/98/2000/NT，浏览器为 IE 4.0以上。

（二）软件系统运行环境

- 操作系统：Windows NT Server、Windows 2000 Server、IBM AIX
- 数据库：Oracle8i Enterprise Server
- 应用平台软件：Microsoft IIS＋ASP＋COM＋

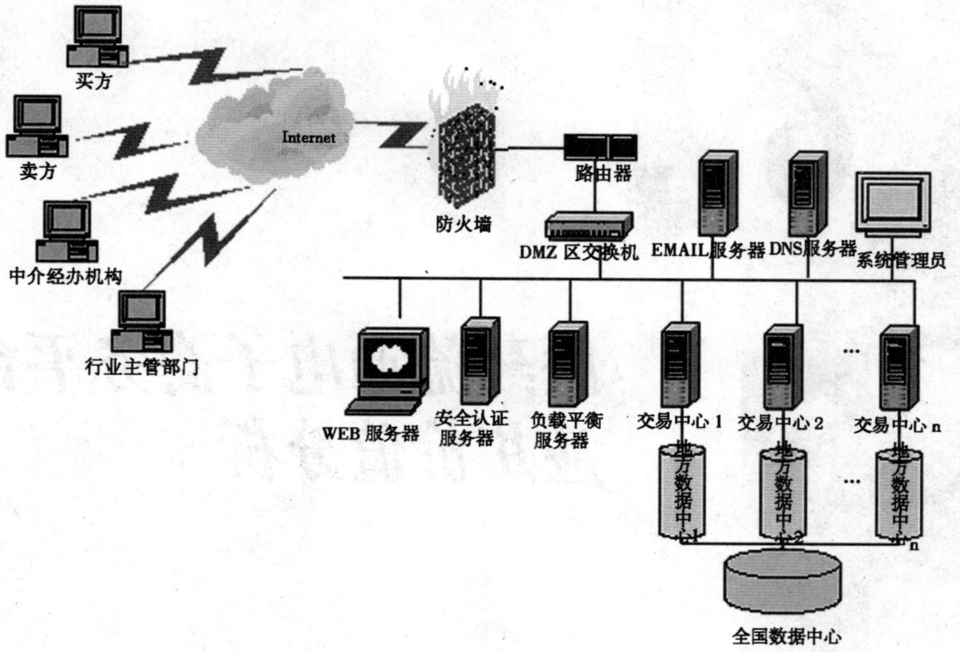

图 5-17　系统网络拓扑图

三、安全机制

客户在基于互联网的企业间商务活动过程中，需要在数据传输、身份识别和网络系统安全等方面得到保护，系统解决方案提供全面的安全措施，包括提供硬件防火墙系统，建立备用网络线路，建立冗余备份系统；实时安全监控、性能监控，以及软件级的强身份认证、大表单加密，建立完整操作记录等，使客户在运用电子商务手段进行商务活动时获得安全保障。

第6章

医药流通电子商务平台应用价值分析

以电子商务为基础，搭建医药虚拟交易场是信息时代的产物。由于现代信息网络技术的应用、交易过程的规范化和采购批量的增加，使交易的中间环节减少，交易成本降低，交易效率提高。长期以来耗费在医药流通环节中的费用大大减少，成为对消费者的让利和买卖双方的利润。因此，实行医药交易电子商务化的价值在宏观上表现为医药市场的净化和重组，医药质量的提高，医药交易行为的规范和价格的下降，社会卫生费用的节约，使人们获得健康利益；在微观上表现为医疗机构和医药生产经营企业的双赢。

本章将从宏观和微观两个层面对医药电子商务应用的价值进行深入的分析。在宏观方面，主要分析电子商务平台招标采购对医药流通体制改革、政府监管、宏观价格调控、医药流通物流发展等的促进作用；在微观层面上，分析电子商务平台应用对医药交易参与各方，包括医院、医药生产经营企业、医药使用者带来的价值，并以天津市三次网上集中招标采购作为实证分析对象，定量分析了天津市集中招标电子商务系统的应用的价值。

医药流通电子商务平台宏观价值分析

传统医药流通体制存在诸多弊病，医药流通环节过多、过长、过于复杂，是导致医药虚高价格的根源所在，而通过电子商务平台进行的医药采购，将从根本上解决传统医药流通体制的不足，并建立起一个全新的医药流通体制，将给社会创造巨大的价值。

医药集中招标采购政策的出台，对传统的流通体制形成了巨大的冲击。通过集中招标采购，使得医院能够作为一个联合的整体，直接面对医药生产企业或者医药批发企业，进行医药招标，作为卖方的生产企业或者生产企业在该地区授权代理的医药批发企业对其医药进行投标。这样就形成了医院联合体，通过电子商务平台，例如比较成功的海虹 V3.0 系统，以集中招标采购为成交方式，直接面对生产企业进行医药采购，绕过了传统意义上的多层医药批发企业完成交易。而传统的医药批发企业将会转型成为一般的医药流通的物流配送商。通过艰苦的摸索过程，海虹医药流通电子商务有限公司以招标采购政策为切入点，对传统医药流通模式进行了思考，提出了一个全新的医药流通模式；逐步建立起独立第三方电子商务平台，在宏观方面分析，有如下诸方面价值：

电子商务招标采购促进医药流通体制改革

一、流通环节将大为减少，各级批发商的职能转变

医院采购医药时将直接面对医药生产企业或者一些大的医药经营商，原来的一些地区级批发商、省辖市批发商和县市批发商将逐步转化职能，由各级分销商转变为医药的物流配送企业，主要负责中标医药的配送，保证中标医药及时、准确、低成本地从生产厂家进入目标医院。因此，通过电子商务平台的医药采购，各级医药批发商将会适应环境的需要，逐步完成职能上的转变。同时，一些不规范的办事处将逐渐消失，市场秩序将逐渐净化和有序。

二、流通的费用将大幅度降低，流通中的一部分利润将转移为消费者获得

在第 2 章中已经分析，在传统医药流通模式下，对于患者支付的医药费，生产商只拿到了其中的 30%，而 40%则由中间环节拿走了，医院拿走 30%。比如零售价 100 元的医药，生产企业只获得 30 元的收入，而 40%的收入即 40 元则由流通环节获得。这也就是医药价格虚高的直接原因所在，最后消费者却不得不支付昂贵的价格。

而在电子商务平台下的医药流通，如海虹的医药虚拟交易场模式下，中间环节大大缩小，其部分利润转移到消费者身上，比如原来一个 100 元的药物，现在消费者只需要支付原来的 70%，也就是 70 元。生产企业照样拿到 30 元的收入，也就是原来 100 元的 30%，而中间环节则获得 10 元的收入，即原来 100 元的 10%，医院照样拿到 30 元。对比传统的流通模式和电子商务平台下的医药流通模式，由于电子商务平台的应用，整个流通环节的效率将提高，而成本将大大降低，特别是医药流通中不合理的一些费用正逐步消失，由此带来的一些好处，大部分将让利给消费者。

集中招标采购从根本上改变了现有的医药流通模式。“人机对话”和招标的方式，为生产企业与医疗机构提供了一个直接通道。旧流通环节中的利益格局完全发生了变化，以前的弱势群体——患者是招标采购中的直接受益者

——他们买药的负担小了。那么相应的，医药批发企业、医药代表甚至开药方的医生，在集中招标采购中，他们所能分得的利益必然要下降。

电子商务平台有利于规范交易双方的购销行为，遏制医药购销活动中的不正之风，便于政府监管

随着电子商务平台的运用，医药流通将会逐渐形成三道层次：医院的医药采购，生产企业的医药销售，医药经营企业的医药物流配送。各个交易主体将根据新的要求逐渐建立起新的分工协调机制，分别管理专业化采购和销售及其物流配送。采购决策方式的转变、交易过程中的“人机对话”，将极大的提高医药采购活动的透明度，过去的暗箱操作将变成“阳光下的交易”，从根本上铲除在医药采购活动中的不正之风的土壤。

由于医药行业是一个很特殊的行业，因此，政府在促进医药体制改革的过程中，必须介入并推动其医药流通体制改革的进行。通过电子商务平台，政府只要在数据准入阶段接入一个接口，即可实行全过程的监控。通过政府接入电子商务平台，不仅可以提高监管效果，并且效率将大大提高，可以节省以前的高监管成本。

具体来说，政府的监管模式如图 6-1 所示：

通过电子商务平台，政府可以完成全程的政府监管，并从数据审查、成交监控和订单跟踪三个方面监督交易双方的市场行为，从而减少购销中的不正之风。

在数据的准入阶段，政府通过监控机制，可以直接查看进入企业的各种资质文件，以确保进入企业的合法性，并可以提高市场准入的门槛，以提高生产企业的产品质量层次。

同时，有效地进行企业和医药的市场准入，可以遏制假劣医药和非法经营活动。例如，政府可以通过查看某个关键性指标，如 GMP 认证，就可以得知企业的 GMP 认证情况。这样，通过电子商务平台，政府可以随时了解企业的基本情况，由于对企业基本信息的透明化了解，那些假冒伪劣产品就难以生存下去了。

在成交监控阶段，由于交易双方的交易行为都是在电子商务平台上面进行，包括交易产品价格、数量的确定，以及资金流和物流情况都是通过电子

商务平台得以反映。这样，政府就可以随时监控交易双方的行为是否规范，最大限度地避免“回扣”等不正当现象的发生。搭建医药电子商务平台使过去的暗箱操作、信息分散、难以把握的医药交易过程变得“看得见、摸得着”。纪检、监察、工商、审计、税务部门都可以通过监督交易过程、分析对比交易数据，对医药购销活动中的不正之风进行有效的防范和处理，形成对医药购销活动的社会监督制约机制。

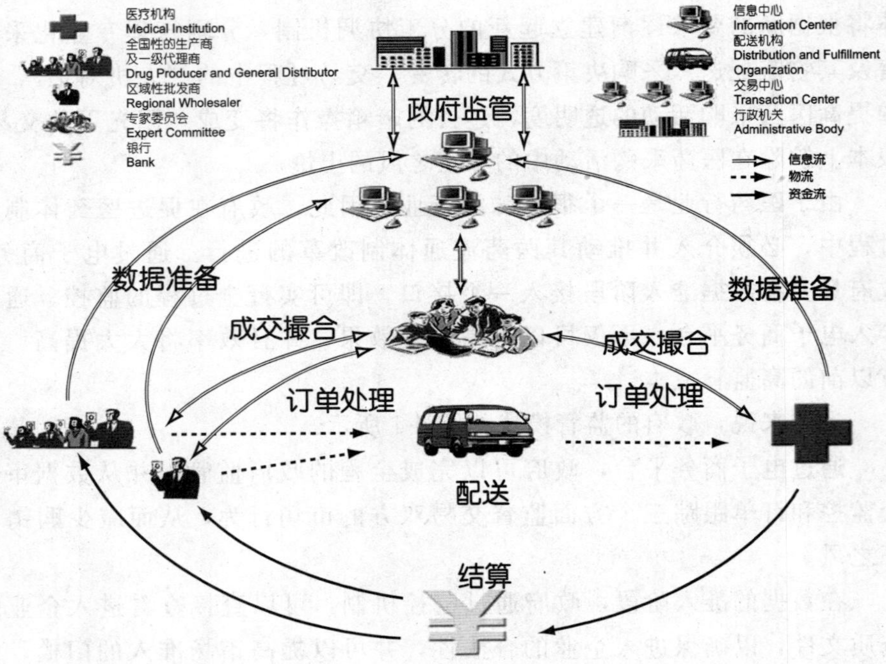

图 6-1 政府监管模式

在订单跟踪阶段，政府可以监督医院的采购行为，看医院是否如实按照电子商务平台上的招标结果进行医药采购，并可以监督医药生产企业是否及时向院方提供医药，医院是否及时付款。这样就可以有效地对整个物流、资金流进行总体控制，确保电子商务交易的信用，以及交易及时、高效的完成。

对发生在临床环节的处方回扣，由于对新药实行专家委员会主导的议价采购，临床医生将失去通过医院药事委员会选择品牌的机会。过去普遍发生的同一医疗机构内一个品种、多个品牌的现象将成为历史，卖方将失去进行临床促销的直接动力，使处方回扣现象得到遏制。随着集中招标采购范围的不断扩大，医药生产企业将逐步成为直接的卖方，多数经营企业将转型为配送机构，用于处方回扣的资金数量将会大大减少。新药的推广应用将在专家委员会的主持下进行，逐步成为集商务、学术为一体的规范新技术、新疗法、新产品推广活动。所有这些，都将使医药购销中的不正之风受到强有力的遏制。

为了避免在集中采购中出现“集中的”、“更大的”的腐败，对专家委员会的评标行为，在《文本规范》中规定：评标专家由招标人在有关行政部门或者公证机构的监督下，从省或市（地）以上政府有关部门建立的专家库中，按照采购项目的特点和工作需要分层随机抽取专家。并且规定：评标委员会成员名单一般应于开标后决定。从抽取评标专家到开始评标的时间不得超过 24 小时。

这样实行专家委员会会议成员的随机组合，招标评标，询价议价过程的标准化、规范化和制度化，借助于医药电子商务系统实现交易过程尽量减少对经验评估和人为撮合的依赖，都可以防止出现新的不正之风。

促进医药价格“合理化”，有利于政府从宏观上调控价格

医药价格虚高不降，普通百姓看病难，对此颇有怨言。正如上面所说的，传统医药流通渠道过长，医药回扣现象严重，造成医药价格远远高于实际成本。

2001 年以来，各级价格主管部门采取一系列措施，整顿医药价格秩序，进一步降低医药虚高价格，取得了初步成效。部分药品虚高价格大幅降低，挤压了医药流通中间环节不合理的差价收入，减少了医药流通中高折扣、大回扣的空间，遏制了医药价格不合理上涨的势头，为减轻群众医药费负担创造了条件。

实行医药交易电子商务化，由于竞争更为充分，信息更为完全，可以促使医药价格逐步趋向合理化。

据统计，部分常用医药的价格水平已明显降低。如：抗生素类医药头孢

哌酮钠注射剂（1克），1997年的零售价格为每支96元，2001年已降为38元，降幅60%；头孢曲松注射剂（1克），1997年的零售价格为每支97元，2001年已降为40元，降幅59%；头孢唑啉钠注射剂（0.5克），1997年的零售价格为每支6.80元，2001年已降为3.50元，降幅49%；头孢拉定注射剂（0.5克），1997年的零售价格为每支8.35元，2001年已降为4.00元，降幅52%。

国家统计局的数据显示，近年来医药零售价格指数持续降低。中西医药零售价格指数涨幅从1996年的8.8%，逐步下降到1997年的4.4%，1998年的2.8%，1999年的1%，2000年下降到0.3%，2001年为－1.5%，首次出现负增长。2003年，医药价格指数进一步降低，中西医药零售价格指数涨幅，1～3月份分别为－2.7、－3.4、－3.7。1～3月份居民消费价格指数中的西药、中药材及中成药价格指数，分别下降5.2%和2.9%；4月份进一步下降5.8%和3.2%。

由于医药是特殊的产品，政府的定价政策是对医药实行政府定价、政府指导价或者市场调节价，列入国家基本医疗保险医药目录的医药以及国家基本医疗保险医药目录以外具有垄断性生产、经营的医药，实行政府定价或者政府指导价，对其他医药，实行市场调节价。

政府部门对于实行政府定价、政府指导价的医药，按照《医药管理法》规定的原则，制定和调整价格；其中，政府在调控医药价格的时候，一个重要的原则依据是：制定和调整医药销售价格时，应当体现对医药社会平均销售费用率、销售利润率和流通差率的控制。

实行医药采购电子商务化以后，医药的价格逐渐趋向合理，反映医药的成本。因此，政府可以通过医药电子商务平台促成的医药交易价格，按照合适的利润率制定医药最高零售价格，从而从宏观上可以方便地对医药价格进行调控。

电子交易的信息流带动现代医药物流的发展，流通方式逐步同国际惯例接轨

随着医药采购电子商务平台的应用，传统的流通渠道已经发生变化，医药生产企业和医院将逐渐通过电子商务平台实行直接性的接触和谈判交易。

信息的畅通，中间环节的减少，将直接对中间的医药经营企业形成冲击。随着医药交易的电子商务化，中国的上万家医药经营企业，将直接面临着生存问题。因为一旦生产企业和医院全部上网进行交易，中间商的利润将大大降低，甚至难以维持生存。

因此，随着电子商务平台的应用和逐渐成熟化，医药经营企业要重新对自己进行定位，转化角色，适应市场形势发展的需要，逐步将自己转变为专业化的医药物流配送企业。

目前，我国医药企业采用的基本上是分散型物流体系，在运作上主要依靠人力，与国际医药同业相比差距很大。欧麟物流咨询公司将国内先进医药物流企业的物流水平和美国平均水平相比较，得出的调查报告显示：平均每个配送中心能够支撑的消费额，我国只是美国的 11.75%；配送中心内每平方米能够支持的销售额，我国只是美国的 40%；平均每个配送中心能够支持的 SKU（品种规格），我国也只是美国的 24%；而平均处理单行订单的运作成本，我国却是美国的 2.78 倍。

由于医药在我国被作为特殊商品，长期以来医药流通领域一直未对外资与民间资本开放。医药流通企业在经营方式上基本沿袭计划经济的模式，致使企业的市场占有率和市场集中度低，经营成本高。而我国医药工业经过近几十年发展迅速壮大，特别是近些年，平均年增长率达到 17.5%，发展速度高于全球平均水平，也高于全国工业平均增长速度 4.4 个百分点。预计到 2005 年，全国医药需求量将达到 2180 亿元，比 2000 年净增 940 亿元，2020 年将达到 1200 亿美元，从而超过美国成为全球第一大市场。发展与现状之间的巨大差距，体现了医药物流的潜力。因此，医药经营企业向物流企业成功转变，有发展空间。

我国的医药物流配送中心尚在发展之中，上海医药股份公司投资 1.7 亿元，占地 80 亩，总建筑面积约为 2.5 万平方米的上海医药配送中心已于 2003 年初启动。据估计，2002 年上海市医药市场总需求量为 170 亿～180 亿元，2005 年将达到 300 亿元，上海医药股份如果想达到市场总份额的 50%，至少需要支持 150 亿元的物流配送能力。但是，目前上海医药股份现有的 8 个仓库配送销售额将近 60 亿元，配送能力已趋于饱和。上药集团总裁曾算过一笔账：从 2002 年 59.6 亿元的销售收入增加到 2010 年的 400 亿～500 亿元，如果仍采用过去的物流体系，公司所需要的物流面积为 13 万～17 万平方米，需要人员3500～4300人；而按照国际先进医药配送中心来建设的话，只需要8万～11万平方米，1000～1200个物流人员。先进的物流配送体系将大幅度地降低物流成本。

但是，由于物流标准的不统一，比如药品条形码不规范，药品物流容器、药品包装箱、药品仓储托盘等缺乏统一的标准，已成为制约我国医药物流向规范化、高效化并与国际接轨的一大障碍。因此，必须加快推进医药物流标准化的建设。同时，调整医药物流配送中心的许可证制度和经营对象范围，应与国际接轨，建立配送中心严格准入许可证制度，建立配送中心下属的配送分中心的许可证备案制度。

电子商务平台的招标采购，相比手工招标采购，效率和效果得到大幅度提高

自从2000年以来，医药招标采购经过近三年的摸索和实践，已经基本上形成了我国医药采购的重要模式，而且，通过各级政府的不断努力，已经取得了一定的成效。目前，医药集中招标采购已经在全国普遍推行。今后几年中，采用电子商务平台进行医药集中招标采购将成为我国医药流通的主流模式，具有一定的生命力，对我国医药流通体制改革产生深远的影响。

基于互联网技术上的优势，电子商务在信息处理和传递方面，具有其他传统信息处理手段所无法比拟的优势。因而，利用互联网技术的超时空、迅速便捷的优势，及其具有强大的数据处理能力和管理能力的特点，采用电子商务来解决医药招标采购中的信息处理难题，是医药流通体制改革中的一个必然发展的趋势。

具体来说，电子商务平台上的医药招标采购和传统的手工招标采购对比，主要区别如表6-1所示：

表 6-1　电子招标和手工招标的比较

	手工招标	电子招标
人力、物力投入	人力、物力的投入巨大。由于医药品种多而复杂，需要投入大量精力进行信息统计	只需进行医药信息标准化，利用成熟完善技术系统，由计算机自动进行，可节省大量人力、物力
信息化程度	大量的医药信息加工由手工操作完成，缺乏标准化作业，对大量数据汇总分析存在困难，且人为误差大	能够进行复杂数据统计、汇总、分析，减少人为干扰，最大程度上实现信息的保密性和准确性
时间跨度	时间跨度大，往往需要好几天时间，专家工作量也很大，评分完毕，还需人工进行统计，才能形成最终结果，评标结果的产生存在滞后性。	时间跨度小，专家进行人机对话，减轻了工作量，打完分后系统自动进行运算，当时即可得出结果。
招标方式及形式	因手工式招标决定了其单一性，不能同时满足多方面要求和不同标准。 主要是：集中招标采购（公开招标和邀请招标）和集中议价采购。	电子招标因使用计算公式程序化，能够更好地满足多方面需求。 存在三种组织形式：集中、联合、分散。 六种采购方式：公开招标、邀请招标、公开竞价、邀请竞价、询价采购、浏览采购
公开、公平、公正性	存在人为失误和人为干扰，影响结果的公平、公正性	所有保密控制和时效控制全部交给系统，杜绝了人为干扰和失误。
宣传方式及影响面	传统宣传模式（报刊、电视等），覆盖面相对较小，受地域和时效限制，影响面不大	互联网传递信息快速，不受地域、时效限制，影响面大
信息电子化	信息化水平不高，只是针对部分信息进行统计、汇总，不能形成完整运算体系，易产生人为干扰	网络信息化程度高，利用成熟技术系统、完整运算体系进行信息采集、汇总、统计、分析，大大减少人为干扰因素
远程性	因数据中心不具备远程传递和共享，受地域影响，缺乏大规模、多处同时使用	利用互联网特性、数据中心开放平台，进行远程招标采购，不受地域、规模、时间影响
采购方式	传统交易模式，对招标后缺乏监管和评估	网上交易模式，大大提高医药信息化程度，使招标采购达到良性循环
结果的准确性	由于医药信息量大而复杂的特性，因部分环节仍需手工操作，从而造成信息汇总、分析很大困难，易产生人为误差	因具备成熟技术系统，能很好的体现保密性、准确性，所有信息汇总、分析都由系统完成，很大程度上减少人为误差

医药流通电子商务平台应用价值微观主体分析

本部分将主要通过对医药流通渠道中各个阶段的微观主体（医药生产企业、医药经营企业、医院、患者）进行定量分析，分析医药流通电子商务平台对各个微观主体的应用价值。并以天津市三次招标采购为实证分析对象，定量计算天津市三次招标采购给各个微观主体带来的价值。

虚高价格的下降，给使用医药的患者（最终消费者）带来的利益

医疗保险制度、医疗机构和医药生产流通体制三项改革是国家对医疗卫生体制进行改革的三个方面，这三个方面是相辅相成、不可分割的，任何一项改革的成功与否都可能会影响另外两项的改革进度。其改革的总体目标是“用比较低的费用提供比较优质的服务，努力满足广大人民群众的基本医疗服务需求。

近几年，随着医药集中招标采购政策的推出，在全国许多地方，对纠正医药购销领域中不正之风和规范医疗机构购药行为上取得了一些成绩和经验，收到较好的效果。实践证明，在现阶段推行医药集中采购是纠正医疗行业不正之风的一个重要手段，同时，是减轻社会医药负担的一个政策切入点和突破点。通过医药集中招标采购，许多医药的虚高价格有较大的降低，同时政府明确规定，各地每次招标的结果都将药价下降带来的利益需要按一定比例返利给老百姓，使得老百姓能够直接享受招标带来的医药价格下降的好处。

以辽宁省为例，2003 年，辽宁省 16 家省直医院医药联合招标开标会在沈阳举行，全国 258 家医药生产经营企业、15 000 多个品种参加竞标。这是该省省直医疗机构迄今举行的规模最大、品种最多的一次医药联合招标采购。招标品种包括抗感染类、消化类、抗肿瘤类、脑血管类、心血管类、呼吸类、生物制品类以及中成药共 8 大类。另据介绍，目前辽宁省已有超过 70％县以上的医院、企业医院开展了医药集中招标采购工作，采购金额接近 30 亿元，占医疗机构总采购金额的 70％以上，共让利给群众 2 亿多元，减轻了群众负担。

从 2001～2002 年，天津市在天津卫虹药通网络技术有限公司的电子商务平台上共举行了三次医药招标采购，反响巨大，通过电子商务平台进行医药招标采购，在效率和效果两方面都取得了很好的效果。

以下是对天津市三次招标采购进行的分析，我们可以看到通过电子商务平台进行招标采购，患者能够得到的利益。

一、天津市电子商务招标采购情况简介

从 2001 年到 2002 年，天津市一共进行了三次医药集中采购招标项目，均委托天津卫虹电子药通网络技术有限公司进行。招标项目情况介绍如下：

（一）2001 年，抗微生物医药集中招标采购

此次全市范围的医药集中招标采购，天津市 353 家医疗机构组成了国内较大规模的采购集团，包括天津市直附属医院组、企业事业组、区县二级组、区县中医妇幼组和区县一级组。

实际投标人 55 家，其中经营企业 40 家、生产企业 15 家，接收资格证明文件 995 册，投标品种 1586 条，共涉及 358 家医药生产企业。

投标人在公证处人员的监督下，现场进行了网上投标报价解密同时盖章确认，总共 1440 个产品进行了投标报价。

投标统计信息：

招标名称：天津市医疗机构 2001 年抗微生物类医药集中招标采购

[申报统计]　申报医药：130 种　申报商品：1456 种　审核通过商品：1456 种

[投标统计]　投标商品：1440 种　GMP：944 种　单独定价：42 种
非 GMP：394 种　原研制：60 种

[投标人统计]　企业总数：55 个　生产企业：15 个　经营企业：40 个

11月1日评标，本次评标品种共为122个规格，846条评标产品信息。

共产生中标候选品种286个，其中有19个非GMP产品的价格比同品种GMP产品的价格高而被取消中标候选资格，在评标阶段最终267个产品正式成为中标候选品种。

在议价阶段产生531个中标候选品种。

总共确定了53个中标候选人的中标候选品种798个，并印制成《医疗机构候选品种目录》和《医疗机构成交品种确认单》。

最终经过医疗机构确认产生738个中标产品，其中GMP层次（包括原研制和单独定价层次）产品556个、非GMP层次产品182个，中标产品来自299家生产企业。

（二）天津市2002年上半年招标采购

天津市卫虹药通网络技术有限公司作为合法的医药招标代理机构承揽了天津市210家医疗机构的招标代理工作。

共发售标书134份，实际投标人59家，其中：生产企业投标人为22家，医药经营公司投标人为37家，投标品种1660条，共涉及454家医药生产企业。

共有59名投标人所递交的1656个产品的资格材料接受了资格审核，其中经营企业37家、生产企业22家，直接或间接参与投标的医药生产企业454家。

有55名投标人、1635条医药品种信息通过资格预审，其中25条产品信息因出现重复投标，而取消部分投标人对该品种的投标资格。

投标统计信息：

招标名称：天津市2002年度（上半年）医药集中招标采购

[申报统计]　申报医药：203种　申报商品：1660个　审核通过商品：1635个

[投标统计]　投标商品：1617个　GMP：1187个　非GMP：297个
专利：64个　过期专利：55个　一类新药：14个

[投标人统计]　企业总数：59个　生产企业：22个　经营企业：37个

（三）天津市 2002 年下半年招标采购

天津市卫虹药通网络技术有限公司作为合法的医药招标代理机构承揽了天津市 210 家医疗机构的招标代理工作。

共发售标书 138 份，实际投标人 82 家，其中：生产企业投标人为 32 家，本地医药经营公司投标人为 42 家，异地医药经营公司投标人为 8 家，投标品种 1660 条，共涉及 949 家医药生产企业。

共有 3797 个产品进行了投标报价，有 67 个产品投标人放弃进行投标报价。

有 82 名投标人所递交的 1656 个产品的资格材料接受了资格审核，其中经营企业 37 家、生产企业 22 家，直接或间接参与投标的医药生产企业 454 家。

有 82 名投标人、3864 条医药品种信息通过资格预审，其中 25 条产品信息因出现重复投标，而取消部分投标人对该品种的投标资格。

投标统计信息：

招标名称：天津市医疗机构 2002 年第二次医药集中招标采购

[申报统计]　申报医药：1877 种　申报商品：3987 个
审核通过医药：1866 种　审核通过商品：3864 个

[投标统计]　投标商品：3797 个
GMP 认证：2856 个　非 GMP 认证：763 个　专利：178 个

[投标人统计]　企业总数：82 个　生产企业：32 个　经营企业：50 个

评标共产生中标候选品种 797 个，其中有 34 个非 GMP 产品的价格比同品种 GMP 产品的价格高而被取消中标候选资格，通过评标最终 763 个产品正式成为中标候选品种。

议价产生中标候选品种 1909 个。

共产生中标候选产品 2706 个，其中：GMP 产品 1808 个，单独定价产品 109 个，非 GMP 产品 470 个，过期专利产品 131 个，专利产品 188 个。

二、通过电子商务平台进行医药集中采购，医药的质量得到提高

通过对天津市三次电子商务平台的招标采购的调查分析，我们发现这三次医药招标之后，医药的质量较之招标前有很大的提高。这是一个很好的现象，医药质量的提高可以提高老百姓治病的康复概率，有利于老百姓的生命健康，这将是一件利国利民的大事。因此，通过电子商务平台进行医药集中采购，符合医药采购的“质量优先、价格合理”的原则。

以下我们将逐次对天津市三次电子商务招标采购情况进行定量统计分析，以实证统计数据的方式来证明：通过电子商务平台进行医药采购，医药质量确实得到了很大提高。

（一）2001 年的抗微生物医药招标采购

根据中标数据，随机选取有效分析数据共 656 条（包括同种医药名称不同剂型、规格、包装、质量层次）。数据选取原则：由于某些数据漏录入价格数据等，为了便于分析统一取得各部分信息都完全的数据，有效分析数据约占总数据的 89%。

各医药的不同质量层次中标结果如下，见表 6-2：

表 6-2　2001 年抗微生物医药的不同质量层次中标结果

质量层次	中标数量
GMP	410
单独定价	37
非 GMP	146
原研制	63

不同质量层次的医药中标比例如图 6-1 所示：

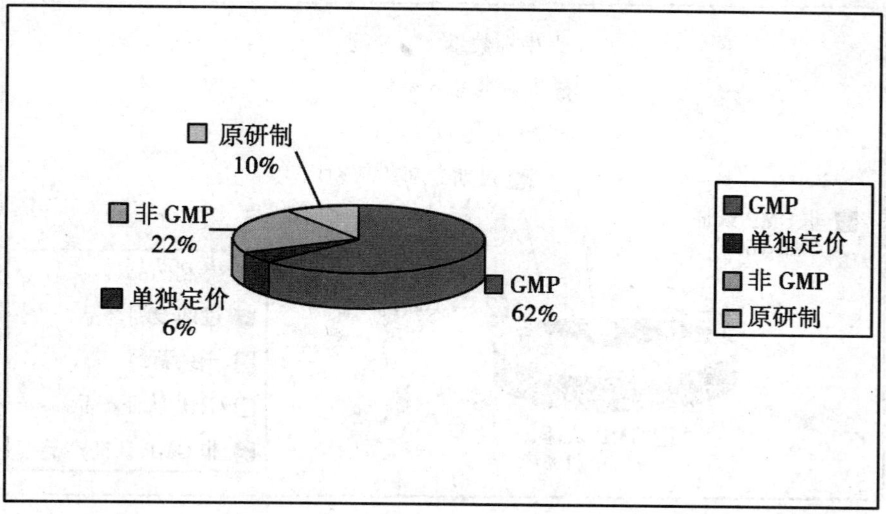

图 6-1　2001 年招标不同质量层次医药中标比例图

（二）2002 年上半年天津市医药集中招标采购

共产生中标候选品种 429 个，其中有 32 个非 GMP 产品的价格比同品种 GMP 产品的价格高而被取消中标候选资格，在评标阶段 397 个产品正式成为中标候选品种。

在议价阶段产生 731 个中标候选品种。

总共确定了 59 个投标人所投的中标候选品种 1298 个，其中：专利产品 64 个，一类新药 14 个，过期专利产品 55 个，GMP 产品 772 个，非 GMP 产品 223 个。

经过医疗机构最终确认，337 家生产企业生产的 842 个产品中标，其中：专利医药 53 个，过期专利医药 49 个，一类新药 11 个，GMP 认证产品 597 个，非 GMP 认证产品 132 个；GMP 认证类产品（包括专利、过期专利和一类新药）占所有中标产品的 84％以上。

不同质量层次的医药中标比例如图 6-2 所示：

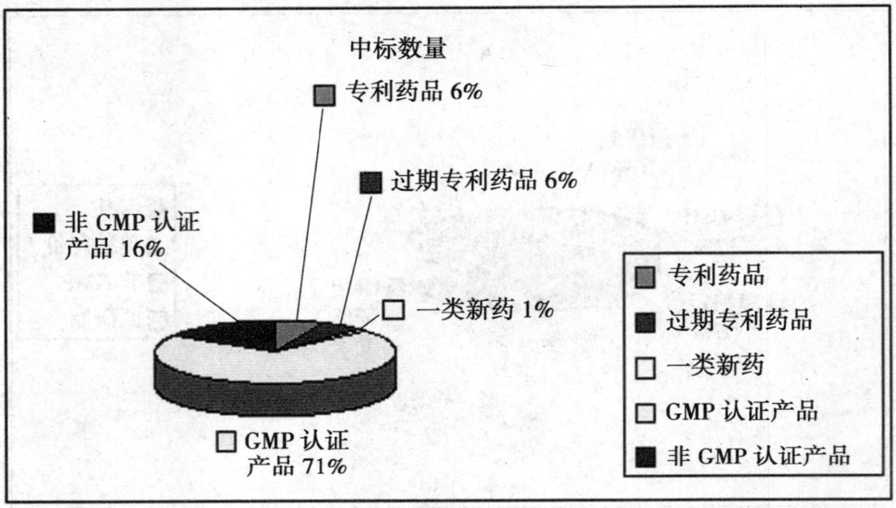

图 6-2 2002 年上半年招标不同质量层次医药中标比例图

（三）2002 年下半年天津市医药集中招标采购

根据中标数据，随机选取有效分析数据共 1895 条（包括同种医药名称不同剂型、规格、包装、质量层次）。数据选取原则：所选取数据占总数据的绝大部分，但是由于某些数据漏录入价格数据等，为了便于分析统一取得各部分信息都完全的数据。

各医药的不同质量层次中标结果如表 6-3 所示。

表 6-3 2002 下半年医药的不同质量层次中标结果

质量层次	中标数量
GMP 认证	1257
单独定价	90
非 GMP 认证	295
过期专利	107

不同质量层次的医药中标比例如图 6-3 所示：

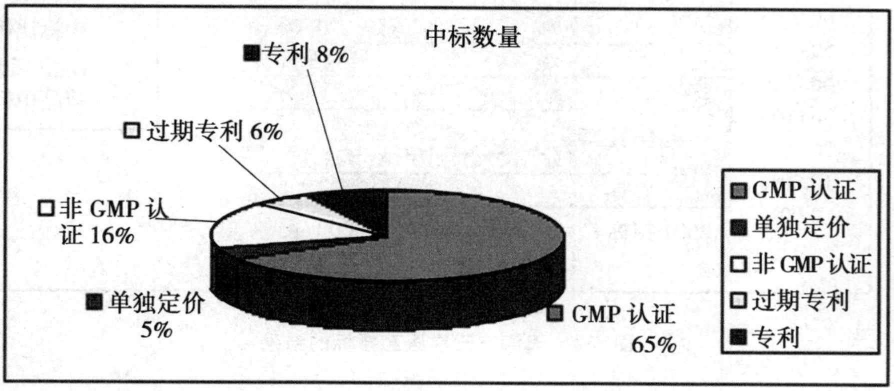

图 6-3　2002 年下半年招标不同质量层次医药中标比例图

（四）天津市三次医药招标结果对比

通过对天津市三次医药招标的结果我们可以看出，见表 6-4 及图 6-4。

表 6-4　天津市三次医药招标的结果

所属招标次数	2001 年招标	2002 年上半年招标	2002 年下半年招标
非 GMP 医药中标比例	22．26％	15．68％	15．57％
GMP 及其以上医药中标比例	77．74％	84．32％	84．43％

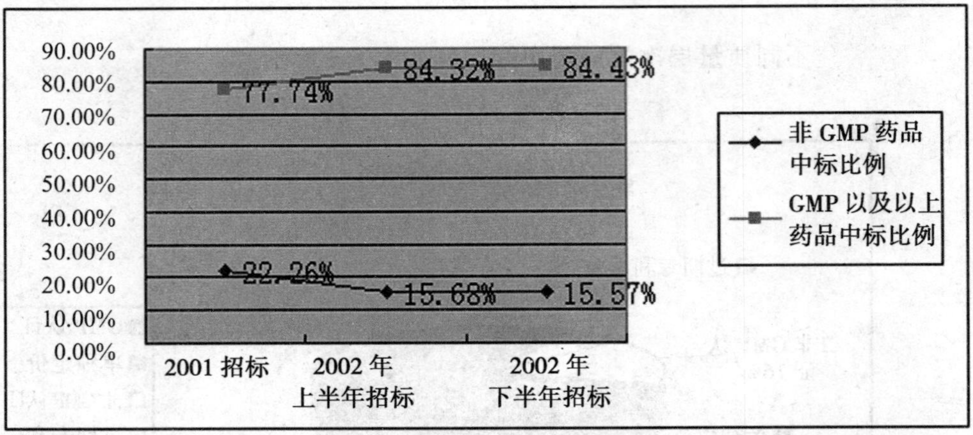

图 6-4 天津市三次医药招标的结果

从上面的分析可以看出，天津市实行医药集中招标采购以来，三次招标采购均采用天津市卫虹药通网络技术有限公司的电子商务平台，医药的质量通过招标采购确实得到了提高。

这三次的医药招标采购，GMP质量层次及其以上（主要包括一类新药、专利、过期专利、原研制药、单独定价等医药）的中标比例保持在70%以上，而非GMP认证的医药中标概率不到GMP的1/3，中标比例在25%以下。

而且，随着电子商务平台的完善和招标政策的规范，以及招标采购主体（医疗机构）的参与比例越来越大，我们可以看到，GMP质量的医药中标比例逐次上升，从77.74%逐步递增到84.83%，高质量的医药中标比例上升了8.36个百分点。而非GMP质量的医药中标比例则呈现下降趋势。

医药的招标采购不同于其他物质的招标采购，医药作为一种特殊产品，其质量的好坏直接影响到消费者的健康。因此，在评标阶段，专家委员会本着“质量优先，价格合理”的原则，加大了质量因素的所占评分值，这就极大的提高了同一品牌，质量层次高的医药中标的概率。

通过实行电子商务平台基础上的医药招标采购，由于降低了非GMP医药的中标比例和概率，因此将会促进我国医药质量的提高，同时，老百姓将会消费到质量较好的医药，从而减少假冒伪劣医药害人事件的发生，有利于保证人民群众的生命健康。

（五）不同质量层次中标比例原因分析

从以上的图示我们可以看出，GMP 质量层次的医药中标的概率逐次上升，这其实是与评标专家委员会越来越重视质量因素所致的。

在医药集中招标采购的定量评价要素中，包括质量、价格、服务、信誉四大要素。四项要素相互依赖，相互联系，共同构成了定量评价指标体系的基本框架。

质量要素是评价体系中最重要的要素，重点评价医药的有效性、安全性和方便性等状况。它们是招标人在集中招标采购过程中自始至终优先考虑的问题。一般来说，质量要素包括以下几个评价指标：

1. 临床疗效评价　临床疗效评价是对投标医药的有效性和安全性进行的评价。目前，医药集中招标采购的临床疗效评价主要依据专家的临床用药经验，是一项主观性的因素。

2. 质量标准　质量标准是医药生产企业生产投标医药所依据的标准。《文件规范》第 3. 2. 1 条规定："质量标准。以企业提供的内控标准为依据进行评价。"这里所说的质量标准，即《医药管理法》规定的医药标准，是指国家对医药的质量规格和检验方法所作的技术规定。医药标准是医药生产、销售、适用和检验单位必须共同遵守的法定依据。其内容一般包括：名称、成分或处方的组成，含量及其检查、检验的方法，制剂的辅料，允许的杂质及其限量、限度，技术要求以及作用、用途、用法、用量，注意事项，储藏方法等。企业内控标准，是指医药生产企业为确保本企业所生产的医药质量完全符合国家医药标准而自行制定的企业标准。企业的内控标准一般要高于、严于该品种执行的国家医药标准。

在实际操作中，由于企业提供的内控质量标准有关证明文件没有统一的标准，目前我国的医药集中招标采购一般以招标人递交的医药检验报告作为医药质量标准的评标依据，药检报告的检验依据是国家标准的，认定为符合国家标准；药检报告的检验依据是地方标准的，认定为地方标准或低于国家标准；药检报告未注明检验标准的，视为无检验标准，取该项指标的最低分。

质量标准是一项客观评价指标。

3. 产品质量可靠性　《文件规范》规定："产品质量可靠性。以两年内药监部门公布的医药质量抽样结果为依据进行评价。”评标专家根据医药监督管理部门公布的两年内的抽查检验结果确定投标医药产品质量可靠性。对生产假药的投标人取消其投标资格，并且在抽查检验结果公布之日起两年内拒绝其投标。对生产劣药的投标人区别情况对待：没有生产劣药记录的为满分；偶尔有生产劣药的记录但其发生的原因招标人可以接受的，扣该项分数的50%，其原因招标人不能接受的，扣该项分数的100%。

产品质量可靠性是一项客观评价指标。

4. 生产管理质量层次　生产管理质量层次，是指国家价格主管部门对医药进行政府定价时依据的、体现医药质量和疗效差异的质量层次，包括单独定价层次、GMP层次和非GMP层次。《工作规范》中规定GMP质量层次的专利医药可以按照不超过价格分的50%加分，并计入质量分总分。一般来说，如果招标人的整体等级层次水平越高，对于过期专利医药的加分应该越多。

生产管理质量层次是一项客观评价指标。

5. 医药品牌知名度　医药品牌知名度是一项客观评价指标。

6. 医药包装质量和方便性　医药包装质量和方便性是一项主观评价指标。

7. 企业生产规模　这种评价指标的设立有利于推动医药集中度的提高，增强我国医药生产企业的竞争能力。

《工作规范》中规定：质量要素权重不应低于总分的40%，价格要素应低于质量要素权重，但不宜低于质量权重的50%。确定这一原则的依据，是质量优先、价格合理原则以及国家计委《医药政府定价方法》确定的医药质量和价格的比价关系。规定质量要素权重不得低于总分的40%，是为了体现价格合理，使中标医药的质量价格比符合医药政府定价办法的要求。

因此，我们从图标中也可以看到，GMP层次及其以上的层次中标的比例占据绝对比例，且呈现逐步上升趋势。

三、通过电子商务平台进行医药集中采购，医药的虚高价格得以下降，以直接让利的形式让老百姓享受医药价格下降带来的好处

（一）通过电子商务平台进行医药集中采购，直接让利给百姓

医药价格虚高，是众所周知的事情，但是采用何种政策和手段将医药虚高的价格降下来，是政府主管部门不断进行思考的问题。进行医药集中招标采购的目标之一就是要将流通环节造成的价格虚高的一大块水分给挤压下来。医药招标采购实现的价格下降的好处应该由医院和患者共同享受，一般来说是 4∶6 分成，40％的好处补贴给医院，60％让利给患者。

2002 年是全国大力推行医药集中采购制度的一年，尤其 2002 年的医药招标采购大力采用电子商务模式，这年中，医药虚高价格得到了进一步的压缩，药价全面下调，各级地方政府更是出台相关政策，要求医药招标采购导致的购进价下降的好处大部分让利给患者。

根据《扬子晚报》记者报道：从江苏省医药纠风工作会议上获悉，2002 年全省上半年 90％以上的县级以上公立非营利性医疗机构已实行了医药集中招标采购或集中议价采购，采购金额为 16.64 亿元，购进价下降了 1.07 亿元，给患者让利达 4591.4 万元。2002 年年初，省政府转发了《2002 年全省医药集中招标采购工作实施意见》，对全省医药集中招标工作提出了明确要求。同时，加大力度整顿和规范医药生产流通秩序。省药监局从 4 月下旬起在全省范围内开展名为“正源行动”的整治医药市场大行动。据统计，截至 6 月下旬，全省共取缔无证经营医药及医疗器械企业 339 家，立案查处各类违法违规案件 2647 件，有效地净化了医药市场，保证了人民群众用药的安全有效。此外，为进一步规范医药和医疗服务价格行为，降低医药虚高定价，今年初，省物价局根据国家计委的有关通知，对 383 个品种 890 个规格的医药实行降价，平均降幅 20％，年降价总金额约 1.3 亿元。各地卫生部门及医疗机构都把强化制度建设、规范医疗机构服务行为列入议事日程。至 6 月底，全省县以上公立非营利性医疗机构已有 297 家实行了医药分开核算、分别管理，医药“收支两条线”管理，占医院总数的 91％。上半年全省门诊药费占医院总

收入比重为57.18%，比去年同期下降2.25%。住院病人药费所占比重约为47.24%，比去年同期下降2.25%。

根据部署，江苏省要求在2003年底前确保全省县以上公立非营利性医疗机构全部参加医药集中招标采购；确保中标医药降价部分按国家有关规定，60%以上的让利于患者；确保纳入城镇职工基本医保目录的医药，原则上都要集中招标采购。对其他临床应用普遍、采购数量较大的医药集中招标采购的金额也要达到50%以上。

所以，通过电子商务平台进行医药招标采购，将给老百姓带来很大的利益，每次招标的结果不仅可以以直接让利的方式，将医药价格下降带来的好处的大部分让利给百姓，而且每次招标后，让百姓确确实实的感受到医药零售价格的下降。

（二）定量分析天津市医药集中招标采购带来的成果——让利给老百姓的定量分析

我们将以天津市三次电子商务平台医药招标采购为例，定量分析以下内容：

- 每次招标采购让利给百姓的金额
- 电子商务平台医药招标所带来的医药零售价格总体平均水平（加权平均水平）的下降幅度

1. 计算电子商务平台上的每次招标采购让利百姓的金额

我们将通过以下公式，从天津市的2001年、2002年共三次医药集中招标采购上，定量地计算一下，看老百姓是否能够从中获利，获利幅度有多大。

假设条件：假设医院的实际采购量＝消费者消费数量，即假设医院的库存很小（此假设合理，因为医院的医药采购将全部用于患者消费，损失或者报废的医药数量可以忽略不计）。

设：

此次医药集中采购让利百姓的金额总计，为S。

单位医药 i 中标前的零售价 Pia

单位医药 i 中标以后的临时零售价，为 Pie

该医药此次招标采购数量总计为，Qi

所以

S＝∑（Pia－Pie）Qi，i＝1，2，…n　（n 为有效中标产品数量）（6－1）

公式 6－1 原理：通过招标采购以后，地方政府将根据招标结果，即中标价格，制定一个该地区中标医药的临时零售价，医药的临时零售价与招标前的该医药的零售价之间的价差（Pia－Pie），即为患者从单位该种医药得到的降价好处。这种好处再乘以该医药的消费数量，就得出此种医药的总计让利于百姓的金额（（Pia－Pie）Qi）。通过计算所有中标医药，就得出此次医药招标共让利百姓的金额 S＝∑（Pia－Pie）Qi，i＝1，2，…n。

因此通过分析天津市三次招标数据，得出：

（1）2001 年天津市抗微生物类医药招标采购，根据所取有效样本数据，共计中标产品 656 条，占总计中标品种的 89％。本次招标总计采购金额 291 607 302.58元。

根据样本计算得出：

S1＝67 108 987 元，即通过此次招标，让利老百姓 67 108 987 元，占总计采购金额的 23％。

（2）2002 年上半年天津市医药招标采购，根据所取有效样本数据，共计 752 条中标产品，占总计中标品种的 90％。本次招标总计采购金额 90 052 320.04元

根据样本计算得出：

S2＝15 188 339 元，即通过此次招标，让利老百姓 15 188 339 元，占总计采购金额的 16.87％。

（3）2002 年下半年天津市医药招标采购，根据所取有效样本数据，共计 1895 条中标产品。本次招标总计采购金额 156 672 854.9 元。

根据样本计算得出：

S2＝24 281 006 元，即通过此次招标，让利老百姓 24 281 006 元，占总计采购金额的 15％。

从天津市三次招标可以看出，每次招标的结果，将给天津市老百姓直接带来医药费用支出的下降。三次招标分别直接让利百姓 67 108 987 元、15 188 339 元、24 281 006 元。分别占各次招标总成交金额的 23％、16.87％、15％。

具体趋势如图 6-5：

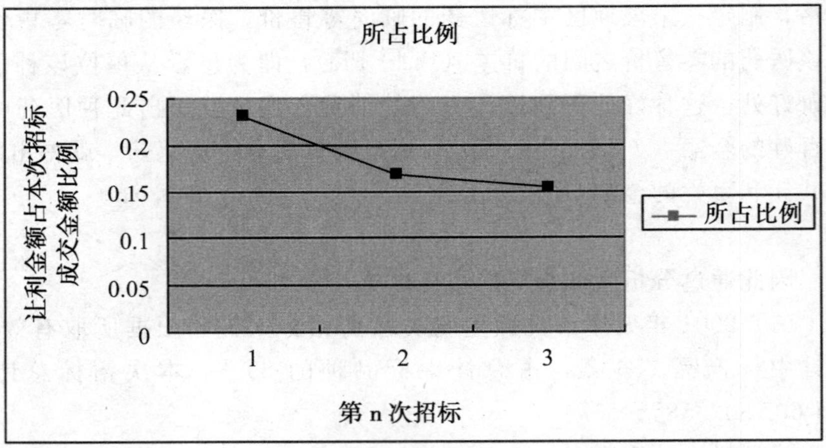

图 6-5　天津市三次招标让利金额比例

从图中，我们可以得出看出：

(1) 通过电子商务平台进行医药招标采购，由于每次招标后的临时零售价一般都是一年，因此，对比每次招标之前的临时零售价，招标之后，老百姓每年的在本次招标医药的支出将分别减少 67 108 987 元、15 188 339 元、24 281 006元。因此，我们通过定量分析，可以看到，通过电子商务平台进行医药招标采购，老百姓将享受巨大利益。

(2) 从图中曲线的下降趋势我们可以看到，随着电子商务平台上面进行医药集中招标采购，厂家之间的信息越来越充分，竞争越来越激烈。医药价格虚高逐渐压缩，价格将会慢慢趋向合理。随着价格虚高空间幅度的降低，反映在图上就是：每次招标让利幅度所占总成交金额的比例越来越小。

因此，电子商务平台的应用，给招标采购注进了较大的推动力，不仅提高了效率和降低招标采购的成本，而且，由于绕开了传统了流通环节，采用了新的交易模式，直接给老百姓带来切实的利益。

2. 计算电子商务平台上的每次招标采购带来的价格下降幅度

假设条件：假设医院的实际采购量＝消费者消费数量，即假设医院的库存很小（此假设合理，因为医院的医药采购将全部用于患者消费，损失或者报废的医药数量可以忽略不计）。

设：

单位医药 i 中标前的零售价 Pia；

单位医药 i 中标以后的临时零售价，为 Pie；

单位医药 i 的中标价格，为 Piz；

单位医药 i 的采购数量，为 Qi；

得出：

医药 i 的零售价降价幅度百分比 Ki＝（单位医药 i 中标前的临时零售价 Pia－单位医药 i 中标后的零售价 Pie）/单位医药 i 中标前的零售价 Pia；

医药 i 的总采购金额 Mi＝单位医药 i 的中标价格 Piz×单位医药 i 的采购数量 Qi；

本次招标总计采购金额＝∑Mi，i＝1，2，…n（n 为有效中标产品数量）；

医药 i 的总采购金额所占本次总计采购金额的权重 Wi＝Mi/∑Mi；

总体加权平均价格下降幅度：

$$P=\sum (Ki \times Wi) \tag{6-2}$$

6－2 公式原理：总体加权平均价格下降幅度：所有的单位医药零售价格下降幅度×该种医药采购金额所占总体采购金额的权重的积的加总。

由公式 6－2 可以得出，对消费者而言，三次招标带来的总体零售价格下降幅度为：

2001 年抗生素招标采购，总体加权平均价格下降幅度为 12.03％；

2002 年上半年招标采购，总体加权平均价格下降幅度为 7.97％；

2002 年下半年招标采购，总体加权平均价格下降幅度为 7.69％。

三者的变化的趋势如图 6-6 所示。

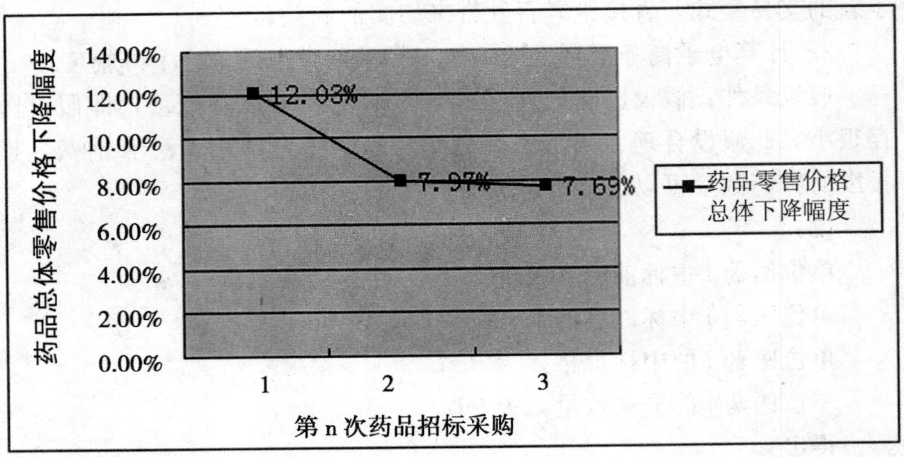

图 6-6 天津市三次招标总体零售价格下降幅度

从图中我们可以看到：

(1) 三次招标采购，对患者而言，整体的医药零售价格总体加权平均水平都有所下降，下降幅度分别为 12.03%、7.97%、7.69%，也就是说，对天津市百姓总体而言，以前 100 元的医药费用支出，招标之后分别只需支出 100－12.03、100－7.97、100－7.69，这是一个对患者而言医药支出费用的总体平均下降水平。当然，对于老百姓部分常用的一些医药支出，其价格下降幅度远远大于此幅度。

(2) 天津市的三次招标结果表明医药零售价格总体下降幅度呈现逐次下降趋势。这表明：随着电子商务平台上面进行的医药招标采购，医药的虚高价格得到了压缩，同时，医药的价格将会趋向合理，因此，我们可以预期：通过电子商务平台进行医药集中采购，患者将会得到切实的利益，将切实感受零售价格的下降而带来医药费用支出下降的好处。这与上面的让利百分比下降幅度的结论是相吻合的。

3. 招标采购前后，医药零售价格价格下降前 10 名的情况统计：

以下是天津市三次实行电子商务招标采购以来，每次招标采购医药零售价格下降前 10 名的情况统计，通过以下三个图表中的医药价格下降前 10 名的情况统计，我们可以期待，随着医药招标范围的逐步扩大，患者将会更加广泛的受益于医药价格下降带来的好处。

其中天津 2001 年的招标采购医药零售价格下降前 10 名的情况如表 6-5 所示。

表 6-5　天津 2001 年的招标采购医药零售价下降前 10 名的情况

医药名称	商品名称	剂型	规格	包装	质量层次	价格下降金额（元）	下降百分比
注射用哌拉西林钠/三唑巴坦钠	邦达	冻干粉针剂	1.125g	1 支/支	GMP	91.63	47.23%
氟康唑注射液	氟康唑注射液	注射液	100ml：0.2g	1 瓶/瓶	GMP	56.21	24.33%
注射用头孢他啶（溶媒结晶）	头孢他啶	溶媒结晶粉针剂	2.0g	1 支/支	GMP	55.30	35.45%
注射用更昔洛韦	赛美维	冻干粉针剂	0.5g	1 支/支	GMP	52.27	4.75%
注射用头孢哌酮钠/舒巴坦钠（溶媒结晶）	铃兰欣	溶媒结晶粉针剂	2.0g	1 支/支	GMP	44.80	32.46%
盐酸特比萘芬软膏	盐酸特比萘芬软膏	软膏剂	10g：0.1g	1 支/支	GMP	43.20	73.60%
注射用头孢噻肟钠（溶媒结晶）	科瑞灵	溶媒结晶粉针剂	2.0g	1 支/支	GMP	35.53	46.15%
氟康唑胶囊	氟康唑胶囊	胶囊剂	50mg	12 粒/盒	GMP	34.78	17.30%
注射用头孢哌酮钠/舒巴坦钠（溶媒结晶）	海舒必	溶媒结晶粉针剂	2.0g	1 支/支	GMP	34.45	27.34%
注射用头孢他啶（溶媒结晶）	注射用头孢他啶	溶媒结晶粉针剂	2.0g	1 支/支	非 GMP	30.88	25.73%

天津市 2002 年上半年的招标采购医药零售价格下降前 10 名的情况如表 6-6 所示。

表 6-6　天津 2002 年上半年的招标采购医药零售价下降前 10 名的情况

医药名称	产品名称	剂型	规格	转换比	质量层次	价格下降金额（元）	下降百分比
注射用降纤酶	降纤酶	冻干粉针剂	10BU	1	GMP	181.2	72.48%
小牛血去蛋白提取物注射液	丽珠宝乐	注射液	5ml：0.2g	1	GMP	141.9	81.09%

（续表 6-6）

医药名称	产品名称	剂型	规格	转换比	质量层次	价格下降金额（元）	下降百分比
吡拉西坦氯化钠注射液	脑复康注射液	注射液	250ml：8.0g	1	GMP	47.3	81.55%
盐酸丁咯地尔注射液	活诺林	注射液	5ml：50mg	1	GMP	43.7	44.59%
环孢素胶囊	新赛斯平（微乳化制剂）	胶囊剂	50mg	50	GMP	39.6	4.43%
吡拉西坦注射液	脑复康注射液	注射液	100ml：8g	1	GMP	39	78.00%
吡拉西坦氯化钠注射液	脑复康注射液	注射液	250ml：8.0g	1	GMP	37.4	75.25%
吡拉西坦氯化钠注射液	脑复康注射液	注射液	250ml：8.0g	1	GMP	36.7	75.98%
非诺贝特胶囊	力平之	胶囊剂	0.1g	25	专利	35.8	41.15%
P-转移因子口服溶液	转移因子口服溶液	口服液	10ml：10mg	1	非 GMP	35.64	83.66%

天津市 2002 年下半年的招标采购医药零售价格下降前 10 名的情况如表 6-7 所示。

表 6-7 天津 2002 年下半年的招标采购医药零售价下降前 10 名的情况

通用名	商品名	剂型	规格与包装	单位	评价类别	价格下降幅度（元）	价格下降比例
重组人粒细胞集落刺激因子注射液	吉粒芬	注射液	0.15mg×1/支	支	GMP 认证	510.9	67.40%
盐酸恩丹西酮注射液	欧贝	注射液	4ml：8mg×1/支	支	单独定价	461.2	83.86%
重组人粒细胞集落刺激因子注射液	洁欣	注射液	0.3mg×1/支	支	单独定价	328.5	43.34%
注射用重组人粒细胞巨噬细胞集落刺激因子	吉姆欣	冻干粉针剂	300μg×1/支	支	GMP 认证	294.4	38.84%
重组人粒细胞集落刺激因子注射液	金磊赛强	注射液	0.3mg×1/支	支	GMP 认证	289.3	38.17%
紫杉醇注射液	特素	注射液	5ml：30mg×1/支	支	GMP 认证	280.6	24.72%
注射用蛇毒血凝酶	立止血	冻干粉针剂	1KU×1/支	支	过期专利	228.6	80.49%
重组人粒细胞集落刺激因子注射液	洁欣	注射液	0.15mg×1/支	支	单独定价	216.7	45.62%

(续表 6-7)

通用名	商品名	剂型	规格与包装	单位	评价类别	价格下降幅度	价格下降比例
紫杉醇注射液	紫素	注射液	5ml：30mg×1/支	支	GMP 认证	207.7	18.88%
重组人粒细胞集落刺激因子注射液	金磊赛强	注射液	0.15mg×1/支	支	GMP 认证	196	41.26%

我们从上面的三个图表中可以看到，医药价格通过电子商务平台的确得到了下降，且部分医药的下降幅度较大。

对医院的利益分析

一、概述

对于医疗机构来说，通过在电子商务平台上实行医药采购，转变医院传统的采购习惯，采用同国际惯例接轨的采购方式，建立同市场经济体制客观要求相适应的采购管理制度，实现采购职能的专业化、社会化、信息化，使医药采购活动变得更快、更好、更省、更健康。具体来说，电子商务平台医药集中采购对医院来说，具有以下益处。

（一）极大丰富的市场信息和行业动态

在医药采购时可以非常方便的实现“货比三家”，使医药采购活动成为阳光工程。实行医药采购电子商务化以后，医院在采购医药的时候，可以在电子商务平台上面对众多的医药生产经营企业，可以通过对比不同医药生产经营企业质量价格比，选择最优的医药作为采购对象。

（二）多种采购方式和组织形式的选择适用，可以满足医院采购的个性化需求

电子交易场有公开招标、邀请招标、公开竞价、邀请竞价、询价采购、浏览采购六种形式，同时存在三种组织形式：集中、联合、分散。因此，医

院可以采用高效、合理的多种采购方式，可以选择集中，也可以选择分散；可以选择招标，也可以选择竞价、询价，轻松自如地完成医药采购活动。

（三）质量更加可靠，价格更加优惠，服务更加周到，更加充分满足临床用药需要和不同患者的消费需求

医疗制度改革全部启动后，医院门诊药房将面对社会定点零售药店的激烈竞争。电子商务平台集中采购将使医院门诊药房获得优质的医药，从而获得良好的质量信誉，进一步赢得患者的信赖，对于实行政府定价的品种，医院门诊药房具有定点药店难以获得的质量价格比。对于非政府定价品种，医院门诊药房实现同药同价，而且由于采购批量大、购入价格低而具有价格优势。在非法医药市场被依法取缔、市场得以净化的情况下，这种优势将更加明显。所有这些，都将使医院门诊药房的市场竞争力增强，在与定点零售药店的竞争中处于有利地位。

（四）使医药采购的程序简化，效率提高，成本降低，实现“统一、规范、简化、高效”

将集中招标采购变成医疗机构可以自主进行的日常工作。在天津市长征医院，我们通过调查得知，该医院的 HIS 系统已经和海虹平台对接，日常的存货管理、订单发送、收货确认等一系列过程，都可以利用天津海虹为该医院开发的一套系统中完成，而且这些工作现在在电脑上只需一个人操作，十分简便、高效。据长征医院的库存管理人员介绍，以前该医院的各种存货的统计，医院进货订单的处理，是一件很费时间的事情，都是通过手工完成，而且容易出错。而现在通过实现医院 HIS 系统和天津海虹平台的对接，该医院可以随时通过海虹平台向医药生产经营企业发送订单，要求供货。不仅如此，对医院的一些数据分析，比如医药销售排名统计、年销售额汇总、月销售额的变化等等，该医院可以通过海虹电子商务平台的前端系统提供的功能迅速完成。

（五）电子商务平台医药集中采购将使得医院的库存减少，资金周转加快

据估计，电子商务平台集中采购将使医院医药的采购周期逐步由过去的1～3个月缩短为1～2周，资金周转加快，医药库存减少，不仅如此，医院药剂科室的大仓库将逐步被统一的医药配送中心所取代。医药采购、仓库管理、医药会计、门诊划价等岗位的工作将实现自动化，从而大大提高工作效率和信息化水平。因此，信息化水平将极大的提高医院采购的效率，实现医药采购活动的“人机对话”，提高医疗机构医药采购管理的专业化、社会化、信息化水平。

二、给医院带来的利润定量分析

实行电子商务平台上的集中招标采购以来，对医院的传统购药习惯造成了较大的冲击，原本通过各级医药经营企业的医药流通渠道进入医院的医药，现在通过集中采购，医院将面对医药生产企业或者医药经营企业的一级经营商。由于购药渠道的改变和规范，原来的暗箱操作阳光化，许多个人的那种黑色收入不见了，因此，某些个人对网上集中采购持抵制态度。而实际上，医院究竟是在电子商务平台的医药采购丧失了利益，还是获得了利益了呢？这就是我们以下要进行研究的主题，我们将通过定性的研究和对样本进行定量分析，以获得客观的结论。

（一）医院利润和利润率分析

我们可以从天津市的 2001 年、2002 年共三次医药集中招标采购上，定量地计算一下，看医院是否能够从中获利，获利幅度有多大。

1. 计算公式

研究目的：通过三次招标采购，医院的总体利益是多少。

所取样本：天津市三次招标采购。

研究对象：作为三次采购的主体：医院

(1) 给医院带来的价值

$$Vh=\Sigma\triangle Pk\times Sk \quad (6-3)$$

Vh（value of hospital）：给医院带来的价值（医院的利润）

△ Pk：医药 k 的进货价格与零售价格之差（购销价之差）

Sk：医药 k 的购买数量

6－3 公式具体细分如下：

假设条件：假设医院的实际采购量＝消费者消费数量，即假设医院的库存很小。（此假设合理，因为医院的医药采购将全部用于患者消费，损失或者报废的医药数量可以忽略不计）。

设：

此次医药集中采购医院通过出售这些医药总计获利 Vh

单位医药 i 中标价 Piz

单位医药 i 中标以后的临时零售价，为 Pie

该医药此次招标采购数量总计为，Qi

所以

（6－3）公式可变为：

$$医院总体利润\ Vh=\sum(Pie-Piz)Qi,\ i=1,2,\cdots n \quad (6-4)$$

（n 为有效中标产品数量）

6－4 公式原理：通过招标采购以后，地方政府将根据招标结果，即中标价格，制定一个该地区中标医药的临时零售价，医药的中标价与招标后的该医药的临时零售价之间的价差（Pie－Piz），即为医院从该种单位医药得到的销售利润。这种好处再乘以该医药的消费数量，就得出此种医药的总计利润金额（（Pie－Piz）Qi）。通过计算所有中标医药，就得出此次医药招标医院预计获利金额 Vh＝∑（Pie－Piz）Qi，i＝1，2，…n。

（2）医院销售利润率：

$$R=\text{总体利润}/\text{总体销售额}=Vh/(\sum Pie\times Qi)$$
$$=(\sum(Pie-Piz)*Qi)/(\sum Pie\times Qi) \quad (6-5)$$

2. 分析结论

（1）2001 年天津市抗微生物类医药招标采购，根据所取有效样本数据，共计中标产品 656 条，占总计中标品种的 89%。本次招标总计采购金额 291 607 302.58元。

根据样本计算得出：

Vh=120 536 272 元，即通过此次招标，医院将获利 120 536 272 元。占总计采购金额的 41.33%。

R=29.25%，即医院通过此次电子商务平台进行的集中采购，医院的销售利润率可达到 29.25%。

（2）2002 年上半年天津市医药招标采购，根据所取有效样本数据，共计 752 条中标产品，占总计中标品种的 90%。本次招标总计采购金额 90 052 320.04元。

根据样本计算得出：

Vh=29 091 545 元，即通过此次招标，医院将获利 29 091 545 元。占总计采购金额的 32.3%。

R=24.42%，即医院通过此次电子商务平台进行的集中采购，医院的销售利润率可达到 24.42%。

（3）2002 年上半年天津市医药招标采购，根据所取有效样本数据，共计 1895 条中标产品。本次招标总计采购金额 156 672 854.9 元。

根据样本计算得出：

Vh=47 963 799.95 元，即通过此次招标，医院将获利 47 963 799.95 元。占总计采购金额的 30.61%。

R=23.44%，即医院通过此次电子商务平台进行的集中采购，销售利润率可达到 23.44%。

计算结果汇总如表 6-8 所示。

表 6-8 各次招标医院的总体销售利润率

招标次数	样本采购金额（元）	医院将获利润（元）	医院样本总体销售额（元）	单位采购额利润率	医院的总体销售利润率
2001 年度	291 607 302.6	120 536 272	412 143 574.7	41.34%	29.25%
2002 年上半年	90 052 320.04	29 091 545.12	119 143 865.2	32.31%	24.42%
2002 年下半年	156 672 854.9	47 963 799.95	204 636 654.9	30.61%	23.44%

三次招标，医院总体利润率可达到以下程度，如图 6-7 所示。

从天津市三次招标的结果来看，天津市医院采购主体的总体销售利润率基本上稳定在 25%左右。

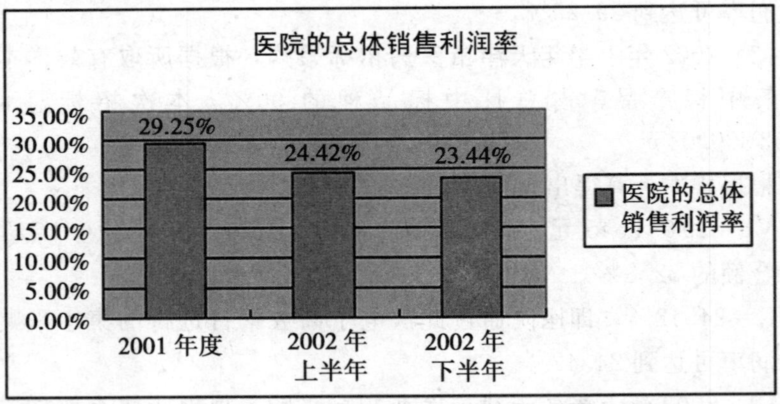

图 6-7 各次招标医院的总体销售利润率

（二）纵向对比，电子商务平台集中采购给医院带来的购入价变化幅度

天津市共进行了三次招标采购，各次采购分析情况如下：

1. "2001 年度抗生素医药招标采购"的购入价变化幅度

据不完全统计，本次医药集中招标采购，医药的价格情况见表 6-9（设原来的扣率为 90 扣）。

表 6-9　2001 年度招标后抗生素价格的变化

项目	产品计数	医院零售价下降幅度	医院购入价下降幅度	报价扣率
GMP 产品	410	18.73%	33.11%	56.89
非 GMP 产品	146	20.52%	36.19%	53.81
原研制产品	63	6.62%	7.39%	82.61
单独定价产品	37	12.44%	20.28%	69.72
总计平均	656	14.58%	24.24%	65.76

数据显示：比较 GMP、非 GMP、单独定价、原研制四个质量层次的产品：

非 GMP 产品由于质量层次最低，价格下降最多；

GMP 产品的竞争最激烈，价格下降幅度仅次与非 GMP 产品，平均扣率为 56.89；

单独定价和原研制产品的价格下降幅度明显小于 GMP 和非 GMP 产品，原研制产品的平均扣率为 82.61。

对比图如图 6-8，6-9 所示。

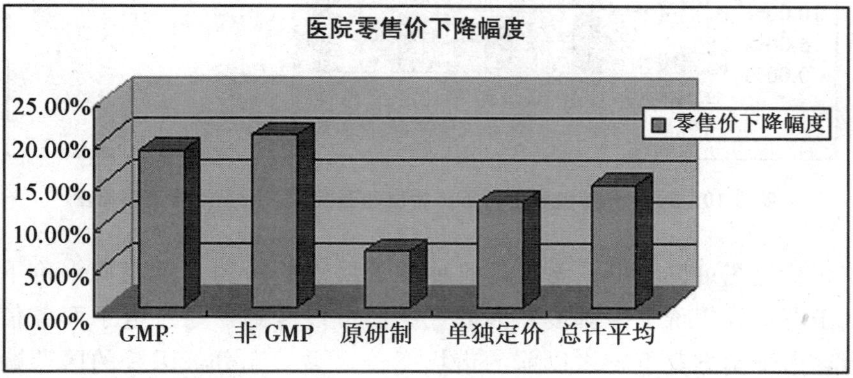

图 6-8　2001 年不同层次抗生素医院零售价下降幅度

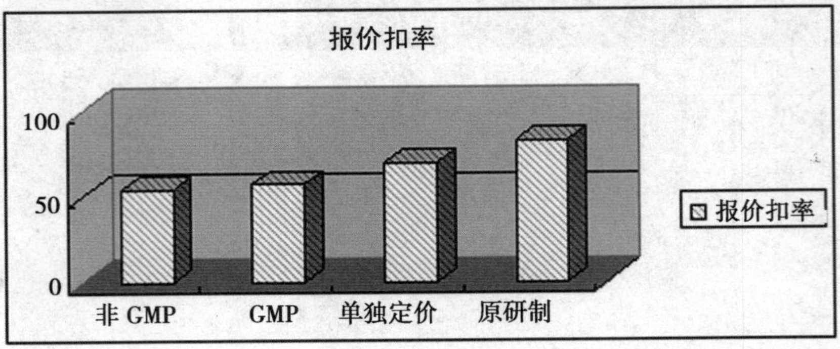

图 6-9　2002 年不同层次抗生素投标报价折扣率变化

其中，医院零售价下降幅度和医院购入价下降幅度，对比曲线如图 6-10 所示。

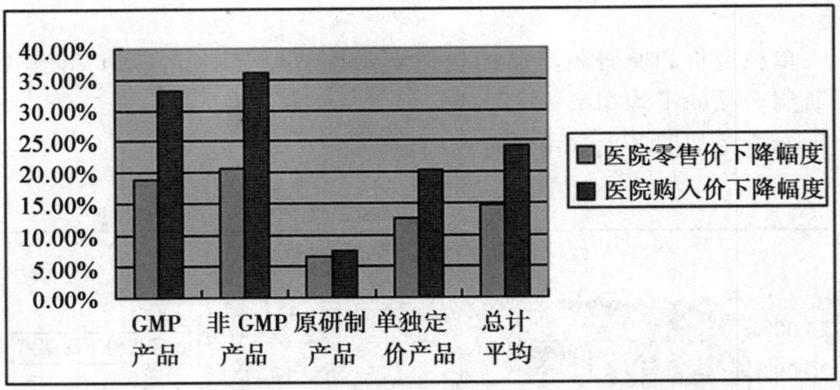

图 6-10　2001 年医院零售价下降幅度和医院购入价下降幅度对比图

从上图可以看出，无论是何种质量层次的医药，医药购入价下降幅度均大于医药零售价下降幅度，因此，我们可以看到，通过电子商务信息化的平台，由于卖方竞争较之以前的市场竞争，更为充分，医院的医药购入价下降的幅度大于医院医药零售价的下降幅度，这样，医院获得的利润将为正值，同时，患者也将获得医药零售价下降带来的好处（下降幅度＞医药零售价下降幅度）。

而且，上图显示，医院零售价下降幅度为 14.58％，而医院购入价下降幅度为24.24%,因此，实际上医院的利润率将比以前提高 9. 66%，按照此次医院的采购金额 291 607 302 元计算，医院通过这次招标，利润至少比以前增加 28 169 265 元，而且，可以预计到，随着医院主体采购规模的扩大，所带来的收支节余金额将越来越多。

2. “2002 年上半年招标采购”购入价变化幅度

据不完全统计，本次医药集中招标采购，医药的价格情况见表 6-10（原来的扣率为 95 扣）。

表 6-10　2002 年上半年招标后医药的价格变化情况

幅度 项目	医疗机构零售价下降幅度	医疗机构购入价下降幅度	报价扣率
专利产品	2.89%	3.04%	91.96 扣
过期专利产品	3.40%	5.50%	89.50 扣
一类新药	7.91%	14.00%	81.00 扣
GMP 产品	10.69%	20.70%	74.30 扣
非 GMP 产品	12.61%	23.30%	71.70 扣
总计	10.12%	19.17%	75.83 扣

数据显示：本次医药集中招标采购——投标产品平均扣率为 75.83 扣；医疗机构的招标医药零售价格比招标前下降 10 个百分点；按照医疗机构原进价为医药批发价的 95 扣计算，医疗机构招标医药的进价下降了 19.17%。

比较专利、过期专利、一类新药、GMP 认证、非 GMP 认证质量层次的产品可以发现：

（1）非 GMP 认证产品由于质量层次最低，价格幅度下降也最大；

（2）GMP 认证产品的竞争最激烈，价格下降幅度仅次于非 GMP 认证产品，平均扣率略低于 75 扣，为 74.30 扣；

（3）一类新药的报价明显高于 GMP 认证产品的平均扣率，为 81 扣，但还是远低于专利和过期专利产品；

（4）专利和过期专利产品主要是进口医药或进口分装医药，其价格下降幅度明显小于 GMP 和非 GM 认证产品，专利产品的平均扣率接近 92 扣，为 91.96 扣。

对比如图 6-11、6-12 和 6-13 所示。

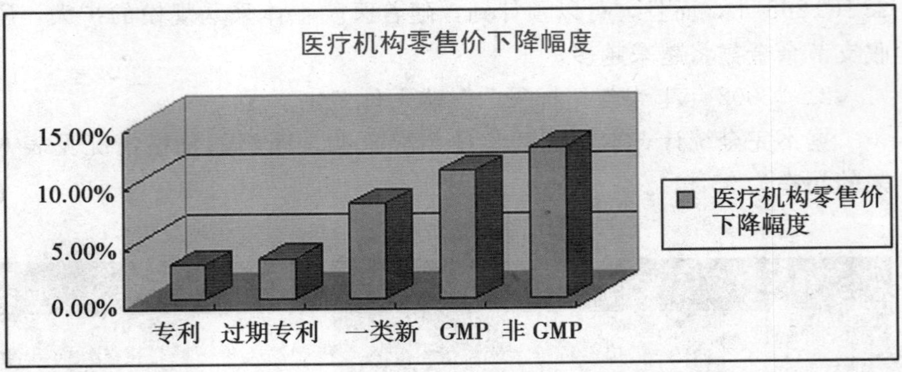

图 6-11 2002 上半年医疗机构零售价下降幅度

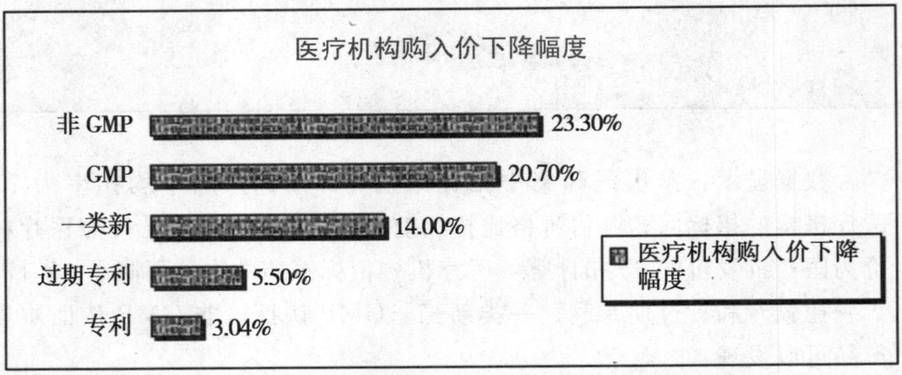

图 6-12 2002 上半年医疗机构购入价下降幅度

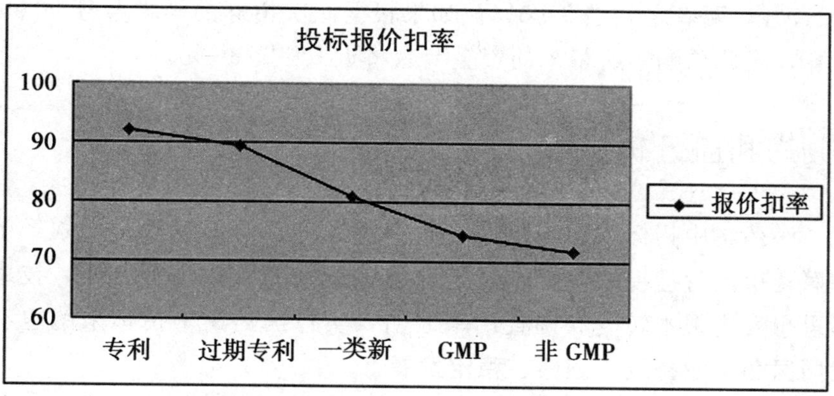

图 6-13　2002 上半年投标报价折扣率

其中，医院零售价下降幅度和医院购入价下降幅度，对比如图 6-14 所示。

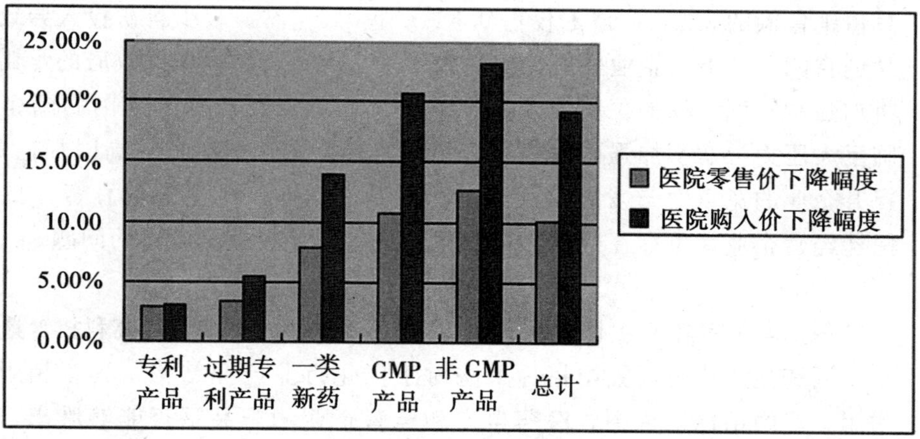

图 6-14　2002 上半年医院零售价下降幅度和医院购入价下降幅度对比图

从图 6-14 可以看出，各个层次的医药零售价格下降幅度和医院购入价格下降幅度的差距不太相同，非 GMP 医药的两者之间的差距最大，因此，可以得知，非 GMP 的价格压缩空间较大，医院将从此种医药的获利空间也较大，而随着医药质量层次的提高，医院从中所获利润空间将随之降低。

而从图 6-14 中的平均的医院零售价下降幅度和医院的采购价格下降幅度来看，医疗机构零售价下降幅度为 10.12%，医疗机构购入价下降幅度为

19.17%，两者之差是9.05%。如果根据此次招标的样本金额90 052 320元来计算，光此项购销所带来的资金节余将近8 149 735元。

对企业的利益分析

医药集中招标采购是社会主义市场经济条件下对沿袭计划经济体制多年的医药市场管理模式的变革，它促使传统医药购销决策方式、技术手段和管理思想发生根本转变。调查结果表明，实行医药集中招标采购也有利于促进我国医药工业持续、健康、稳定发展。

我国医药生产企业规模较小、竞争力低下、重复建设严重。例如，普通抗菌药“诺氟沙星”胶囊，全国就有828家药厂在生产。因此，必须建立一种淘汰机制，以杜绝低水平重复建设的现象发生，优化整个卫生产业结构。此外，我国制药企业的科研资金普遍投入较少，据估计，科研投入最多的也只占销售额的3%，一般的仅占0.5%～1.0%左右。较少科研投入导致企业产品创新能力低下，企业发展缺乏后劲。加入WTO后，根据政府的承诺，我国将加强对知识产权的保护，众多依靠仿制国外专利产品的中国制药企业将面临巨大压力。切实加强研发力度，开发拥有自主知识产权的高附加值的新药，提升企业的竞争力与发展后劲，是我国制药企业一项紧迫的任务。此外我国医药经营企业，也存在数量多，规模普遍太小，缺乏竞争力的问题。

一、电子商务平台上的招标采购，引导医药生产企业开发高科技含量的医药

调查显示，医药集中招标采购对于优化行业产业结构，具有相当的引导作用。集中招标采购中，医药生产和经营企业的产品是否能够胜出，取决于企业的产品在市场中是否具有质优价廉、信誉好等多方面的竞争力。招标特别鼓励企业自行研制开发新医药品种，以及传统产品更新换代，也鼓励企业加快培育高附加值、高科技含量医药品种。

如佛山项目共计投标原研产品259个，占总投标数的12.3%，中标188个，占总中标数的16%。原研产品的中标率为72.6%，显著高于非原研产品的中标率（53.6%）。

同时，中标产品中GMP产品占较大比例。以山东青岛的集中招标采购项目为例，从投标情况来看，该项目共计投标422个GMP产品，占总投标数

(591) 的 71.4%，而投标的非 GMP 产品所占比例为 28.6%。从中标情况来看：中标的 204 个产品中，有 157 个是 GMP 产品，占中标产品的 77%如图 6-15 所示。检验表明：GMP 产品的中标率高于非 GMP 产品。

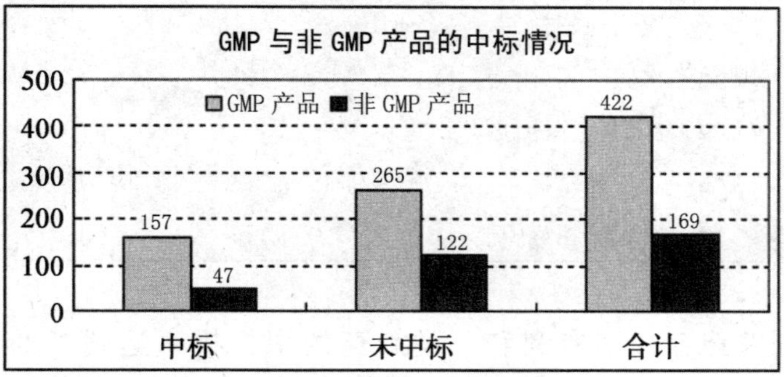

图 6-15　GMP 与非 GMP 产品中标情况

而我们对天津市三次招标的情况分析可以得出如图 6-16 的曲线。

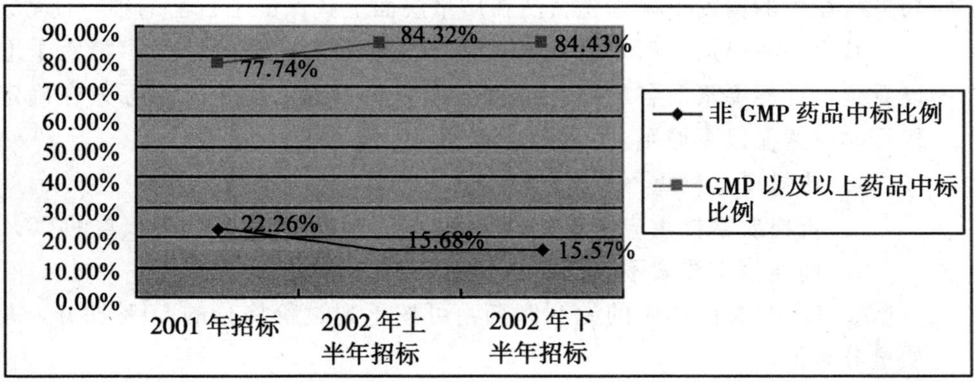

图 6-16　三次招标中，不同层次药品中标的比例

由曲线可见，非 GMP 医药中标的所占比例明显低于 GMP 医药中标的比例，这就促使企业不得不提高医药的质量，以提高医药的竞争力。

2002 年天津市上半年医药招标医药得质量层次如表 6-11 所示。

表 6-11　2002 年上半年天津医药招标医药的质量层次

招标标名称	质量层次	投标数量	中标数量	中标比例
天津市 2002 第一次医药招标	GMP	1187	597	50.29％
天津市 2002 第一次医药招标	专利	64	53	82.81％
天津市 2002 第一次医药招标	过期专利	55	49	89.09％
天津市 2002 第一次医药招标	一类新药	14	11	78.57％
天津市 2002 第一次医药招标	非 GMP	297	132	44.44％

专利医药、过期专利和一类新药的中标概率达到了 80％，远远高于非 GMP 医药的中标概率，因此，中标结果有利于促使企业的医药研制。

其实，在电子商务平台上，进行医药招标集中采购，新药的中标概率高是有原因的。

首先，由于新药自己独特的药效明显高于其他类似产品，因此在同类医药进行竞争的情况下，首先新药在质量层面上就保证了自己的独特优势。

其次，我们从《医疗机构医药集中招标采购工作规范》中第六十七条可以看到，评标要素及各项指标的评分权重由招标人确定。招标人在确定评分权重时应遵循以下原则：

1. 质量要素权重不应低于总分的 40％；
2. 价格要素权重应低于质量要素权重，但不应低于质量权重的 50％；
3. 商业信誉要素不应低于总分的 15％；
4. GMP 类医药中的专利医药，可按不超过价格分的 50％加分，并计入质量分总值。

从上面的定量评分标准中，我们可以看出，如果是新药产品，在计算质量分的时候，将比其他医药获得较高的分值。这就可以促使医药生产企业加大力度提高医药的科技含量，加大新药的研发力度。

二、电子商务平台上的集中招标采购，促进竞争力强的医药生产企业“强者愈强”

在实行医药集中招标采购之前，医药购销市场存在“散”、“乱”的特点，小企业在相对分散的市场中尚能分得一定的份额，但是，在实行医药集中招标采购后，医药市场将逐渐构筑成“强者愈强”的局面。在招投标中能够获胜的企业，多是产品质量好、信誉形象佳的企业。经过连续几年的调整，我国医药企业的生产集中度和经济效益集中度明显提高。1999 年全国医药工业企业产品销售收入排名前 100 位的企业占全国销售收入的 35.1%，而 2002 年为 48%。排名前 100 位的企业实现利润由 1999 年占全国的 51.9%上升到 2002 年的 60%，显示向优势企业集中的趋势，预计这种趋势今后 5 年将更快。

国内药业出现了优势互补、联合兼并、做强做大的并购趋势。东盛、太太药业、太极、复星、双鹤等一批企业坚持以产品经营为基础，以资本扩张和增值为重点的发展方针，竞相争夺国内医药产业的优质资源，迅速成为我国医药行业的后起之秀。全国药业百强的排名顺序每年变化都很大，第一名年年不一样。

调查结果显示，集中招标采购以后，医药生产企业的集中度明显加强。以北京、青岛、佛山、重庆地区的六个医药招标采购项目为例。该六个项目涉及 802 家生产企业。其中，有 185 家企业没有中标产品，占生产企业总数的 23%。大部分中标企业的中标数量比较少，其中，222 家生产企业只中标 1 个，120 家中标 2 个，中标数在 3 个及以上的约占中标企业的 69%。中标数在 9 个及以上的占 10%，中标 30 个及以上的只有 8 家生产企业，如表 6-11 所示。可见规模较大、中标较多，具有较强的竞争优势的医药生产企业数量虽然较少，但所占市场份额却很大。

表 6-12　投标与中标最多的生产企业

投标最多的生产企业				中标最多的生产企业			
生产商	投标	中标	中标率	生产商	投标	中标	中标率
哈药集团制药总厂	119	44	0.37	广州天心药业股份有限公司	101	49	0.49
华北制药集团有限责任公司	117	43	0.37	哈药集团制药总厂	119	44	0.37
汕头金石制药总厂	108	35	0.32	华北制药集团有限责任公司	117	43	0.37
广州天心药业股份有限公司	101	49	0.49	山东齐鲁制药厂	99	37	0.37
山东齐鲁制药厂	99	37	0.37	汕头金石制药总厂	108	35	0.32
佛山康宝顺药业有限公司	92	14	0.15	山东淄博新达制药有限公司	57	35	0.61
山东鲁抗医药集团鲁原有限公司	69	19	0.28	广东华南制药厂	45	31	0.69
江苏扬子江药业集团公司	67	29	0.43	浙江医药股份有限公司新昌制药厂	58	30	0.52

（续表 6-12）

投标最多的生产企业				中标最多的生产企业			
生产商	投标	中标	中标率	生产商	投标	中标	中标率
石家庄制药集团有限公司	63	20	0.32	江苏扬子江药业集团公司	67	29	0.43
北京市曙光药业有限责任公司	62	12	0.19	山东新华制药股份有限公司	40	25	0.63

表 6-12 显示：广州天心药业股份有限公司、哈药集团制药总厂、华北制药集团有限责任公司、山东齐鲁制药厂、广东华南制药厂等企业在六项目的中标数量较多，在各地所占的市场份额相对较大。这些企业具有一些共同的特点，就是：规模较大、具有一定竞争优势及较知名的品牌。

又例如，北京军队总后驻京军队的两次招标采购中，中标数量最多的前10%比例的医药生产企业中标情况如表 6-13 所示。

表 6-13　中标数量最多的（前 10%）的医药生产企业中标情况

表 2　中标数量最多的前 10%比例的生产企业						
	投标数量	项目总投标数量	中标数量	项目总中标数量	投标数量/项目总投标数量	中标数量/项目总中标数量
军队第一次	184	1167	74	242	15.8%	30.6%
军队第二次	974	3787	540	1643	25.7%	32.9%

比较两次招标采购项目生产企业的中标数量比例，第二次比第一次有明显的增加，如图 6-17 所示。

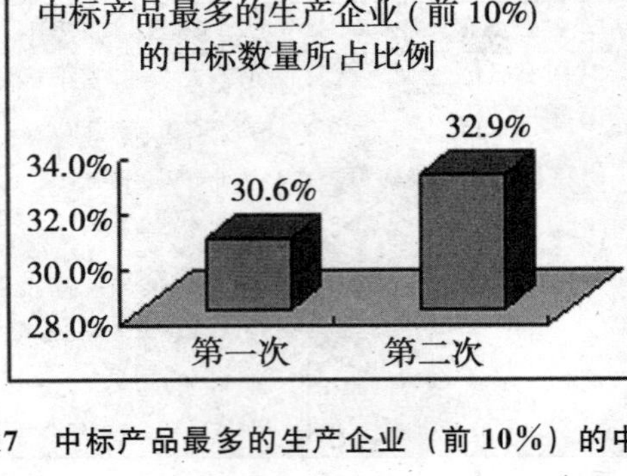

图 6-17　中标产品最多的生产企业（前 10%）的中标比例

三、电子商务平台集中招标采购，增强了医药经营企业的市场集中度

（一）实行电子商务平台集中招标采购的地区，医药经营企业的市场集中度提高

在广东佛山的项目中，南海市医药企业集团新药特药有限公司、南海市医药企业集团医药有限公司、广州市医药公司等医药经营企业的中标数量均在 200 个以上，它们占据了佛山绝大多数的市场份额。

据了解，天津最近几年共有 75 家经营医药的商业企业，而在集中招标采购开展以后，天津市市场上现在已经出现了太平集团、中国医药集团等三家较大的药业企业集团争雄的局面，一些规模小、竞争力弱的企业已经逐步被集中招标采购淘汰出市场，经营企业的集中度明显加强。

还以北京军队总后勤部的两次招标采购为例，中标数量最多的前 10 名的医药经营企业中标情况如表 6-14 所示。

表 6-14　中标数量最多的（前 10%）的医药经营企业中标情况

中标数量最多的前 10 名的经营企业							
	投标数量	项目总投标数量	中标数量	项目总中标数量	投标数量/项目总投标数量	中标数量/项目总中标数量	中标金额/总金额
军队第一次	531	1167	96	242	45.5%	39.7%	52%
军队第二次	1980	3787	962	1643	52.3%	58.6%	68%

比较两次招标采购项目中，医药经营企业的中标数量比例，第二次比第一次也有明显的增加，如图 6-18 所示。

据统计，两次招标采购项目中，第一次项目所有医药的总中标金额为 13 241万元，中标数量最多前 10 名的医药经营企业的中标金额为 6951 万元，占总中标金额的 52%；第二次所有医药的总中标金额为 24 183 万元，中标数量最多前 10 名的医药经营企业的中标金额为 16 490 万元，占总中标金额的 68%。比较两次中标金额的比例，第二次比第一次也有明显的上升，见图 6-19。

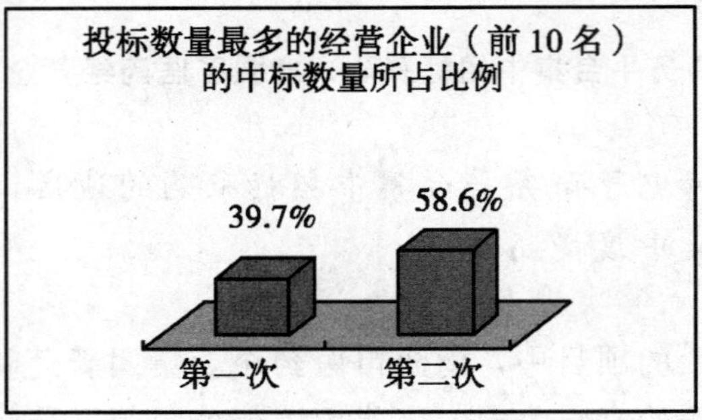

图 6-18　中标产品最多的经营企业（前 10%）的中标比例

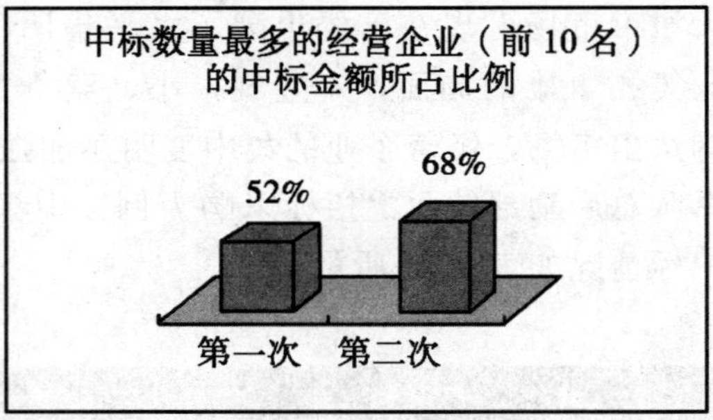

图 6-19　中标数量最多的前 10 名医药经营企业的中标金额

（二）实证分析：天津市三次电子商务招标采购后，医药经营企业的市场集中度变化

下面我们将实证分析天津市三次电子商务平台医药招标采购，来验证天津市医药经营企业的市场集中度变化趋势。通过严格的实证分析，我们可以看到，天津市医药经营企业的市场集中度正在逐渐提高。

1. 2001 年第一次招标采购，采用的样本数据中，中标金额排在前十名的医药经营企业及其所占样本比例见表 6-15。

表 6-15　2001 年中标金额前 10 名医药经营企业的中标情况

中标企业	中标医药数量	中标医药采购金额	所占比例
天津太平集团	307	1 000 510 609.20	34.47%
中国医药集团	207	100 061 260.10	34.31%
江苏扬子江药业集团公司	9	25 929 617.90	8.89%
天津市跃居医药批发有限公司	13	11 037 009.50	3.78%
上海罗氏制药有限公司	2	8 786 973.00	3.01%
河南天方药业股份有限公司	5	8 551 048.60	2.93%
天津市医药公司销售分公司	6	5 821 281.11	2.00%
普强苏州制药有限公司	3	4 973 868.56	1.71%
天津新丰制药有限公司	2	4 769 358.40	1.64%
天津天士力医药有限公司	5	3 699 108.30	1.27%
其他	103	17 467 167.90	5.99%
总计	656	291 607 302.60	100.00%

其帕累托图如图 6-20 所示。

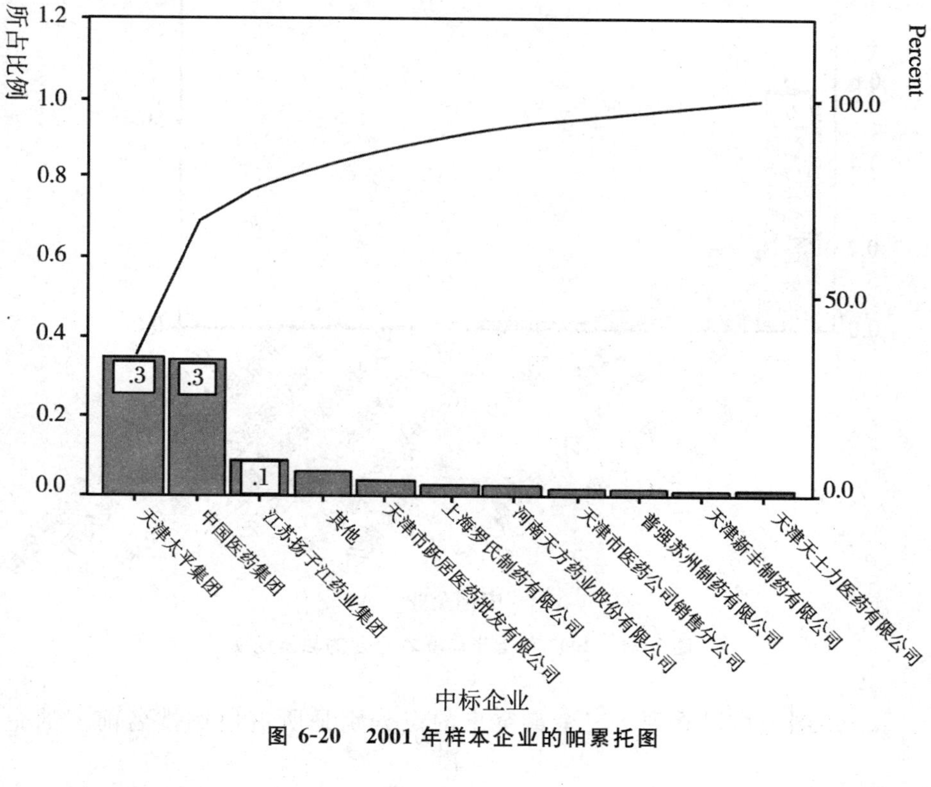

图 6-20　2001 年样本企业的帕累托图

从上图中我们可以看到，前十名医药经营企业所占金额比例是样本总计金额的94%。排在前三名的医药经营企业，天津太平集团、中国医药集团、江苏扬子江药业集团公司三者中标金额总和占样本金额比例分别是：34.47%、34.31%、8.89%，总计比例的77.67%。其中，天津太平集团、中国医药集团这两家医药经营企业占据了天津医药招标采购市场销售的将近70%，已经形成了有力的市场竞争。

2. 2002年上半年招标采购中，采用的样本数据中，各医药经营企业的中标金额所占比例分布的帕累托图如图6-21所示。

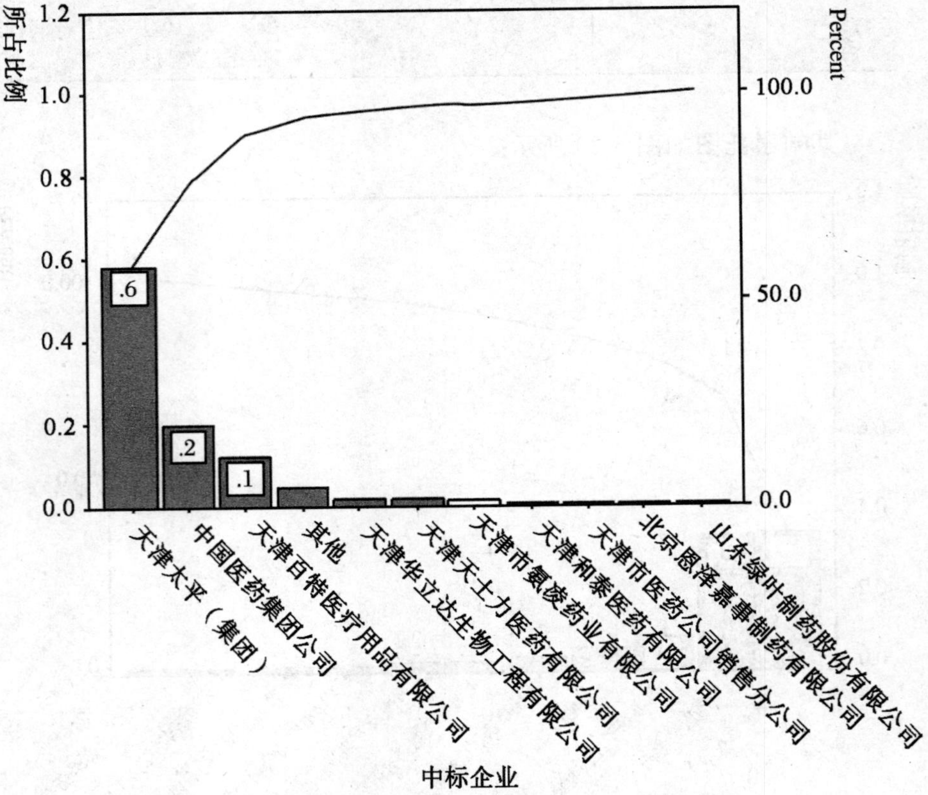

图6-21 2002年上半年样本企业的帕累托图

从图上可以看到，三个最突出的点分别是所占比例排名前三的企业：天津太平（集团）57.97%、中国医药集团公司 19.66%、天津百特医疗用品有限公司 11.88%。

其中，中标金额排在前十名的医药经营企业见表 6-16。

表 6-16　2002 年上半年中标金额排在前 10 名的医药经营企业中标情况

中标企业	中标医药数量	中标医药采购金额（元）	所占比例
天津太平（集团）	382	52199428.93	57.97%
中国医药集团公司	209	17700522.32	19.66%
天津百特医疗用品有限公司	17	10700256.50	11.88%
天津华立达生物工程有限公司	6	1334534.00	1.48%
天津天士力医药有限公司	12	1070068.10	1.19%
天津市氨凌药业有限公司	9	761547.10	0.85%
天津和泰医药有限公司	4	634436.60	0.70%
天津市医药公司销售分公司	1	615680.00	0.68%
北京恩泽嘉事制药有限公司	1	594896.44	0.66%
山东绿叶制药股份有限公司	4	481005.70	0.53%
其他	106	3959944.35	4.40%
总计	751	90052320.04	100.00%

从上表中我们可以看到，前十名医药经营企业所占金额比例是样本总计金额的 95.6%。排在前三名的医药经营企业，天津太平集团、中国医药集团、天津百特医疗用品有限公司三者中标金额总和占样本金额总计比例的 89.5%，这三家医药经营企业占据了天津医药招标采购市场销售的将近 90%，成为市场的霸主。

3. 2002 年下半年招标采购中，采用的样本数据中，各医药经营企业的中标金额所占比例分布的帕累托图如图 6-22 所示。

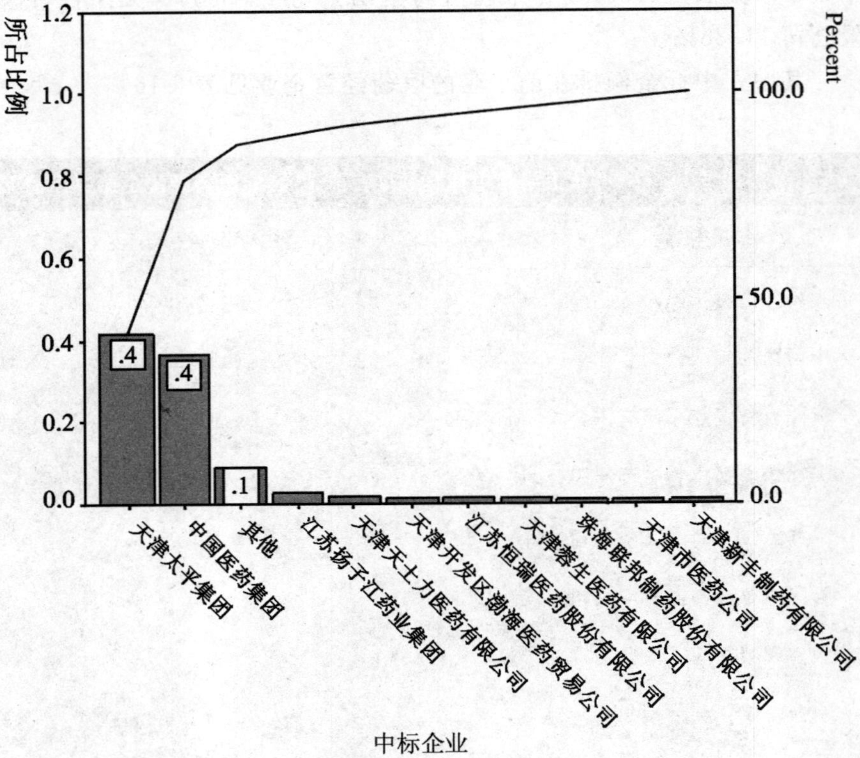

图 6-22 2002 年下半年样本企业的帕累托图

从图上我们可以看到，图上的两点明显占据了很大的比例，分别是天津太平集团 41.93%、中国医药集团 36.82%。

其中，中标金额排在前十名的医药经营企业见表 6-17。

从表 6-16 中我们可以看到，前十名医药经营企业所占金额比例是样本总计金额的 90.94%。排在前三名的医药经营企业，天津太平集团、中国医药集团、江苏扬子江药业集团有限公司三者中标金额总和占样本金额总计比例的 81.74%，其中，天津太平集团和中国医药集团仍然是天津市医药招标采购市场的主导者，两者所占的金额份额达到 78.75%。

三次对比分析：

从天津市三次招标采购我们可以看到，虽然每次前十名的名次有所变化，但是位居天津市场前两位的始终是天津太平集团、中国医药集团，两者所占的市场份额虽然有所变化，但是其总体份额呈现出上升趋势。如图 6-23 所示。

表 6-17　2002 年下半年中标金额排在前 10 名的医药经营企业中标情况

中标企业	中标医药数量	中标医药采购金额	所占比例
天津太平集团	892	65 695 321.38	41.93%
中国医药集团	584	57 679 632.68	36.82%
江苏扬子江药业集团有限公司	19	4 681 893.60	2.99%
天津天士力医药有限公司	34	2 690 365.30	1.72%
天津开发区渤海医药贸易公司	29	2 464 449.40	1.57%
江苏恒瑞医药股份有限公司	8	2 409 084.70	1.54%
天津蓉生医药有限公司	12	2 071 841.50	1.32%
珠海联邦制药股份有限公司	23	1 770 608.70	1.13%
天津市医药公司	17	1 641 346.20	1.05%
天津新丰制药有限公司	1	1 375 992.00	0.88%
其他	278	14 192 319.40	9.06%
总计	1897	156 672 854.90	100.00%

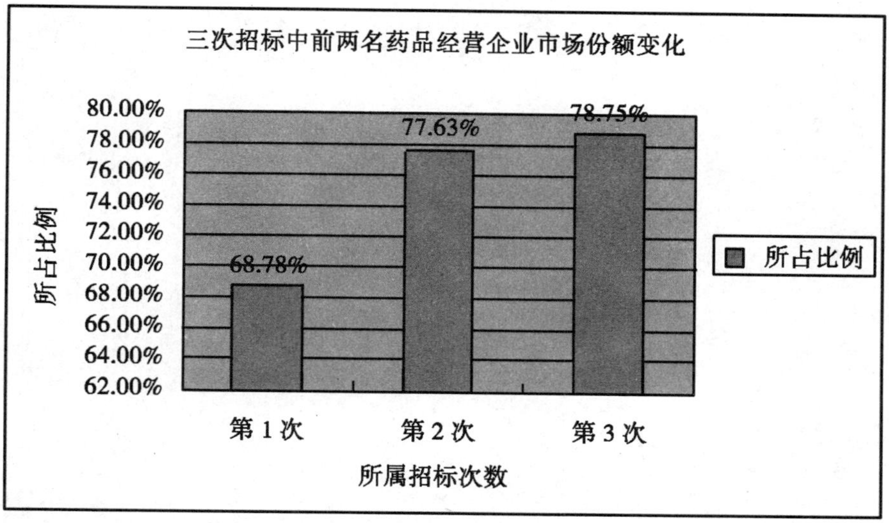

图 6-23　三次招标前两名医药经营企业市场份额变化

可见，“强者愈强”已经成为集中招标采购的基本特征，招标前医药生产、经营企业的“散”、“乱”，及低水平重复建设等现象，将通过电子商务平台的集中招标采购得到根本彻底的改变。

由以上分析可见，以电子商务为基础，搭建医药虚拟交易场是信息时代的产物。由于现代信息网络技术的应用，使交易中的信息不对称情况得以改善，政府监管的有效性和交易过程的规范化提高，以及集中采购的实施；交易的中间环节减少，交易成本降低，交易效率提高，长期以来耗费在医药流通环节中的费用大大减少，成为对消费者的让利和买卖双方的利润。实施中成功的案例充分证明，实行医药交易电子商务化是在宏观上促进医药市场的净化和重组，医药质量的提高，医药交易行为的规范和价格的下降，社会卫生费用的节约，使人们获得健康利益。在微观上表现为医疗机构和医药生产经营企业的双赢。我们希望这些成功的经验能在我国迅速推广，使我国医药流通电子商务的应用不断普及和深入。

参考文献

1. 陈禹. 信息系统的分析与设计. 北京：电子工业出版社，1996
2. 黄敏学. 电子市场的演进与交易. 武汉：武汉大学出版社，2002
3. 科斯. 企业、市场与法律. 上海：上海三联书店，1990
4. 黄京华. 电子商务教程. 北京：清华大学出版社，1999
5. 方美琪. 电子商务概论. 北京：中国人民大学出版社，2002
6. 彼特・莫拉斯. 赢利模式——电子商务成功之路. 北京：社会科学出版社，2003
7. [美] 阿兰・奥佛尔等. 互联网商务模式与战略. 北京：清华大学出版社，2002
8. 张维迎. 博弈论与信息经济学. 上海：上海三联书店，1996
9. 颜耀东，王岳. 医药集中招标采购指南. 北京：中国医药科技出版社，2002
10. Andrew JP, Blackburn A, Sirkin HL. *The Business-to-Business Opportunity: Creating Competitive Advantage through E-marketplaces*. The Boston Consulting Group, 2000
11. Arvin J, Beall S, Carter P, *et al*. *E-Commerce Exchanges*. Stanford: McKinsey & Co. and CAPS Research, 2002
12. Bailey JP, Bakos Y. An exploratory study of the emerging role of electronic intermediaries. *International Journal of Electronic Commerce* 1997; 1(3): 07-20
13. Bakos JY. A strategic analysis of electronic marketplaces. *MIS Quarterly* 1991; 15(3): 295-310
14. Bates M, Rizvi SS, Tewari P and Vardhan D. How fast is too fast? *McKinsey Quarterly* 2001; 3: 1-2
15. Bouchard L. Decision criteria in the adoption of EDI. *Proceedings of the 13th International Conference on Information Systems*. Orlando, (December), 365-376
16. Brunn P, Jensen M and Skovgaard J. E-marketplaces: Crafting a winning strate-

gy. *European Management Journal* 2002；20(3)：286-298

17. Clemons EK，Reddi SP and Row MC. The impact of information technology of the organization of economic activity：The "move to the middle" hypothesis. *Journal of Management Information Systems* 1993；10(2)：9-36